교류분석 성격이론에 의한

CKEO그램
사례분석

최영일 · 노정자 · 백은숙 · 서경원 · 손희란
이인영 · 조은숙 · 주민경 · 한윤옥 · 현은희 · 홍은영 공저

학지사

머리말

　『교류분석 성격이론에 의한 CKEO그램 사례분석』은 미국의 정신의학자 에릭 번(Eric Berne) 박사에 의해 개발된 교류분석(Transaction Analysis) 이론 중에 자아상태 구조기능 분석이론을 바탕으로 한 CKEO그램 심리검사에 의한 상담사례를 분석한 것이다. 교류분석 이론은 임상심리학에 기초를 둔 인간행동에 관한 이론체계이며, 개인의 성장과 변화를 위한 상담과 체계적 심리치료법이다.

　이 책은 삶의 주체이면서 인생에 있어서 주도적인 역할을 하고 있는 자신의 근본적인 자기변혁에 초점을 맞추고 있다. 스스로의 자기분석과 자기통합 그리고 자기분화가 잘 되어야 대상을 올바르게 이해하고 수용할 수 있으며 나아가 관계가 바람직한 방향으로 이루어질 것이란 관점에서 출발하였다. 삶의 현장에 적용할 수 있는 교류분석 이론은 이와 같은 자신의 자율성을 증진시키기 위한 방법으로 자기분석에 적합한 도구이다. 따라서 교류분석 성격이론인 자아상태 구조기능분석에 바탕을 둔 CKEO그램 심리검사를 개인과 커플 상담사례를 분석하는 데 적용하게 되었다.

　이 책의 CKEO그램 심리검사를 활용한 개인과 커플 상담사례를 분석하는 데 바탕이 되는 교류분석 이론의 학문적 배경에 대해서 정리하면 다음과 같다.

　교류분석에서 교류란 인정자극(Stroke)의 교환으로 자신 내면의 교류와 타인과의 교류라고 할 수 있다. 따라서 교류를 분석한다는 것은 이들의 언어적·비언어적, 의식적·무의식적 교류를 분석하는 것이다. 즉, 모든 인간 문제의 원인과 결과는 인간의 교류에서 발생한다는 것이다.

교류분석 인간관의 가정은, 첫째, 사람들은 긍정적인 존재로서 사람은 누구나 가치 있고 존엄한 존재이자 자타긍정의 인간 존재로서 본질에 대한 긍정성을 이야기하고 있다. 둘째, 사람은 누구나 뇌에 이상이 없는 한 합리적 사고능력, 즉 합리성을 갖고 있다는 것이다. 셋째, 사람은 자신의 운명을 자신이 결정하고 그 결정을 바꿀 수 있다는, 결정론에 반대하는 변화 가능성을 강조한다. 우리는 매 순간 최상의 선택을 하고 바꿀 수 있다는 것이다. 이와 같이 교류분석 인간관은 결정론에 반대하는 철학적 가정에 따라 인간을 자율적 존재, 자유로운 존재, 선택할 수 있는 존재, 책임질 수 있는 존재로 보고 있다.

교류분석의 목적은 자율적 인간이다. 자율성 획득은 자각, 자발, 친밀성의 세 가지 능력의 회복과 발휘에 의해서 나타난다. 자각성은 남에게 배운 대로가 아니라 스스로 깨달은 것이다. 자발성은 스스로 사고하고 행동하고 감정을 선택하고 표현하는 자유이다. 친밀성은 개방적이고 솔직하고 긍정적 감정에 의한 진실한 교류이다. 이러한 교류분석의 목적을 달성하기 위한 목표로서, 첫째는 자아상태의 편향이나 배타 그리고 애매하거나 혼합이 없이 정상적으로 ⒫ⒶⒸ 자아상태가 적절히 기능해야 한다. 둘째는 금지령, 디스카운트, 회색 교환권, 라켓감정을 각성하여 심리게임에서 벗어나야 한다. 셋째는 새로운 결단에 근거하여 자타긍정의 자율성을 회복하는 것이다. 즉, 자아통제와 자기 자신의 운명을 결정짓는 것과, 자신이 행동과 감정에 대한 책임을 갖는 것과 여기-지금 사는 데에 있어 관계없는 부적당한 패턴을 버리는 것을 말한다.

교류분석의 기본적 사고방식은 자기수용 및 자기신뢰 등의 자타긍정성에 대한 확신, 자기존중감 증진에 대한 확신, 모든 것은 마음이 만든다는 확신, 죄업을 단절할 수 있다는 확신, 인간 본성에 대한 회복의 확신에 있다.

교류분석의 성격이론은 인간을 변화가 가능한 가소성의 동물로 보고 있다. 따라서 협의의 성격은 개조하기 쉽지 않지만 습관적 성격이나 역할 성격은 교정이 가능하다는 것이다. 즉, 교류분석에서는 구조 기능분석을 통해 자율적으로 성격을 교정해서 자기변혁을 할 수 있다고 본다.

교류분석 상담은 특징적 원리로 결단모델과 계약적 방법 그리고 공개적 의사소통을 지향하고 있다. 결단모델은 유아기의 어떠한 결단이 현재의 행동에 불쾌한 결과를 가져왔다면 그 결단을 추적해 새롭고 보다 적절한 결단으로 바꿈으로써 삶을 변화시킬 수 있다는 원리이다. 계약적 방법은 상담자나 내담자가 공동 책임을 갖기 위해 행동에너지에 계약을 함으로써 삶을 변화시킬 수 있다는 원리이다. 공개적 의사소통은 상담자와 내담자가 변화도모를 위한 상담에 있어서 정보를 개방해야 한다는 원리이다.

이 책은 상담현장에서 임상을 하고 있는 한국교류분석상담협회 연구위원들이 그동안의 개인과 커플 상담사례를 교류분석 성격이론인 자아상태 구조기능 분석에 바탕을 둔 CKEO그램 심리검사를 활용하여 분석한 결과물이다. 이러한 성과가 앞으로 교류분석 상담과 심리치료 발전에 하나의 디딤돌이 되었으면 한다.

그동안 상담현장에서 교류분석적인 상담과 심리치료의 임상적 적용 및 필요성에 공감대를 형성하고 한 해 동안 부단한 노력과 수고를 한 결과물이라고 생각하니 무한한 감사와 함께 참여한 연구위원들의 노고에 깊은 경의를 보낸다.

이 책이 교류분석 이론에 입각한 상담과 심리치료에 관여하는 상담현장의 상담자들에게 조금이나마 도움이 되었으면 한다. 아쉬운 부분이나 부족한 부분이 있다면 앞으로 독자 여러분의 피드백을 통해 기회가 되는 대로 보완할 것을 약속한다.

끝으로 이 책이 나오기까지 함께 노력과 정성을 들인 여러분의 노고에 깊은 감사를 드린다.

2017년
최영일

차례

● 머리말 3

1부 교류분석과 CKEO그램의 이해

1장 교류분석 개관 11

1. 정의 및 개념 13

2. 교류분석의 철학 14

3. 교류분석의 핵심 이론 21

2장 자아상태 분석 41

1. 구조분석 44

2. 기능분석 52

3. 자아상태의 이차구조 분석 61

4. 자아상태의 진단방법 63

5. 자아상태의 역기능적 현상 67

3장 교류분석의 마음그림   71

1. 이고그램 73

2. 오케이그램 75

4장 CKEO그램 이해   77

1. CKEO그램 해석 방법 79

2. 자아상태 성장 방안 93

2부 CKEO그램을 활용한 상담 사례분석

5장 개인 사례   99

6장 커플 사례   235

● 참고문헌 351

1부 교류분석과 CKEO그램의 이해

1장 교류분석 개관

2장 자아상태 분석

3장 교류분석의 마음그림

4장 CKEO그램 이해

교류분석 개관

1. 정의 및 개념

2. 교류분석의 철학

3. 교류분석의 핵심 이론

1. 정의 및 개념

1) 교류분석의 정의

교류분석(Transactional Analysis: TA) 이론은 자신의 내면에 ⓅⒶⒸ 간 교류, 두 사람 간의 ⓅⒶⒸ 간 교류, 환경과 사이에서 이루어지고 교류 등의 언어적, 비언어적, 의식적, 무의식적 교류를 분석하는 것이다. 여기서 교류란 자극과 반응이고 스트로크의 교환이며, 사회적 교재의 기본단위이다. 즉, 자신, 타인, 환경 사이에서 이루어지고 있는 언어적, 비언어적, 의식적, 무의식적, 교류를 분석하고 다루는 이론이라고 할 수 있다. 국제교류분석협회(ITAA)에서 제시한 교류분석에 대한 정의는 '교류분석 이론은 개인의 성장과 개인의 변화를 위한 체계적인 상담이론이며 심리치료법이다'라고도 정의하고 있다. 교류분석 이론은 심리학적 접근에 있어서 심오할 뿐만 아니라 다양한 응용적 효율성을 가지고 있다고 할 수 있다.

교류분석 이론은 미국의 정신의학자 에릭 번(Eric Berne, 1910~1970)에 의해 개발된 임상심리학에 기초를 둔 인간 행동에 관한 이론체계이며, 이에 의거한 상담과 심리치료법이다. 교류분석 이론은 개인의 성장과 변화를 위한 체계적 심리치료법으로 성격이론, 의사소통이론, 아동발달이론, 병리학이론을 포함하고 있다(Stewart & Joines, 1987). 사람은 심리학적으로 마음이 어떻게 구조화되었고, 기능하는지를 다루는 성격이론과 인간관계에서 자아상태가 어떻게 교류하고 기능하는지를 다루는 의사소통이론, 우리의 현재 생활패턴이 어린 시절로부터 어떻게 유래되었는지를 다루는 아동발달이론, 인간의 삶 속에서 잘못된 생활각본으로 인한 자멸적이거나 고통스런 결과가 어떻게 만들어졌는지를 다루는 병리학 이론으로 이루어졌다.

이러한 교류분석 이론을 활용한 3대 영역은 임상, 교육, 그리고 조직(경영 및 행정)이다. 임상영역은 상담과 심리치료의 영역으로 생활문제에서부터 심각한 정신장애까지 치료하는 데 활용 가능하다. 이러한 영역은 개인, 집단, 가족 내에서 사용되는 치료방법을 제공하고 있다. 교육의 영역은 교육적이고 예방적인 교육현장에서 상담과 코칭으로 활용된다. 예를 들자면, 부모교육이나 부부교육, 교사교육, 청소년과 노인교육 등에 활용할 수 있다. 조직(경영 및 행정)의 영역은 회사, 사회복지시설, 경찰, 보호관찰소, 교회 등에서 효과적인 공동체 환경을 만들기 위해 구성원의 스트레스를 줄이고, 창조성을 극대화시킬 수 있는 상담, 코칭, 컨설팅 등에 활용할 수 있다.

2) 교류분석의 개념

교류분석은 '정신분석학의 구어판(口語版)'이라고도 불려진다. 이렇게 부르는 이유는 교류분석은 드러난 말이나 행동을 통하여 그 사람의 마음을 읽는 방법으로 자아상태 ⓅⒶⒸ의 관찰 가능한 현상에 근거를 두기 때문이다. 또한 정신의학에서 사용하지 않는 일반인도 알기 쉬운 새로운 용어를 사용했기 때문이다. 즉, 비전문가와도 소통할 수 있는 일반적인 용어를 사용했다는 것이다.

최초의 이론체계는 에릭 번이 발표한 「교류분석 – 새로운 효과적 집단치료법」(1958)이라는 논문이 그 발단이다. 초기의 교류분석은 정신분석 이론의 창시자인 프로이트(S. Freud)의 심리성적 사고방식과 인간의 내적인 경험이나 무의식보다는 외부로부터 관찰 가능한 행동을 연구의 출발점으로 하고 있는 왓슨(G. B. Watson) 등의 행동주의를 기초로 하고 있다. 이러한 에릭 번의 새로운 방식이나 방법의 도입은 새로운 방향을 제시하고 있다.

에릭 번 사후 그 후계자들은 초기 교류분석 이론의 인지적 측면의 편향을 극복하기 위해 펄스(Fritz Perls)의 게슈탈트 심리학(Gestalt Psychology)을 도입하고 그 후 다양한 상담이론을 접목시켰다. 오늘날 현대 교류분석 이론은 다양한 상담이론이 접목된 교류분석 통합 이론을 완성하였다.

1971년에 교류분석 저널에서 교류분석 이론 및 실제에 뚜렷한 공적을 남긴 사람에게 수여하는 에릭 번 기념 과학상을 제정하였다. 이후 많은 에릭 번 기념 과학상을 수상한 이론들이 나와 현대 교류분석 이론의 근간을 이루고 있다.

2. 교류분석의 철학

교류분석 이론은 이 이론의 기초를 이루는 핵심 사상들이 있으며, 이것은 교류분석을 다른 심리학적 체계와 구별하는 데 도움을 준다. 이러한 핵심 사상에 대해서 개괄적인 요약을 하면 다음과 같다.

1) 인간관

교류분석 인간관은 결정론을 반대하는 철학적 가정에 따라 인간은 자율적인 존재라는 것이다. 스스로 깨닫고, 자유롭게 선택하고, 선택에 따른 책임을 지고, 진실한 교류를 하는 존재라는 것이다. 자율적인 인간으로 회복되고 발휘하는 것이 교류분석의 목적이다.

• 인간은 긍정적인 존재이다.

인간은 누구나 가치 있고 존엄한 존재라는 것은 어떤 인간의 행동에 대한 긍정성이 아니라 인간 존재로서 본질에 대한 긍정성을 말한다. 이것은 다음과 같은 것을 의미한다. 모든 인간은 인간으로서의 가치, 유용함, 존엄성을 갖고 있다는 것이다. 나는 항상 상대를 있는 그대로 받아들인다. 상대의 행동이 아니라 인간 존재로서 상대의 본질은 나에게 긍정이라는 것이다.

• 인간은 누구나 합리적인 사고능력을 가지고 있다.

심각한 뇌 손상을 입은 경우를 제외하고 모든 사람들은 충분이 사고할 수 있는 능력을 가지고 있다. 따라서 사람들은 자신이 결정한 삶의 목표와 행동들에 대해 책임을 지고 자신이 설정한 목표에 도달하기 위한 삶을 산다.

• 인간은 자신의 운명을 자신이 결정하고 그 결정을 바꿀 수 있다.

교류분석은 결정론에 반대하는 입장이다. 우리는 매 순간 최상의 선택을 하고 바꿀 수 있다. 따라서 과거의 결정에 대해 재검토하고 초기 결단이 타당하지 않다고 판단될 때 새로운 결단을 내려 운명을 개척할 수 있다는 것이다.

2) 교류분석의 목적

교류분석의 목적은 자율적인 인간으로 자율성을 회복하고 발휘하는 데 있다. 자율성을 회복한다는 것은 각본으로부터의 자유로써, 각본신념에 따라 반응하지 않고 지금 여기의 현실에 대한 반응으로써 사고, 감정, 행동을 나타낸다. 자율성의 획득은 자각, 자발, 친밀성인 세 가지 능력의 회복과 발휘에 의해서 나타난다. 자각성이란 남에게 배운 대로가 아니라 스스로 깨닫는 다는 것이고, 자발성은 스스로 사고, 감정, 행동을 선택하고 표현하는 자유이다. 친밀성은 개방적이고 솔직하고 긍정적 감정에 의한 진실한 교류와 교감을 하는 것이다.

3) 교류분석의 기본적 사고방식

교류분석의 기본적 사고방식은 자타긍정성에 대한 확신, 자기존중감 증진에 대한 확신, 모든 것은 마음이 만든다는 확신, 죄업 단절에 대한 확신, 마음을 정화할 수 있다는 확신을 가지고 있다.

• 자타긍정성(Okness)에 대한 확신
먼저 자신을 이해하고 수용하고 신뢰하는 자기긍정성을 통해 타인을 이해하고 수용하고 신뢰하여 결국 자타긍정성에 대한 확신을 갖는다.

• 자기존중감 증진에 대한 확신
자기는 천상천하유아독존이라 한다. 우주에 유일무이한 독특한 존재란 것이다. 따라서 이러한 자신의 소중함을 깨달았을 때 진정한 자기를 이해하고 자기를 수용하고 자기를 신뢰하고 자기를 개발하여 독특한 자기를 실현할 수 있다는 것이다.

• 모든 것은 마음이 만든다는 확신
미국의 심리학자 윌리엄 제임스는 감정과 행동은 사고에 의해 일어나고 행동의 반복은 습관을 만들고, 습관은 성격을 형성하고 성격은 운명을 결정한다고 주장하였다. 또한 불교 경전 중에 하나인 『화엄경』에 '일체유심조'라는 말이 있다. 6근(안, 이, 비, 설, 신, 의-감각기관)과 6경(색, 성, 향, 미, 촉, 법-대상)이 접촉할 때 느낌에 의한 생각(사고)이 일어난다. 즉, 모든 것은 그대로인데 마음(사고)이 호불호를 만든다는 것이다. 따라서 마음의 본질인 생각(사고)을 바꾸면 운명을 바꿀 수 있다는 것이다.

• 죄업 단절에 대한 확신
가장 가까운 타인인 부모는 우리에게 많은 은혜를 베풀지만 또한 깊은 상처를 주기도 한다. 어린 시절 부모의 양육과정에서 부모의 영향으로 지금-여기에 적합하지 않은 각본을 갖게 되어 부모의 죄업을 대물림하게 된다. 이러한 대물림을 끊기 위해 부모의 죄업을 지금-여기로 가져와 토설하고 직면하여 감정을 정화하여 대물림을 끊고 낡은 각본에서 벗어나 자율적인 인간이 될 수 있다는 것이다.

• 마음 정화에 대한 확신

실제 우리는 완전성을 지니고 있는 신성이고 불성인데, 에고(자아-관념의 나)의 작용에 의해 개인마다 독특한 모습을 나타낸다. 그러므로 교류분석의 지혜로 에고를 잘 정화하면 우리의 본성인 자율성이 회복되고 발휘될 수 있다는 것이다.

4) 교류분석의 성격론

손디는 성격은 유전이라 했고, 융은 성격은 변하지 않는다는 불가소성의 입장을 취하고 있다. 그러나 교류분석은 이러한 결정론에 반대하는 입장이다. 근대 심리학의 창시자인 윌리엄 제임스는 인간은 변화가 가능한 가소성의 동물이라고 주장한다.

교류분석에서 협의의 성격은 개조하기 쉬운 일은 아니지만 습관적 성격이나 역할 성격은 교정 가능하다고 주장한다. 자기분석을 통해 성격을 교정해서 자기변혁을 할 수 있다는 것이다. 교류분석에서 성격은 협의의 성격과 습관적 성격, 역할 성격으로

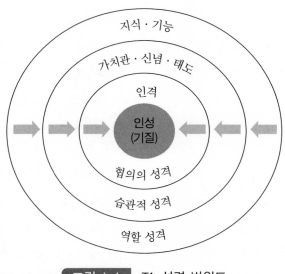

그림 1-1　TA 성격 범위도

나눌 수 있는데, 협의의 성격은 성격의 기초인 기질과 환경의 반응에 의해서 형성된 인격이다. 기질은 생물학적 뇌의 구조차로 기질에 따라 활동수준(남자와 여자의 차이)과 자극의 민감성(정서의 개인차), 공포의 수준(공포의 개인차), 사회성(사람과 개방성), 진정능력(정서적 안정감)이 사람마다 다르다. 최근 후성유전학에 이론에 의하면 기질도 변화된다고 한다. 그렇다면 인간에 있어서 고정된 것은 하나도 없다는 것이다. 따라서 교류분석 이론에서는 성격은 교정을 통해서 얼마든지 자기변혁이 가능하다는 것이다.

5) 교류분석 상담과 심리치료

교류분석은 정신분석의 구어판으로 인지, 정서, 행동 이론을 바탕으로 하여 현재에 기반을 두고 과거의 기억을 지금-여기에 재경험하게 하는 방법인 현상학적인 방법으로, 여러 가지 환경의 영향으로 잃어버린 자율성을 회복하고 발휘할 수 있도록 하는 내담자 중심 상담과 심리치료법이다. 교류분석의 적용은 인지, 정서, 행동의 마음에 통합과 마음과 몸 그리고 영적인 영역까지 통합을 위한 상담 심리치료에 적용이 가능한 매우 유용한 도구이다.

6) 교류분석 상담원리

교류분석 상담과 심리치료의 기본원리는 다음의 3가지 실천원리를 바탕으로 실시한다. 이와 같은 3가지 실천원리는 교류분석의 인간관에서 인간은 긍정적, 합리적, 변화 가능한 존재로 가정하고 있기 때문에 인간의 뇌에 손상이 없는 한 교류분석의 인간관에 의해 내담자 중심의 상담과 심리치료를 실천할 수 있다는 것이다.

• 결단모델(decision model)
유아기 어떠한 결단이 현재의 행동에 불쾌한 결과를 가져왔다면 그 결단을 추적해 새롭고 보다 적절한 결단으로 바꿈으로써 삶을 변화시킬 수 있다는 원리이다.

• 계약적 방법(contractual method)
상담자나 내담자가 공동 책임을 갖기 위해 계약을 함으로써 상담의 목적을 명확히 하고, 치료동맹관계를 분명히 하여 연대책임을 갖게 하고, 수동적 의존적 자세를 탈피하게 하기 위한 원리이다. 교류분석 상담은 계약으로 시작해서 계약으로 끝난다고 해도 틀린 말이 아니다. 그만큼 교류분석에서 상담 계약은 중요한 의미를 가지고 있다.

• 공개적 의사소통(open communication)
상담자와 내담자는 변화도모를 위한 작업에 있어서 정보를 개방해야 한다는 원리이다.

7) 교류분석 상담과 심리치료 과정

교류분석 상담과 심리치료는 맨 먼저 계약으로부터 시작한다. 계약이 없다면 교류분석 상담이 아니다. 상담 계약을 에릭 번은 무엇을 할 것인가에 대한 잘 정의된 두 사람의 공약이라고 했다. 교류분석 상담의 계약에는 크게 두 가지로 되어 있다. 하나는 상담업무 계약이고 하나는 상담치료 계약이다. 상담업무 계약은 제공된 서비스의 조건과 기간을 명시한다. 기본요소는 시간, 기간, 비용, 약속을 어겼을 때의 방침, 업무시간 외 접촉, 윤리강령 등이고, 상담치료 계약은 효과적 상담과 심리치료를 위한 계약으로 다시 성과계약(목표계약)과 행동계약으로 나눈다. 모든 계약은 명확하고 융통성 있는 계약이 되어야 하고, 계약은 감각에 기초한다는 것을 명심해야 한다. 즉, 계약이 우리의 오감을 사용해 성과를 점검해 볼 수 있는 방법으로 진술되어야 한다는 뜻이다. 정서적으로 느끼는 것이 아니라 신체적으로 느낀다는 것을 강조한 것이다.

자아상태 구조, 기능 분석에서는 인간의 성격은 어떻게 구성되어 있고 기능하는지 분석하고 자신의 성격을 이해한다.

교류패턴 분석과 인정자극, 개인분석에서는 대인관계 존재방식을 분석 이해한다. 교류패턴 분석에서는 사람들은 인간관계를 할 때 어떤 방식으로 교류하는지 분석하고, 인정자극에서는 인간을 지탱하게 해 주는 몸과 마음의 영양물이 무엇인가를 다룬다. 게임분석에서는 대인관계 중에 되풀이되는 힘들고 편치 않은 인간관계는 왜 그런지 분석한다.

인생태도에서는 사람이 살면서 갖는 삶에 대한 태도는 어떤 것인가를 자기와 타인에 대한 마음가짐을 통해 분석하고 이해한다.

시간의 구조화에서는 인생이란 시간을 어떻게 각자 꾸려 나가는지 시간의 사용을 분석하고 이해한다.

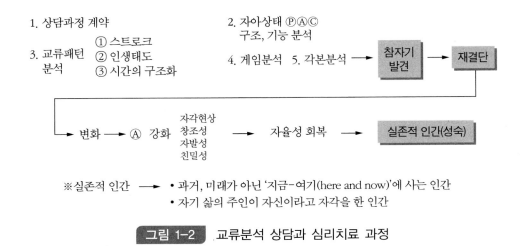

그림 1-2 교류분석 상담과 심리치료 과정

각본분석에서는 인생을 하나의 드라마로 보고 자신이 현재 연기하고 있는 각본을 분석하고 무의식적 인생계획을 이해한다.

이러한 분석을 통해 참자기를 발견하고 재결단을 통해 Ⓐ 자아를 강화 변화를 통해 자율성을 회복하여 실존적 인간이 되도록 한다.

실존적 인간이란 시키는 대로 임무만 수행하는 도구적 인간이나, 이상이나 동경을 따르는 이상적 인간이 아니라 실제 존재하는 인간으로 과거, 미래가 아닌 지금-여기에 살고 자기 삶의 주인이 자기라는 것을 자각하는 것이다.

8) 교류분석의 활동영역

교류분석의 3대 활동영역은 임상, 교육, 조직(경영 및 행정)이다. 임상은 생활문제에 서부터 심각한 정신장애까지 상담에서 심리치료 영역으로 상담센터나 병원에서 개인, 집단, 가족, 아동, 청소년, 노인에게 교류분석 이론을 활용할 수 있다. 교육은 교육현장에서 교육적이고 예방적인 역할을 하는 독특한 치료개념으로 교류분석 이론을 활용하고 있다. 조직은 직원의 스트레스를 줄이고 창조성을 최대화하며, 효과적인 작업환경을 만들기 위해 회사, 사회복지시설, 경찰, 보호관찰소, 교회 등에서 상담, 코칭, 컨설팅에 교류분석 이론을 활용하고 있다.

3. 교류분석의 핵심이론

교류분석의 핵심이론은 교류동기와 관련된 3가지 욕구이론과 4가지 분석이론으로 구성되어 있다. 3가지 욕구이론은 인정자극(인정 갈망), 시간의 구조화(구조 갈망), 인생태도(입장 갈망) 이론이 있다. 스트로크 이론은 인간을 지탱하게 해 주는 몸과 마음의 영양물에 관한 이론이고, 시간의 구조화 이론은 인생이란 시간을 어떻게 각자 꾸려 나가는지에 관한 이론이며, 인생태도 이론은 사람이 살면서 갖는 삶에 대한 태도는 어떤 것인지를 다룬 이론이다.

4가지 분석이론은 자아상태 구조 기능분석, 교류패턴 분석, 심리게임 분석, 인생각본 분석이 있다. 자아상태 구조 기능분석은 인간의 성격은 어떻게 구조화되어 있고 기능하는지 분석한다. 교류패턴 분석은 사람들은 인간관계를 할 때 어떤 방식으로 교류하는지 분석하고, 심리게임 분석은 대인관계 중에 되풀이되는 힘들고 편치 않는 인간관계는 왜 그런지 분석하며, 각본분석은 인생을 하나의 드라마로 보고 자신이 현재 연기하고 있는 각본을 분석한다.

1) 3가지 욕구이론

(1) 인정자극

스트로크(Stroke)란 인간 존재에 대한 인정자극의 주고받기라고 할 수 있다. 인간의 삶을 자극과 반응의 상호작용으로 볼 때 삶을 스트로크라고 해도 틀린 말이 아니다. 그런 의미에서 스트로크는 우리에게 중요한 의미를 가지고 있다. 인간은 서로 스트로크를 주고받기 위해 사회생활을 영위한다. 자기가 원하는 스트로크를 얻기 위해 상대방이나 환경을 조작하려고 하는 것이다. 그래서 구체적으로 자기의 생활시간을 구조화 한다. 발달 단계별 스트로크의 변화를 보면 유아기는 포옹이나 애무인 접촉욕구에 의한 접촉행위를 하고자 한다. 아동기는 칭찬이나 끄덕임, 눈 맞춤 등과 같은 승인욕구에 의한 응답행위를 하고자 한다. 성인기는 의미 있는 시간을 보내고 싶은 욕구에 의해 시간을 구조화하려고 한다.

스트로크 특징을 보면, 인간은 누구나 접촉과 인정욕구를 지니고 있다. 스트로크가 없으면 인정자극의 기아상태가 되기 때문에 병리적 현상이 일어날 수도 있다. 스트로크는 상대를 무시하는 무 스트로크(No-Stroke)보다는 부정적인 스트로크가 더 낫다. 그러나 너무 지나친 부정적 스트로크는 스트로크가 없는 것보다 못하다. 모든 스트로크는 우리에게 필요하다. 왜냐하면 세상에 대해 배우는 방법으로써 사용되기 때문에 좋다 나쁘다보다는 조화롭게 쓰는 것이 중요한다. 예를 들자면, 부정적 조건적 스트로크(예: 남하고 자주 싸워서 싫다 엄마는.)는 나의 행동 방식이 좋지 않다는 신호이기 때문에 바람직한 행동을 선택할 수 있게 해 준다. 긍정적 조건적 스트로크(예: 내가 상을 받아 엄마는 기분이 좋다.)는 내가 하는 행동이 좋다는 신호이기 때문에 유능감을 느끼게 해 준다. 부정적 무조건적 스트로크(예: 나는 네가 싫다.)도 상대방이 적개심을 갖고 있고 내가 바꿀 수가 없다고 믿을 때 나 자신을 보호하기 위해 피할 필요가 있을 때가 있다. 그러나 될 수 있으면 긍정적 스트로크를 더 사용하도록 하는 것이 좋다. 부정적 스트로크와 디스카운트의 차이점은 부정적 스트로크(예: 그 글자가 틀렸잖아.)는 현실 자체를 부정적으로 표현하는 것이고, 디스카운트(예: 글자 하나를 제대로 쓸 줄 몰라.)는 현실 자체를 왜곡하여 과소평가하는 것이다.

에릭 번은 인간의 욕구를 일곱 가지로 말하고 있다. 자극의 요구(생활변화에 대한 자극 욕구), 성의 욕구(성 역할에 대한 욕구), 접촉의 욕구(피부 접촉에 대한 친밀감 욕구), 구조화의 욕구(시간 구조화를 하고자 하는 욕구), 인정의 욕구(인정받고자 하는 욕구), 태도의 욕구(인생태도를 형성하고자 하는 욕구), 발생사의 욕구(새로운 정보들에 접하고자 하는 욕구) 등이다. 이러한 욕구들이 충족되지 않았을 때 인정자극 기아상태가 된다. 인정자극 기아상태가 되면 욕구의 불만으로 병리적 현상이 일어날 수가 있다. 반대로 이러한 인간욕구에 대해 긍정적 인정자극을 받았을 때 몸과 마음이 건강하여 활기가 넘친다.

스트로크 필터는 스트로크를 받았을 때 선택적으로 걸러 낸다. 이러한 스트로크의 필터는 그 사람의 인생태도나 인생각본에 의해 결정된다. 스트로크 필터를 개방하는 방법을 찾지 못하면 폐쇄(고립)나 억압(우울) 상태가 된다. 자신의 인생태도 형성과정과 인생각본의 점검을 통해 스트로크 필터의 개방 방법을 찾아야 한다.

스트로크의 교환은 스트로크의 양과 질 그리고 타이밍에 맞게 상호 간 교환하는 것이 바람직하다. 우리가 행복해지기 위해서는 긍정적 스트로크를 잘 교환해야 한다는 것을 알면서도 현실적으로 그것을 실행하기 어려운 경우가 많다. 그러나 우리가 행복해지기 위해서는 미세정서가 자율적으로 잘 유통되어야 한다. 그렇게 하기 위해서는 스트로크의 교환이 잘 이루어질 때 가능하다.

스트로크 경제의 법칙 타파하기는 스타이너가 창안한 것으로 재산을 잘 모으고 쓸 줄 아는 자는 더욱 풍부해지고 그렇지 못하는 자, 즉 가난한 자는 더욱 가난해진다는 법칙으로 일반 경제 법칙과 유사해서 이름을 붙인 것이다. 스트로크 경제의 법칙은 어린 시절 부모나 학교에서 주입되어 무의식적으로 내면화된 것으로 이러한 규칙은 말로 전달되기보다는 본을 보고 만들었을 가능성이 높다. 이것은 스트로크에 대한 불합리한 신념 때문에 생겼다. 좋은 인간관계를 구축하기 위해서 경제법칙을 타파해야 한다.

(2) 시간의 구조화

시간의 구조화는 실제 존재하는 문제를 위한 목적적 용어로 주체적 삶을 위한 방법이다. 인간은 자기가 원하는 스트로크를 얻기 위해 구체적으로 자기의 생활시간을 여러 가지로 프로그램화한다. 인간이 사회생활을 영위하는 최대 동기, 즉 시간의 구조화의 최대 동기는 무엇일까? 아마도 행복의 추구가 아닐까 한다. 행복은 여러 가지 관점으로 볼 수 있지만 우리 모두의 좋은 기분 좋은 느낌이 아닐까 생각한다. 우리 모두의 만족과 이익을 얻으려고 우리는 어떻게 시간을 구조화를 하느냐에 따라 삶의 질이 결정된다고 할 수 있다. 구조갈망을 충족하기 위해 6가지 구체적 수단으로 시간을 구조화 한다. 사람들은 시간구조화가 되어 있지 않을 때 불편함을 느낀다. 따라서 6가지 시간구조화를 통해 욕구를 해소한다.

스트로크 강도는 폐쇄(움추리기, 틀어박히기), 의식(의례), 활동(일), 잡담(소일, 사교, 기분전환), 심리게임(승부), 친밀(친교)로 갈수록 커지고, 심리적 위험 정도가 높아진다(상대가 수용할지 배척할지 예측하기 힘들어진다).

시간의 구조화 패턴은 6가지 구체적 수단이 있다.

① 폐쇄(움추리기, 틀어박히기): 타인과 심리적 신체적으로 교류차단 한다. 휴식, 생각할 시간을 갖거나, 가장 안전한 시간의 구조화이다. 어린 시절, 대인 간 교류를 위험한 것으로 결단, 심리적 위험을 피하기 위해 대인 간 교류를 배제하며 주로 백일몽이나 공상을 한다.

② 의식(의례): 단순한 정서적 인지적 교류를 하며, 깊은 관계를 맺지 않아도 현재 상태를 유지할 수 있는 정도의 긍정적 스트로크를 획득한다. 전통과 관습 등 예상된 규범에 따라 안전하게 교류하며 상호존재는 인정되기에 대인 간 교류의 윤활유적 역할을 하기도 한다.

③ 활동(일): 지금-여기에서 생산적 창조적인 일의 성취 정도에 따라 긍·부정 스트 로크를 주고받을 수 있다. 많은 사람들이 사용하는 편리하고 실용적인 건설적 교 류이다.

④ 잡담(소일, 사교, 기분전환): 과거의 단순한 일에 관심을 두고 비교적 간단한 상보 교류를 한다. 의식처럼 엄격하게 프로그램되어 있지는 않지만 낯선 관계에서도 재미있게 진행할 수 있다. 단순한 일에 대해 재미있게 상보적 교류를 하나 무의 식 중에 상대 속마음을 탐색하여 심리적 게임을 준비하기에 의식보다 더 큰 심리 적 위험을 내재하고 있다.

⑤ 심리게임(승부): Ⓐ 자아상태가 의식하지 못한 채, 성인으로는 적절하지 못한 과 거 낡은 전략을 재연한다. 저의가 깔린 교류로 문제해결에 도움 안 된다. 디스카 운트와 이면교류로 시작, 교류 후 상호간 불쾌감정을 느낀다.

⑥ 친밀(친교): Ⓟ, Ⓐ, Ⓒ 자아상태의 자유로운 상보교류를 하고, 심리적으로 비밀 메시지가 없다. I'm OK, You're OK의 인생태도를 바탕으로 인간관계를 한다. 지 금-여기에서 순수한 배려를 하는 긍정적 스트로크 교환으로 가장 이상적인 인격 대 인격의 교류이다.

(3) 인생태도

인생에 대한 태도는 어린 시절에 그 기초가 형성되어서 수정되지 않는 한 일관되게 취하는 자세이다. 자신과 다른 사람에 대한 기본적인 신념으로 모든 심리게임과 각본 의 기본 바탕이 된다. 항상 하나의 인생태도를 견지하는 것이 아니라 상황에 따라 네 가지 기본적 태도 중 하나를 견지한다.

인생태도의 형성과정을 보면, 인생 초기경험을 통해 정착된 관념은 성장 후 성격의 일부가 되어 특수한 방법으로 행동이나 반응을 결심한다. 의식하지 못한 채 각본의 역 할(희생자, 박해자, 구원자)로 굳어져 간다. 부모나 양육자로부터 받은 스트로크의 질과 양에 따라 인생태도를 결단한다.

사람들은 네 가지 인생태도 중 하나에 바탕을 둔 각본을 쓰면서 성년기에 이르렀다. 그러나 매일 매 순간 그 태도에 머무르는 것은 아니다. 순간마다 우리는 태도들 사이 로 이동한다. 프랭클린 언스트는 인생태도 이동의 분석방법을 개발하였는데, 이것을 OK목장(Corralogram)이라고 부른다. OK목장을 수직축과 수평축으로 사분할을 하는 데, 수직축의 위쪽 방향은 타인긍정을, 아래쪽 방향은 타인부정을 나타낸다. 수평축의 오른쪽은 자기긍정을, 왼쪽은 자기부정을 나타낸다. 그래서 OK목장은 네 가지 태도로 나누어지는데 각각 I+U+, I-U+, I+U-, I-U-로 쓴다. I(I+U+)영역은 협력적 태도로 남과 함께 조화롭게 더불어 살아가는 태도를 나타내며 친교, 친밀, 무한한 가능성을 나타내는 교류분석이 원하는 태도로 각본 없이 심리게임을 하지 않는다. II(I-U+)영역은 도피적 태도로 남 앞에서 주눅이 들어 위축된 태도, 있는 곳에서 회피하는 태도, 자기 비하, 열등감을 나타내며, 주로 AC 자아상태 기능을 연출한다. III(I+U-)영역은 배타적 태도로 남들 위에 군림하려는 방어적 자세, 상대방을 신뢰하지 않는 태도, 우월감, 타벌적, 비행, 편집증을 나타내며 주로 CP, NP 자아상태 기능을 연출한다. IV(I-U-)영역은 만사무용하다는 태도로 부조화, 조현증, 발광 등이 나타난다.

2) 분석이론

(1) 자아상태 분석

구조 기능분석은 교류분석의 마음그림 분석으로 교류분석의 성격검사라고 할 수 있다. 교류분석에서 자아상태란 마음, 성격, 자아, 관념의 나를 나타낸다. 에릭 번은 자아상태를 일관된 유형의 감정과 경험에 따른 일관된 유형의 행동이라고 정의하였다. 사람의 마음속에는 '세 가지 나'가 있다. 이것이 우리의 성격구조를 형성하는데, 이러한 메커니즘을 분석 연구하는 것이 구조분석이다. 교류분석의 정신구조는 어버이 자아상태(parent ego state), 어른 자아상태(adult ego state), 어린이 자아상태(child ego state)로 구성되어 있다. 어버이 자아상태는 약자로 Ⓟ로 표기하고 부모나 부모와 같은 권위적인 사람에게서 가르침 받은 행동, 사고, 감정의 나이다. 어른 자아상태는 약자로 Ⓐ로 표기하며, 이는 지금-여기에 대한 적절한 반응으로서의 행동, 사고, 감정의 나이다. 어린이 자아상태는 약자로 Ⓒ로 표기하고, 이는 생의 초기에 경험하는 사태들에서 느끼게 된 행동, 사고, 감정의 나이다.

자아상태 기능분석은 사람의 자아상태가 실제 면에서 어떻게 기능하는가를 분석하는 것이다. 우리 마음에는 다섯 가지 색깔이라고 할 수 있는 기능이 있다. 이와 같은 다섯 가지 색깔의 농도 차와 조합에 의해 마음 그림이 만들어진다고 볼 수 있다. 자아상태 구조는 무엇 그리고 내용이라고 할 수 있고, 자아상태 기능은 어떻게 그리고 과정이라고 할 수 있다. 다섯 가지 자아상태 기능은 어버이 자아상태에서 환경과 작용에 의해 비판적(통제적) 어버이[Critical(Controlling) Parent]와 양육적 어버이(Nurturing

Parent)로 기능하고, 어른(Adult) 자아상태는 나누어지지 않고 그대로이며, 어린이 자아
상태는 자유스런 어린이(Free Child)와 순응하는 어린이(Adapted Child)로 기능한다.

(2) 교류패턴 분석

교류패턴 분석은 일상생활 속에서 주고받는(교류) 말이나 행동, 태도 등을 분석하는
것이다. 모든 교류패턴은 사회적 수준의 메시지와 심리적 수준의 메시지가 동시에 전
달된다. 사회적 수준의 메시지는 언어이고, 심리적 수준의 메시지는 비언어로, 비언어
의 단서로는 어조, 제스처, 자세, 얼굴표정, 한숨, 근육의 긴장, 맥박의 속도, 눈동자 모
양, 땀 흘린 정도 등을 들 수 있다. 교류패턴은 상보교류, 교차교류, 이면교류의 세 가
지 기본유형으로 되어 있다.

상보교류는 상호보완적 기능을 하는 교류로, 발신자가 기대하는 대로 수신자가 응
답해 가는 교류이다. 따라서 교류가 상보적인한 의사소통은 계속될 수 있다.

교차교류는 발신자가 기대한 대로 응답하지 않고 예상 밖의 응답이 일어나는 교류
이다. 따라서 교류가 교차되고, 의사소통이 결과적으로 단절된다.

이면교류는 표면상으로 말한 이외의 뜻이 숨겨져 전달되는 교류이다. 모든 교류는
사회적 수준뿐만 아니라 심리적 수준을 가지고 있다. 그러나 이면교류는 두 수준이 일
치하지 않는다. 따라서 이면교류의 행동 결과는 사회적 수준에서 결정되는 것이 아니
라 심리적 수준에서 결정된다. 그러므로 의사소통이 잘 되기 위해서는 생각하는 화성
인의 태도가 되어야 한다. 생각하는 화성인의 태도는 언어보다는 비언어적인 단서의
관찰이 의사소통에 더 도움이 된다는 것이다.

〈교류에 있어서 자아상태 벡터 방향〉

ⓅⒶⒸ에서의 발신

Ⓟ→ 부모, 기타 양육자와 같은 언동으로 권위적, 통제적, 비판적, 보호적 태도

Ⓐ→ 사실에 입각해서 사물을 판단하고 냉정히 상대에게 전하는 태도

Ⓒ→ 정서적이며, 자신의 생각대로 행동하거나 상대의 기분을 해치지 않도록 하는
　　태도

ⓅⒶⒸ로 향한 발신

→ Ⓟ 지지를 구하거나 원조를 구하기 위한 말이나 태도

→ Ⓐ 사실이나 정보를 구하거나 전하는 경우 지성이나 이성에 대해서 작용하는 말이나 태도

→ Ⓒ 감성에 작용하는 말이나 태도로써, 낮고 약한 자로 대할 때 취함.

(3) 심리게임 분석

에릭 번은 1964년 『심리게임』이란 책에서 심리게임이란 축구경기, 장기, 바둑처럼 정해진 규칙에 따라 진행되는 상보적 이면교류로 숨겨진 동기를 수반하고 속임수를 품은 일련의 흥정으로 자주 반복하는 위장된 감정의 교류라고 정의하였다. 심리게임의 정의는 반드시 전환과정이 있어야 하며, 그렇지 않은 것은 잡담이나 라켓티어링이다. 게임은 어른 자아상태가 의식하지 못한 상태에서 행해진다. 흔하게 사용하는 기본적인 심리게임은 몇 가지 유형으로 나타나고 다른 게임들은 이 형태들의 변형으로 볼수 있다. 심리게임의 이름은 대개 초대자의 감정이나 그가 결국 만들어 내는 결말에서 따온다.

심리게임은 어른 자아상태가 의식하지 못한 상태에서 일어나며, 인생각본을 추진한다. 게임을 하는 것은 어릴 때 우리가 세상으로부터 원하는 것을 얻기 위해 적응했던 장치 중의 하나로 모든 게임은 기본적으로 부정직하고 단지 흥분시킨 것과 달리 드라마틱하다(반전이 있다). 성인의 삶에서는 좀 더 효과적인 다른 방법을 택할 수 있다.

게임의 진행 공식은 먼저 숨겨진 동기를 가지고 게임을 연출할 상대를 찾는 초대자(Con)와 약점을 갖은 상대인 수락자(Gimmick)가 표면적 교류로 반응(Response)하고, 아직 어른 자아상태가 의식하지 못한 상태에서 반응이 계속되다가 전환(Switch)과정을 통해 어른 자아상태가 의식하면서 혼란(Crossed up 대립)을 겪으면서 결말(Pay off)이 온다. 반드시 이와 같은 방향으로만 진행된 것이 아니고 각 단계를 왔다 갔다 반복하면서 최후 결말로 간 경우가 많다.

심리게임의 흐름을 보면 에누리가 수반된 경우 심리게임이 시작된다. 부적절한 감정의 교환권을 수집하고 계속 비축하며, 불만이 증대가 되면 어느 순간 폭발 스탬프를 청산교환 한다. 그러면서 부정적인 인생태도를 확인하며 라켓감정을 경험하게 된다.

스웨터는 이면교류 형태로 게임할 때는 스웨터를 입고 있다. 앞면은 의식적으로 세상을 보기 원하는 것으로 사회적 수준의 모토이고 뒷면은 심리적 수준의 비밀메시지로 나타난다. 사람들이 교류 시 사회적 수준과 심리적 수준의 메시지가 함께 상호작용하지만 심리게임은 사회적 수준의 메시지와 심리적 수준의 메시지가 일치하지 않는

교류이다.

　게임의 등급은 세 가지 등급으로 나눈다. 1등급은 잡담의 주요 화제 게임으로 친구들과 이야기, 파티, 사회적 모임과 시간의 구조화시키는 게임이다. 2등급은 잡담의 화제로 부적합 게임으로 항의, 사회집단에 공개하고 싶지 않은 것들이다. 3등급은 비극적 결말 게임으로 법정 싸움 같은 게임이다.

　드라마 삼각형은 카프만이 고안한 것으로 대표적인 심리게임을 분석하는 도구이다. 이는 심리적 게임과 연극 사이에 유사점이 있다고 보고 게임을 이해하는 근거로 삼기 위해 고안한 것이다. 연극의 세 가지 역할처럼 세 가지 심리게임의 역할은 주로 CP(비판적, 지배적, 관용적) 기능을 연출하는 박해자, 주로 AC(자기비하, 의존적, 독단적) 기능을 연출하는 희생자, 주로 NP(과보호적, 헌신적, 방임적) 기능을 연출하는 구원자로 이루어진다. 심리게임을 할 때마다 세 가지 각본의 역할 중 하나에 빠지는데 드라마 삼각형에서 어떤 역할이든 디스카운트가 일어난다. 박해자와 구원자는 상대방을 디스카운트하고 희생자는 자신을 디스카운트를 한다. 드라마 삼각형의 어떤 역할이든 진정한 역할이 아니다. 지금-여기의 반응이 아니라 과거의 낡은 각본전략을 따르고 있는 것이다. 그러므로 드라마 삼각형을 돌며 다니지 말고 드라마 삼각형 전체에서 벗어나야 한다.

　여러 사례에서 보듯 게임은 몇 가지 전형적인 특징들을 가지고 있다. 첫째 게임은 반복적이다(사람들은 자신이 선호하는 게임을 반복하게 된다). 둘째 게임은 어른 자아상태가 깨닫지 못한 가운데 진행된다. 셋째 게임에 참여하는 두 사람은 라켓감정을 경험하는 것으로 끝맺는다. 넷째 게임은 연기자들 사이에 이면교류를 수반한다. 다섯째 게임 뒤에는 항상 당혹이나 혼란이 따른다.

　교류분석에서 말하는 게임은 재미있는 것이 아니다. 어릴 때 세상에 원하는 것을 얻기 위해 선택한 전략 중에 하나로 애정이나 스트로크를 얻기 위한 수단이다. 그런데 왜 하는가? 지금-여기에서 더욱 효과적인 선택을 할 수 있음에도 자기 인생각본을 따르기 때문이다.

　심리게임의 중단방법은 다음과 같다. 먼저, 게임의 시작에 주의하며 심리적 수준의 메시지를 간파한다. 디스카운트를 제대로 탐지하고, 게임하려는 의도를 파악한 후, 라켓감정과 행동과의 관계를 객관적으로 관찰하고, 드라마 삼각형의 세 가지 역할을 연출하지 않도록 한다. 또한, 상대방의 드라이버 행동에 자신의 드라이버 행동으로 반응하지 말아야 한다. 결말을 생각하고 그것을 철저히 회피하는 수단을 구체적으로 강구하고, 전환과 혼란 단계에서도 Ⓐ 자아상태를 활성 깨닫고 다른 길을 선택한다. 그러고 나서 긍정적 스트로크를 교환하고 서로 유쾌한 시간을 갖도록 한다.

(4) 인생각본 분석

인생각본(삶의 양식, 생활양식)이란 어린 시절에 만들어지고 부모에 의해 강화되며 후속사건에 의해 정당화되어 양자택일 선택의 순간 절정에 달하게 되는 무의식적 인생계획을 말한다. 인생(삶)은 한 편의 연극과 같다. 인생 드라마 속에서 자신이 현재 연출하고 있는 역할(무의식)이 자신의 인생각본인 셈이다. 무의식적 인생계획으로 어린 시절에 어떻게 살 것인지 계획을 한다. 즉, 개인의 삶의 방향을 결정하는 데 최초의 결단은 말을 배우기 전 느낌의 결단이다. 누구나 자신이 살아갈 이야기를 써 나간다. 교류분석 학자들에 의하면 인간은 4세까지 기본 줄거리를 결정짓고 7세쯤 주요 내용을 완성시킨다. 그리고 계속 업데이트시켜 수정한다. 어른이 되면 처음 부분은 거의 기억이 나지 않는다. 그러나 그때 쓴 이야기에 따라 무의식적으로 업데이트하며 살아간다.

인생각본의 가정으로 사람들은 과거의 낡은 생활양식을 무의식적으로 반복하려는 경향성을 지니고 있다. 결국 성인들의 생활양식이 어린 시절의 경험에 의해 영향받는다는 것이다. 따라서 인생각본 해결목적은 낡은 생활양식에 의한 강박적인 삶에서 재결단에 의해 부단히 새로운 자율적인 생활양식을 만들어 가야 한다는 것이다. 그렇게 함으로써 현재의 어려움을 제거하고 미래의 어려움에 성공적으로 대처할 수가 있다.

우리 인생은 때와 장소만 다를 뿐 같은 것의 반복인 경우가 대부분이다. 따라서 경험하지 않은 것은 말이나 행동으로 옮기기가 어렵다. 사람들은 자신이 알거나 경험한 것을 기본으로 해서 무의식적으로 반응하는 경우가 많기 때문에 일상을 탈출하기 쉽지 않다. 그러므로 각본 형성 과정을 알고 불필요한 인생각본(생활양식)에서 탈출하자는 것이다.

인생각본은 영유아기의 독특한 사고방식과 감정적 경험에 토대를 두고 형성된다. 아이가 지각하는 메시지들은 성인이 받아들이는 지각과 다르다. 양육자의 행동이나 접촉방식에 따라 세상에 살아남기 위한 아이의 최선의 전략으로 인생각본(삶의 양식)을 결정한다.

러버밴드 효과는 정신분석의 전이와 같다. 고무줄의 시작점은 부모, 형제, 자매, 조부모, 삼촌 같은 인물이다. 또한 소리, 냄새, 특정 환경 등도 어린 시절 스트레스를 주었던 것이라면 시작점이 될 수 있다. 교류분석에서 추구하는 변화의 목표 중 하나가

고무줄을 끊는 것이다. 방법은 지금-여기에서 재경험하고 과거와 작별하는 것이다.

부모의 언행은 유아의 마음형성에 깊이 관여한다. 유아는 무한한 가능성을 가지고 태어난다. 무한한 가능성이 있는 아이를 부모가 양육시키는 과정에서 한정된 유형으로 편향시킨다. 그러나 긍정적으로는 현실에 적응할 수 있도록 양육시키기도 한다.

최초의 자아상태는 자연스런 어린이이다. 자연스런 어린이(NC) 상태에서 부모로부터 양육되면서 작은 교수(LP)가 생기고 작은 교수가 발달하면서 A_1이 형성되고 다시 A_1에서 P_1(MP)이 형성되어 ⓒ가 완성되고 ⓒ 안에 A_1과 P_1이 각각 분화되어 Ⓐ와 Ⓟ를 형성하여 성격이 완성된다. 결국 절대적으로 부모나 양육자의 영향으로 어린이의 ⓒ 속에 인생각본이 짜여 진다.

최초의 각본은 아이의 Ⓐ와 Ⓟ 자아상태가 형성되지 않은 상태이므로, 인생 초기에 부모와의 교류를 통해 비언어적으로 아이의 ⓒ 자아에 짜여진다. 아이는 자신의 생존과 욕구충족을 위해 부모에게 순응하는 과정에서 인생 초기의 결단에 의해서 만들어진다. 부모가 자식에게 주는 메시지는 건설적인 것과 파괴적인 것이 있다. 파괴적인 지시는 아이의 ⓒ 자아상태에 작용하여 강제적으로 따르도록 한다. 유아는 표면적인 말보다는 이면에 있는 부모의 기분 쪽을 더 강하게 느낀다.

각본 메시지는 각본을 전달하는 것으로 각본의 결정은 각본 메시지가 상당한 시일을 두고 반복적으로 주어질 때 이러한 메시지의 반응으로 결정된다. 각본 메시지는 언어적, 비언어적으로 혼합해서 전달된다. 언어적 메시지는 명령과 속성(정의) 형태로 전달된다. 명령은 예를 들자면 '죽어 버려라.' '거지가 되어라.'이고 속성은 '너는 어리석어.' '너는 잘 생겼어.' 등이다. 아이는 성인이 지각하는 메시지와 판이하게 다를 수 있다. 예를 들면, '갑자기 큰 소리가 나면 누가 나를 죽이려나 봐'라고 지각할 수 있다.

대항지령은 부모의 Ⓟ 자아상태에서 아이의 Ⓟ 자아상태로 가는 메시지로 금지령에 반대하는 메시지라고 해서 대항금지령이라고 했는데, 지금은 꼭 금지령에 반대하는 메시지로 쓰이는 것은 아니다. 대항지령은 사회 일반에게 통용되는 가치관으로 교훈적이고 상식적인 메시지이다. 예를 들자면 '훌륭하게 되어라.' '무례하면 안 된다.' '거짓말을 하는 것은 나빠.' 등이다.

금지령은 '……안 된다.'라는 단어로 쓰고, 허가는 '……해도 된다.'라는 말로 표현한다. 허가는 금지령과 반대의 의미가 아니라 선택해도 된다는 것이다. 부모가 준 금지령대로 각본을 쓴 것이 아니라 결정은 아이 자신이 한다. 그대로 받아들이기도 하고 수정하기도 하고, 거부하기도 한다. 금지령은 부모의 ⓒ 자아상태에서 아이의 ⓒ 자아상태로 전달되는 부정적 메시지로써 부모의 해결되지 않는 갈등(부모 자신이 경험한 불안, 노여움, 좌절, 불행감 등)이 비언어적 이면교류로 전달되어 성인의 운명을 지배한다. 또한 금지령이 대물림할 수도 있는데 이것을 초각본(episcript)이라고 한다.

굴딩 부부는 치료사로 일하면서 금지령 경험을 하였는데, 사람들은 부정적인 초기 결단을 하는 데 기초로써 12가지 테마가 나타난 것을 알았다. 금지령은 그 자체는 비언어적 방식으로 ⓒ 자아상태에게 전달된다.

스타이너는 각본이 형성된 과정을 도식화 각본 모형을 고안했다. 각 개인이 각본에 깔려 있는 메시지들을 분석하는 표준방법을 제공한다. 대항지령은 사회에서 통용된 가치관을 언어적으로 전달한다. 금지령은 언어보다는 주로 감정과 신체적 감각으로 느끼며, 초기 어린 시절에 대항지령보다 먼저 주어진다. 모델(구체적 수단)은 지금-여기에서 결단을 내리고 구체적 수단을 만들며, Ⓐ 자아상태지만 오염된 상태이다. 아이는 대항지령과 금지령의 메시지하에서 자라면서 갈등 딜레마를 극복하여 구체적 수단을 통해 적응한다.

에릭 번은 각본을 7가지 요소로 이루어졌다라고 하고 그 전체를 각본 장치라고 이름을 붙였다. 각본의 법칙은 '인생 초기 부모의 영향(인생초기 주어진 체험) - 프로그램(본인이 따르는 각본) - 순응(주어진 각본을 연출하는 것 승인) - 중요한 행동(인생의 중요한 상황에서 행동의 존재방식) - 결말(운명의 최종단계)'로 간다.

축소각본은 드라이버 행동으로 시작되며 짧은 시간에 일어나는 일련의 행동 패턴으로 인생각본을 강화시킨다. 인생각본은 나날의 측면이기 때문에 미니스크립트라고 한다. 드라이버(몰이꾼)에 걸리면 축소각본에 빠져 부적절한 감정과 좌절감을 경험하게 된다. 현재 있는 그대로의 모습을 받아들이지 않고 '만약~ 이라면 OK'라는 사고방식으로 시작할 때 OK가 아닌 축소각본에 빠진다. 다섯 가지 드라이버(이러한 명령들을 충동적으로 따르려고 하기 때문에 드라이버라고 한다.)는 '완전하게 하라' '다른 사람을 기쁘게 하라.' '강해져라.' '열심히 노력하라.' '서둘러라.' 등이다.

축소각본에서 벗어나기 위해서는 드라이버 행동에서 벗어나야 한다. 그렇게 하기 위해서는 각 드라이버 메시지에 상응하는 '허가자'라고 부르는 교정수단을 활용할 수 있다. 즉, 허가자에 의하여 자발적, 구체적, 실현 가능한 목표를 가능한 것부터 하나하나 해결해 나가는 방식으로 취함으로써 '나도 OK이고 당신도 OK'라는 TA의 기본적 원리가 구체적이고 행동적으로 표현되는 것이다. 그렇게 함으로써 결과적으로 드라이버로 몰아세우는 축소각본에서 벗어나 부적절한 감정과 좌절감의 악순환에서 '나도 OK

이고 당신도 OK'라는 호순환이 될 것이다. 축소각본은 이와 같이 행동동기의 작은 차이를 의식하고 쓸데없는 노력에 빠지지 않고 느긋하게 충실한 인생을 즐기기 위해 자각하고 벗어나야 한다.

각본의 내용에 따라 승자각본(자기가 선언한 목적을 성취한 사람), 비승자각본(평범한 각본), 패자각본(선언한 목적을 성취하지 못하는 사람)으로 대략적으로 분류한다. 사람들이 각본을 어떻게 유지하는가를 설명할 수 있다. 대부분 사람들은 혼합각본을 가지고 있다. 미래에 대한 불변의 진술은 아니고 현재를 변화시키기 위한 지도이다.

과정각본을 처음 제시한 사람은 에릭 번이었다. 그 이후에 칼러가 에릭 번의 분류를 일부 개정 그리스 신화에 비유하여 설명하였다. 사람들은 시간의 구조화 과정에서 6가지 과정각본을 무의식적으로 쓰고 있다는 것이다. 과정각본은 보통 하나의 유형이 두드러지게 나타나지만 여러 가지 결합되어 나타나기도 한다.

① '그 후'식 각본

오늘은 즐기지만 내일은 대가를 치러야 한다는 모토로 장래 생활에 불안해하는 사람의 각본이다. 예) 결혼하고 나면 남은 것은 구속뿐이야.

이러한 과정각본에서 살기 불편하다면 과정각본에서 벗어나기 위한 방법을 찾아야 한다. 예를 들자면, 뒷일을 미리 걱정하지 말고 지금-여기에서 긍정적으로 생각하도록 노력하는 것도 한 방법이다.

② '언제까지나(항상)'식 각본

왜 나에게는 항상 이런 일이 일어나는지 모르겠다는 모토로 자기 생각에만 사로잡혀 보다 나은 변화를 시도하지 않는 사람의 각본으로, 노력은 하지만 그 각본에서 못 벗어나는 사람의 각본이다. 예) 왜 나는 항상 이 모양 이 꼬라진지 모르겠다.

벗어나기 위한 방법으로 본인 자신이 근본적으로 변화되도록 시도해야 한다.

③ '까지'식 각본

일이 끝날 때까지는 즐길 수 없다는 모토로 강박적, 집착적 성격 소유자 각본이다.

예) 은퇴한 다음에 여행을 많이 해야지.

이러한 과정각본 유형에서 벗어나기 위해서는 목표가 다 완성되지 않았더라도 일단 휴식을 취하며 즐겁게 보내는 습관을 길러 본다.

④ '결코'식 각본

내가 바라는 그 일은 결코 이루어질 수 없을 것이라는 생각으로 산다. 즉, 내 희망(욕망)을 실현시킬 수 없다는 각본으로 노력 자체를 하지 않는다. 예) 내가 어떻게 저런 일을 할 수 있겠어.

이러한 과정각본 유형에서 벗어나기 위해서는 하고 싶은 일을 나열해 보고 한 가지씩이라도 매일 실천해 본다.

⑤ '거의'식 각본

이번에는 거의 다 됐는데 하고 되풀이한다. 즉, 항상 완성하지 못하고 진행 중이고 마무리 정리를 못하는 각본이다. '거의'식 각본에는 I유형과 II유형이 있는데 I유형은 어떤 일을 계속 반복만 하는 유형이고, II유형은 어떤 일을 계속하기만 하는 유형으로 자신의 결과물이 없다. 예) 거의 다 읽었는데 뒷부분만 읽지 못했어.

이러한 과정각본 유형에서 벗어나기 위해서는 여유를 가지고 작은 일부터 시도하여 자기 것을 이루거나 성취감을 쌓아 간다.

⑥ '무계획(텅 빈)'식 각본

특정 지점에 이른 다음에는 무엇을 해야 할지 알 수가 없다. 즉, 주도적인 삶을 살지 못하는 사람의 각본이다. 어떤 일을 마친 뒤에는 아무것도 하기 싫고 현상 유지만 생각한다. 예) 이제는 아무것도 하기 싫다.

이러한 과정각본 유형에서 벗어나기 위해서는 미리 준비하고 설계를 해서 주도적인 삶을 살도록 노력한다.

스타이너는 임상적 관점에서 병리적 인생각본을 세 가지 기본형으로 분류하였다. 각본은 우리를 통제하고 그로인해 잘못된 관점이 스트레스를 만들고 병리적 현상을 가져오게 한다.

- 애정 결핍형(억울형): 어린 시절 스트로크 경제법칙을 따르는 유형의 금지령 때문에 애정생활이 서툴고 억압상태가 되기 쉽다. 예) 우울증
- 사고 결여형(정신 장애형): 어린 시절 합리적 사고와 직관력이 에누리와 허언으로 방해를 받은 유형으로 사고 판단을 둘러싼 금지령(올바르게 생각해서는 안 돼.) 때문

에 사고 결여 상태가 되기 쉽다. 예) 부적응, 무기력, 자기통제 상실, 정신분열
- 기쁨 결여형(약물 의존형): 어린 시절 자연스런 정서나 신체감각을 느끼고 표현하는 것을 방해받은 유형으로 신체 감각을 맛보는 기쁨의 금지령(느끼지 마.) 때문에 약물, 기호품을 취하기 쉽다. 예) 물질 관련 장애[알코올, 흡연, 마리화나(대마초), 진정제(모르핀, 헤로인-아편류), 흥분제(코카인, 암페타민), 환각제(LSD)]

(5) 임패스

임패스란 곤경, 길이 막힘, 혼돈, 진퇴양난이란 의미로 어떤 사람이 문제 상황에 빠져 있을 때, 성격의 두 부분이 동일한 힘을 가지고 정반대 방향으로 나가도록 밀고 있다고 본다. 이때는 아무리 힘을 써도 한 발자국도 나아가지 못한다. 이러한 상황을 곤경(impasse)이라고 한다. 재결단학파의 TA에서는 개인의 심리적 증상이나 문제를 진단하는 데 임패스의 정도를 판단기준으로 삼았다. 굴딩 부부에 의하면 마음속 갈등 상황에는 기본적으로 세 가지 정도가 있다고 보았다.

제1유형 임패스(갈등 임패스)는 부모나 양육자의 대항지령에 대한 반항으로 아이의 ⓟ 자아상태와 ⓒ 자아상태 사이의 교착상태이다. 예를 들면, 양육자가 대항지령의 메시지를 어버이 자아상태에서 아이의 어버이 자아상태로 보내면 아이는 양육자의 대항지령과 동일화한다. 이때 아이의 어린이 자아상태와 갈등이 일어난다. 이것이 갈등 임패스이다. 치료방법은 게슈탈트 심리치료 기법인 '빈 의자 기법'을 활용한다. 내담자는 양 의자에 번갈아 앉아 보면서 자신의 갈등을 상상하며 갈등해결 대상과 대화한다. 이러한 과정을 통해 억압해 왔던 어린이 자아상태 감정이 드러나는 일이 많다. 워크(work)를 통해 어릴 적에 하고 싶어도 말할 수 없었던 것을 해 본다는 것만으로도 치료효과가 있다. 그리고 자신의 어른 자아상태에서 재결단을 하기 쉽다. 이때 임패스에서 빠져나오게 3P를 사용할 수 있다. 3P는 허가(Permission), 보호(Protection), 잠재능력(Potency)이다.

제2유형 임패스(생존 임패스)란 금지령에 대한 반항으로 아이의 어린이 자아상태 내부에 P_1(마술적 어버이-MP)과 C_1(신체적 어린이-SC) 사이에 갈등이 드러나는 경우이다. 예를 들, 양육자의 어린이 자아상태에서 비언어적 명령이나 신호로 아이의 어린이 자아상태로 금지령을 보내면 아이의 어린이 자아상태 내부에 P_1(마술적 어버이-MP)과 C_1(신체적 어린이-SC) 사이에 갈등이 나타나는 경우이다. 양육자로부터 금지령이 오면 아이의 어린이 자아상태 내부에 신체적 어린이는 양육자의 금지령과 동일화한다. 이

때 아이의 어린이 자아상태 내부에 신체적 어린이와 마술적 어버이가 갈등을 일으키는데, 이것을 생존 임패스라고 한다. 이러한 제2유형의 임패스의 경우, 4, 5세 이전에 뿌리 깊은 갈등으로 임패스를 해결하기 위해서는 내담자의 어린이 자아상태에서 퇴행작업을 통해 어릴 때에 있었던 구체적인 장면을 재현하게 하기 위해 '빈 의자 기법'을 활용한다.

제3유형 임패스(정체성 임패스)는 어린이 자아상태 내부에 FC와 AC 사이의 갈등이다. 자신이 살아 있는 현재의 이러한 모습이 자신이라고 믿고 있는 순응하는 어린이(AC)에 대해 지금의 모습이 자신이 아니라는 자유스런 어린이(FC) 사이의 갈등이다. 치료방법은 '빈 의자 기법'을 활용하고, AC와 FC 사이에 갈등을 AC를 치료함으로써 재결단할 수 있도록 한다.

각본분석은 그동안 무의식 세계에서 강박적으로 습관적으로 해 왔던 자신의 비건설적인 낡은 각본에서 해방되어 자율적인 인간으로 자율성을 회복하고 발휘하여 지금-여기에 실존적인 인간으로 살아갈 수 있는 계기를 만드는 것이기 때문에 중요하다.

⑹ 수동성(디스카운트, 준거틀, 재정의, 공생)

세상에 능동적으로 대처하는 것이 아니라 세상을 자신의 각본에 맞추기 때문에 수동성이라고 한다. 이와 같은 수동성에는 디스카운트(Discount), 준거틀(Frame reference), 재정의(Redefinition, 재규정), 공생(Symbiosis) 등이 있다.

디스카운트는 우리말로 번역하자면 깎아내림, 경시, 과소평가로 해석된다. 문제 해결과 관련된 정보를 의식하지 못한 상태에서 무시하는 것이다. 따라서 인간관계에서 화의근원이 되기도 한다. 디스카운트는 마음속에서 혼자하기 때문에 직접 관찰할 수 없지만 네 가지 수동적 행동을 보일 때 언어적 비언어적 단서로 추론할 수 있다. 이와 같은 에누리의 기능은 부정적 인생태도의 유지와 강화를 도모하고, 심리게임을 행하게 하고, 인생각본을 진전시키고, 상대를 무시하기 때문에 공생관계 갖게 한다.

준거틀(frame reference)은 하나의 현실 여과기이다. 사람마다 자극에 대한 지각하는 방법(받기)과 반응하는 방법(주기)이 다르다. 준거틀은 각본과 수많은 정의들로 이루어진 자신의 정체성을 말해 준다.

재정의(redefinition, 재규정)는 기존의 각본을 지키려는 방어이다. 따라서 준거틀이 위협을 받으며, 재정의를 통해 위협에 방어하려고 한다. 현실을 왜곡 정의하는 디스카운트의 단서들은 재정의의 외적 표현이라고 할 수 있다. 재정의의 언어적 증거로는

계속 다른 말을 하는 동문서답 교류(일탈교류)와 말을 막아 버리는 차단교류(방해교류)
가 있다.

　공생은 둘 또는 그 이상의 개인이 마치 한 사람의 자아상태인 양 행동할 때 발생한
다. 공생을 하게 되면 세 가지 자아상태를 모두 활용할 수가 없다. 공생에는 건강한 공
생과 불건강한 공생이 있다. 불건강한 공생을 하게 되면 세월이 흐르면서 디스카운트
한 것에 분노가 쌓이고 관계가 소원해진다. 이러한 관계에는 부모자식관계, 연인관계,
부부관계, 친구관계, 스승제자관계 등 인간관계에서 흔하게 볼 수 있다. 어린 아이 같
은 경우는 건강한 공생이 필요하다. 일반 인간관계에서도 디스카운트를 수반하지 않
는 공생은 건강한 공생이라고 할 수 있다. 공생관계에 있는 사람은 자신의 욕구를 충
족시키기 위해 어릴 때 썼던 전략을 재연하여 타인을 조종하려는 시도를 재연하려고
한다. 공생관계에서는 서로 자신이 원하는 역할을 맡기 위해 경쟁하기도 한다. 공생에
는 1차적 공생 아래 C 자아상태 속의 2차 공생이 이루어지기도 한다.

(7) 라켓

　라켓에는 라켓행동과 라켓감정이 있는데 라켓행동은 공갈, 가짜, 부적절한, 대리행
동으로 일단의 각본행동으로 자기도 모르게(무의식) 환경을 조작하는 수단으로 사용한
다. 이러한 행동은 맨 처음 어린 시절에 자신의 욕구 충족과 생존 수단으로 배운다. 결
국 라켓행동은 라켓감정을 느끼게 하는 과정으로써 본인이 의식하지 못한다. 라켓감
정은 부적절한 감정, 대리감정, 가짜감정으로 진정한 감정(authentic feeling)과는 대조
적이다. 교류분석에서는 일반적으로 진정한 감정을 네 가지로 열거한다. 즉, 희(기쁜),
노(성남), 애(슬픔), 공(두려움)이다. 이 네 가지 외에도 다양한 신체적 감각(편안한, 배고
픈, 배부른, 피곤한, 흥분된, 혐오스러운, 졸리는 등)을 추가할 수 있다. 이러한 감정은 통제
받고 있지 않을 때(억압당하지 않을 때) 느끼는 진실한 감정이다. 그러나 통제를 받은 상
황에서 이러한 감정이 있다면 이것 또한 라켓감정이 된다. 라켓감정은 어린 시절에 금
지되었던 진실한 감정에 대한 대체물로써 부모의 지지를 받기위해 만들어진 감정이
다. 따라서 대부분이 AC 자아상태 감정(길들어진 감정)으로 지금-여기의 진정한 감정
이 아닌 시간의 틀에 맞지 않는 감정이다. 이러한 감정은 각자 자신이 자라난 환경에
서 자연스럽게 형성된 감정으로 스트레스를 받은 상황에서 자주 경험하는 정서이다.
스트레스 상황에서는 라켓을 조성하지 않고도 라켓감정을 느낄 수 있다. 왜 라켓감정
은 각본 메커니즘에 중요한 역할을 하고 있는 것인가? 그것은 아이가 가정에서 욕구를

충족하는 수단으로 라켓감정을 사용하도록 학습되었기 때문이다. 라켓감정은 아동기에 가족들이 부추겨서 학습된 것이다. 어떤 가정에서든 제한된 범위 내에서 어떤 감정은 허용하는 반면에 나머지 다양한 감정은 못마땅하게 여기거나 억압한다. 예를 들면, 사내아이는 화나 공격적인 행동은 수용하지만 겁을 내거나 눈물을 보이는 것은 허용하지 않는다. 여자아이는 화를 내거나 공격적인 행동은 용납되지 않고 눈물을 흘리거나 애교를 보이면 허용된다. 그러나 라켓감정이라고 해서 모두 나쁜 것은 아니다. 예를 들자면, 어떤 소녀는 화가 날 때 상냥하고 명랑하게 대해야 한다고 배웠다. 이 소녀는 화가 날 때 상냥하고 명랑하게 말할 수 있다. 이외에도 좋은 것으로 느껴질 수 있는 라켓감정으로는 행복감, 승리감, 공격성, 남을 탓하지 않음 등을 들 수 있다. 그러면 왜 군이 진정한 감정과 라켓감정을 구별하는가? 진정한 감정의 표현은 지금-여기서의 문제를 해결할 수 있지만 라켓감정의 표현은 문제 해결에 도움이 되지 않는다.

(8) 라켓티어링

라켓티어링은 패니타 잉글리시가 만든 용어로 라켓감정에 스트로크를 얻기 위해 타인을 교류에 끌어 들이는 것으로 라켓감정을 동반한 일종의 잡담이다. 라켓티어링은 두 가지 유형이 있는데, 유형 I은 라켓티어가 먼저 C 자아상태를 맡고 인생태도는 자기부정, 타인긍정이다. 유형 I은 다시 유형 I-a(Helpless, 무력한 사람)와 유형 I-b(Bratty, 건방진 사람)로 나눌 수 있다. 유형 I-a는 라켓티어가 자신의 무력함을 스트로크 받으려고 한다. 유형 I-b는 라켓티어가 불평하는 말로 스트로크를 받고자 한다. 유형 II는 라켓티어가 먼저 P 자아상태를 맡고 인생태도는 자기긍정, 타인부정이다. 유형 II는 다시 유형 II-a(Helpful, 도움이 되는 사람)와 유형 II-b(Bossy, 으스대는 사람)로 나눌 수 있다. 유형 II-a는 라켓티어가 상대방으로부터 감사하다는 스트로크를 얻으려고 한다. 유형 II-b는 라켓티어가 상대방으로부터 사과하는 스트로크를 받으려고 한다.

(9) 스탬프

라켓감정을 경험할 때 할 수 있는 일은 두 가지이다. 감정을 바로 표현하든가 아니면 나중을 위해 저장하는 것이다. 나중에 사용하기 위해 저장할 때 스탬프(Stamp)를 모은다고 한다. 교환권은 물품을 살 때 덤으로 받은 것으로 오늘날 카드 결제 때 포인트 제도와 같다. 이러한 심리적 교환권은 어린이 자아상태가 모으는 특별한 감정으로 심리적 교환권을 청산함으로써 각본 결말로 이동할 수가 있다.

(10) 라켓체계

라켓체계는 에르스킨과 잘크맨이 고안한 무의식적 반응체계이자 인생각본의 본질을 설명하는 하나의 모델로 사람들이 어떻게 각본을 유지하는가를 보여 주고 있다. 라켓시스템은 분석을 위한 도구요, 변화를 위한 도구이다. 라켓시스템은 각본신념과 감정, 라켓표현, 강화하는 기억이라는 세 가지의 서로 관련되고 의존적인 구성요소로 이루어진다. 각본신념과 감정은 아동기의 결론을 현재에도 그렇다고 정당화시킬 때의 신념과 감정이다. 이러한 핵심 각본신념과 감정은 맨 처음 양육자와 애착관계에서 성립된다. 라켓 신념과 감정은 내가 각본을 따를 때 내 자신과 타인과 삶의 질에 대한 과거의 낡은 신념을 재연한다. 그리고 지금-여기서의 현실을 있는 그대로 지각하려 하지 않고 각본 결단 시에 진실한 감정을 억압하며, 오히려 재순환을 통해 각본신념을 강화 한다. 라켓적 표현은 진정한 표현이 아니다. 라켓표현은 관찰 가능한 행동, 보고된 내적 경험과 상상(환상)으로 구성된다. 관찰 가능한 행동은 정신 내적 과정에 대한 반응으로 말, 어조, 제스처, 얼굴표정, 몸의 움직임을 들 수 있다. 보고된 내적 경험은 신체적 고통, 긴장, 불편, 질환 등을 가지고 있다. 이러한 것들은 직접 관찰할 수 없고 그들의 보고를 통해서 알 수 있다. 상상은 자신의 것일 수도 있고 남의 것일 수도 있다. 이 때 상상은 최상과 최악의 결과에 대한 과장된 상상이나 공상을 한다. 강화하는 기억은 각본을 따를 때 사람들은 각본을 강화해 줄 기억들을 모은다. 개인의 라켓표현에 대한 다른 사람들의 반응을 통해 스탬프를 저장하고 이러한 증거를 통해 각본의 정당함을 제공받고 각본신념과 감정을 재순환시킨다. 여기서 라켓시스템이 어떻게 자기 각본을 강화 촉진하는지를 볼 수 있다.

자율체계는 의식적인 반응체계로 자기치료과정이다. 라켓체계에 따라 사는 것을 막는 치료적 개입은 라켓체계와 나아가 각본을 변화시키는 효율적인 단계라고 말한다. 즉, 라켓체계의 어느 지점에서든 변화를 주어 각본에서 벗어나도록 도울 수 있다. 이러한 변화는 과거로부터 유지되어 왔던 피드백 고리를 끊을 수 있다. 한 번 변화되면 그다음부터는 더욱 쉬워진다. 기존의 생활양식을 고수하려는 경향이 있지만, 각본에 따라 살기보다 각본으로부터 벗어나려는 움직임이 강화된다. 특정 개입 지점에서만 머물 필요는 없다. 다른 여러 지점에서도 라켓체계의 흐름을 깨뜨릴 수 있다. 라켓체계의 어느 지점에서든 변화가 클수록 각본으로부터 벗어나기 쉬워진다.

(11) 재결단

재결단이란 Ⓐ를 교육해서 오염된 Ⓟ를 대체하고 C를 혼란에서 해제하여 P, A, C 자아상태를 명료화시킴으로써 자아상태를 원만하게 만드는 작업이다. 재결단의 목적은 억압받지 않는 자율적 인간으로 다시 태어나서 타인에 의해서가 아닌(눈치인간), 과거가 아닌, 지금-여기에서 삶의 진정한 주인으로서의 변화된 실존적 인간으로 살기 위함이다.

재결단은 새로운 결정을 촉진시키는 작업으로, 자발적으로 변화되고 싶은 의지가 필수적이다. 재결단의 과정은 끝이라기보다 시작이다. 자신의 자율적인 능력을 발견할 수 있게 되고 자유와 기쁨과 힘의 감각을 경험할 수 있게 된다.

2장

자아상태 분석

1. 구조분석

2. 기능분석

3. 자아상태의 이차구조 분석

4. 자아상태의 진단방법

5. 자아상태의 역기능적 현상

이 단원에서는 자아상태 모델에 대해 보다 상세하게 다루고자 한다. 자아상태의 구조적 측면과 기능적 측면에 대해 살펴보도록 하겠다. 자아상태 모델을 효과적으로 사용하기 위해서는 구조와 기능의 차이를 명확히 이해할 필요가 있다. 이 둘 사이의 혼동이 교류분석 이론의 개발에 끊임없이 문제가 되어 왔다. 그러나 그 차이들을 이해하는 것은 결코 어려운 일이 아니다. 이들은 이미 알고 있는 단순한 하나의 사실에서 모두 일어난다. 구조모델은 저장된 기억과 전략들을 분류하는 반면에, 기능모델은 관찰된 행동을 분류한다. 이것을 이해한다면 구조와 기능을 정확하게 구별할 것이다. 즉, 구조모델은 어떤 내용이 들어 있는지를 나타내면 기능모델은 어떻게 사용하는가를 나타낸다.

구조(STRUCTURE) = 무엇(WHAT) = 내용(CONTENT)
기능(FUNCTION) = 어떻게(HOW) = 과정(PROCESS)

바르게 구별하는 것이 중요한 이유는 사람들 간의 교류에 대하여 이야기하고 있을 때는 언제나 기능모델을 사용해야 한다는 것이고, 이때 구조모델은 무엇이 개인 내부에서 진행되는지를 생각할 때 적합하다는 것이다.

전문용어로 같은 것을 이야기하자면, 교류분석(TA) 작업에 있어서 개인 간의 측면은 기능모델을 필요로 하고, 내 심리적 문제들은 구조모델에 의해 연구될 필요가 있다. 구조와 기능 사이의 관계를 보면, 구조와 기능이 다르지만 서로서로 관련지을 수 있다, 언제든 내가 행동하는 방법은 분명히 내적으로 접촉하고 있는 일련의 기억이나 전략에 부분적으로 의존할 것이다.

예를 들자면, 내가 부정적으로 순응한 어린이(AC)의 기능적 자아상태 분화에 상응하는 일련의 행동들을 보여 주고 있다고 가정해 보자. 내가 팔과 다리를 꽉 접은 채 우두둑 소리를 내며 앉아 있다고 하자. 이빨을 악물고 얼굴은 붉어지고 있는데, 이때 땀이 이마에 흐르고 있다. 만약 누군가가 그때 나를 보았다면 그는 내가 내적으로 접하고 있는 구조적 자아상태의 부분에 대해서 무엇이라고 말할 수 있을까? 아마 상대방은 내가 신체적인 어린이(SC), 즉 C_1의 정의와 일치하는 그런 종류의 신체적 감각을 경험하고 있다고 이성적으로 설명할 것이다. 그리고 실제 나도 그럴 것이다. 그러나 나의 P_1을 형성하도록 저장된 마술적 어버이(MP) 모습의 내적인 이미지에 또한 접근하고 있는 것일지도 모른다. 나의 부모가 어린애처럼 위협에 놓여 있을 때, 소리를 우두둑 내고 얼굴이 붉어지곤 했던 아버지의 방식을 내가 재연하고 있을 가능성 또한 있다. 그렇다면, 나는 나 자신의 어버이 자아상태(Ⓟ), 즉 나의 아버지의 어버이 자아상태(Ⓟ) 속의 C₃ 상태의 부분에 접근하고 있는 것이다.

여러분은 사람들의 말에 귀를 기울일 때, 상대방의 기능을 관찰할 수 있다. 그러나 단지 구조에 대해서는 추론할 수 있을 뿐이다. 지금부터 자아상태 구조와 기능을 세분하여 보도록 하겠다.

1. 구조분석

1) 세 가지 자아상태

구조분석(structural analysis)이란 성격이나 일련의 교류들에 대하여 자아상태(ego state) 모델의 관점에서 분석하는 것으로 주로 '어버이(Ⓟ)' '어른(Ⓐ)' '어린이(Ⓒ)'의 세 가지 자아상태 분석을 의미한다(Stewart & Joines, 1987).

여러분은 우리의 마음이 무엇으로 구조화되었는지 생각해 본 적이 있는가? 여기서는 우리 마음이 어떻게 구조화되었는지 사례를 통해 알아보도록 하겠다.

어떤 젊은 청년이 난폭운전을 하여 교통사고가 난 현장을 목격했다고 가정해 보자. 대체로 반응유형은 다음 세 가지로 요약해 볼 수 있을 것이다.

첫째, '젊은 녀석이 고급 외제차를 타고 싹수가 없는 놈이네. 그러다 큰 싸움이 나지 않았으면 좋으련만…….' 이같이 질책하면서도 근심하는 마음을 나타내는 표현방식은 당신이 어릴 때부터 부모가 계속 말해 온 것과 유사한 것으로, 이것은 '어버이 자아상태(Parent ego state)'라고 부르고 Ⓟ라고 기호화해서 쓴다. 부모의 영향을 받고 있는 부분을 말한다.

둘째, '어떤 상태에서 사고가 일어났을까? 싸우는 사람이 있는 것 같다. 우선 구급차부터 불러야겠군.' 이같이 냉정하게 그 장면을 분석하고 적절한 행동을 취하는 반응은 '어른 자아상태(Adult ego state)'라고 하고 Ⓒ로 기호화한다. 현실적인 '나'라고 해도 좋을 것이다.

셋째, '큰 사고네! 교통사고는 무서워, 끔찍하네.' 이같이 방관하거나 소란을 피우거나 하는 반응은 아이처럼 느낀 그대로 행동하는 것이다. 이것을 '어린이 자아상태 (Child ego state)'라고 하고 ⓒ로 기호화한다.

모든 사람의 마음속에는 이 '세 가지의 나'라는 것이 있는데, 이것은 우리들의 성격 구조를 형성하고 있는 자아상태(ego state)들이다. 이와 같이 자아상태란 일관된 유형의 감정 및 경험 그리고 이와 직접 관련된 일관된 유형의 행동을 말한다(E Berne, 1964).

이 같은 세 가지의 자아상태는 상황이나 때에 따라 어느 것이 강하게 반응하게 된다. 요컨대 '어버이(ⓟ)'는 '가르침 받은 나'이며 '어른 (ⓐ)'은 '생각하는 나', 그리고 '어린이(ⓒ)'는 '느끼는 나'이다.

"가르침받은 ⓑ"   Ⓟ   Parent Ego State

"생각하는 ⓑ"   Ⓐ   Adult Ego State

"느끼는 ⓑ"   Ⓒ   Child Ego State

그림 2-1 세 가지 자아상태

여기에서 '어버이=ⓟ' '어른=ⓐ' '어린이=ⓒ'로 쓰고 있는데, 이는 실제의 어버이, 어른, 어린이를 의미하는 것이 아니라 자아상태를 의미한다는 점에 유의해야 할 것이다.

2) 자아상태의 구체적 내용

세 가지 자아상태 ⓟⓐⓒ의 실제적인 예와 각각의 단서와 파악방법을 이해할 수 있는 구체적 내용을 들어 보면 다음과 같다.

(1) 어버이 자아상태(ⓟ)

번(Berne, 1964)에 의하면, 어버이 자아상태(ⓟ)의 중요한 형성기는 출생 시부터 5년 간이며 외계의 경험원들, 주로 부모를 모방학습하여 형성된 태도 및 기타 지각내용과 그 행동들로 구성된다. 다시 말하면, 어버이 자아상태는 자신의 생활 가운데서 의미를 부여하는 타인들, 즉 부모나 그 밖의 부모 대리인들이 말하고 행동하는 것들을 듣고, 관찰하는 내용들이 어버이 자아상태라고 하는 고성능의 테이프에 기록되어 내면화된 것이라 할 수 있다. 이러한 어버이 자아상태의 형성과정의 특징은 거의 무의식적으로, 비판에 의하여 교정됨이 없이 바로 받아들여져서 내면화된 것이라는 점이다. 출생에서 5세까지의 어린아이는 의존성과 언어로 의미를 구성할 수 없는 무능력으로 특정지어지는 때이다. 그러므로 모방이나 학습의 과정에서 감지하는 자료들을 변동하거나 수정하거나 또는 설명할 수가 없는 것이다. 그렇기 때문에 무비판적으로 진정한 의미를 파악하지 않고 무조건 수용된 낡은 어버이 자아상태의 자료에 의한 우리들의 행동은 비현실적이고, 독선적이며, 무조건 금지적이고, 또 부적절하게 나타나게 되는 경우가 많게 된다. 따라서 우리들의 행동 가운데서 융통성이 없는 무조건 금지적이고 독선적이며 비판적인 행동들은 이 어버이 자아상태의 기능 작용에 의한 것으로 분석할 수 있다.

사람이 어버이 자아상태에 있을 때에는 권위적, 비판적, 보호적 자세로 '밤을 새워 바둑을 둬서는 안 돼!'와 같은 경우나 상대에게 힘이 되어 주는 것과 같이 '아주 어려운 것 같군, 내가 도와주겠네.' 등에서 볼 수 있듯이 과거 부모가 했던 것처럼 질책하거나 원조하게 된다.

(2) 어른 자아상태(Ⓐ)

어른 자아상태(Ⓐ)는 생후 10개월경 어린아이가 자기 자신의 자각과 독자적 사고가 가능해짐에 따라 자신이 혼자서 어떤 일을 해낼 수 있다는 자신감을 갖게 되면서 서서히 형성되기 시작한다(Harris, 1969). 그러므로 어른 자아상태는 어버이 자아상태나 어린이 자아상태와는 달리 어떤 것을 혼자서 해낼 수 있는 어린아이의 자신감 위에 형성된다는 것이 특징이다.

이러한 어른 자아상태는 일종의 컴퓨터와 같은 기능을 갖고 있는 것으로 볼 수 있다. 즉, 어른 자아상태는 추리하고, 외부의 자극들을 평가하고, 정보들을 모아서 미래의 행동 수행에서 참고자료로 사용할 수 있도록 저장한다. 나아가서 어른 자아상태는 수집, 저장된 자료들과 현재 새롭게 수집되는 자료들을 근거로 하여 어떤 결정을 하고, 그 결정을 집행할 수 있게 한다. 또 독립적으로 살아갈 수 있게 하며, 보다 선택적으로 행동할 수 있게 한다.

어른 자아상태는 객관성의 잣대를 제공해 준다. 개인은 어른 자아상태를 통해서 자신을 보다 현실적으로 검증할 수 있다. 즉, 어른 자아상태는 어버이 자아상태에 기록된 자료의 진실 여부가 현재에도 적용될 수 있는가를 확인하고, 그 자료의 용납과 거부를 결정하는 기능과, 어린이 자아상태에 기록되어 있는 감정들이 현재 상황에도 적절한 것인가, 아니면 어른 자아상태의 고루하고 낡은 자료에 대한 반응형식인가를 알아보는 검토기능을 가지고 있다. 다시 말해서, 어른 자아상태는 어버이 자아상태와 어린이 자아상태의 행동을 거부하는 것은 아니고 상황에 맞추어 적절하게 나타날 수 있도록 조정하는 것이다(Jongeward & James 1973: 우재현, 1983).

한 개인이 여러 가지 행동들을 할 수 있다. 그때, 그의 어른 자아상태는 여러 가지 행동과정들의 결과들을 예측할 수 있어서 후회나 실패의 가능성을 최소화하고, 창의적으로 성공의 가능성을 증대시킬 수 있게 한다.

이와 같은 기능을 하는 어른 자아상태를 우리는, 눈을 깜빡이며 골똘히 사고하고 있는 표정, 적극적으로 경청하는 자세, 여러 가지 가능성을 탐색하는 행동에서, 그리고 '비교적 …… 하다.' '생각하건대……' '내가 알기로는……' 등과 같은 언어들을 포함하는 언어적 표현들을 통하여 알 수 있다(우재현, 2007).

사람이 어른 자아상태로부터 심적 에너지를 방출하고 있을 때는 바른 자세와 냉정한 태도로 사실에 입각한 냉정한 판단에서 이론적으로 해결하려고 한다.

(3) 어린이 자아상태(ⓒ)

울램스(Woollams et al., 1974)에 의하면, 어린이 자아상태(ⓒ)는 인간 개체 내에서 자연스럽게 나타나는 생득적인 모든 충동과 감정들, 그리고 그의 생의 초기에 경험하는 사태들에서 느끼게 된 감정들과 그러한 감정들에 대한 반응양식들로 구성된다. 생의 초기에 수반되었던 감정들이란 주로 중요한 형성기인 출생 후 5세경까지의 외적 사태들(주로 부모와 관련된)에 대한 느낌차원의 반응, 즉 감정적인 반응으로, 외적 사태들에 대한 그 어린아이의 감정적 반응체제가 내면화된 것이다. 그런데 어린아이가 생의 초기에 갖게 되는 감정적 경험은 그에게 있어서 결정적으로 중요한 의미를 갖게 된다. 이때 경험하게 되는 부정적 감정이 그 어린아이가 자기부정적 자아(I'm not OK)를 형성하도록 하기 때문이다.

인생 초기의 어린아이들은 그 감정들을 표현할 수 있는 언어적 능력이나 어휘를 거의 가지고 있지 못하기 때문에 그들이 갖는 경험 상태에 대한 반응의 대부분이 내적인 감정적 반응이다. 물론 그러한 감정적 반응들 가운데는 경험 상태에 따라 긍정적인 경험도 혹은 부정적인 경험도 모두 포함될 수 있다. 그러나 대체로 생의 초기에 어린아이들은 낯설고 서툰 환경에 던져진 상태에서 적응행동을 시행착오적으로 학습해 나가는 동안 불가피하게 당면할 수밖에 없는 다양한 욕구좌절의 경험들이 따르게 마련인데, 이때 많은 부정적 감정들을 경험하게 된다. 따라서 이러한 부정적 감정들이 기초가 되어 어린아이는 자기부정적인 자아를 형성하게 되는 것이다.

'야! 멋있어! 놀랐는데!'와 같이 느낀 그대로를 표현하거나 '저런 저렇게 굽히고 나올 수가 있네. 상대가 나빴기 때문일 거야.'와 같이 본래의 감정을 억제한 언동을 취할 때에는 ⓒ자아상태에서 에너지를 방출하고 있는 것이다.

이상의 내용을 정리해 보면 다음 그림과 같다.

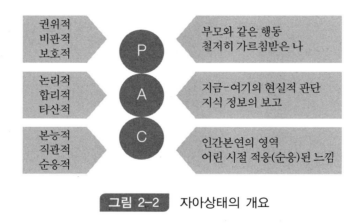

그림 2-2 자아상태의 개요

3) 자아상태의 도식

자아상태의 도식은 [그림 2-3]과 같이 나타내는데 바깥쪽의 큰 원은 토털퍼스낼리티(total personality, 전인격 또는 성격)를 나타낸다. 오른쪽은 약식 도식이며 통상은 오른쪽과 같이 쓴다. ⓅⒶⒸ 사이는 떨어져 있거나 서로 겹쳐져 있거나 뒤얽혀 있거나 해서는 안 된다. 왜냐하면 각 자아상태의 사이에는 심적 에너지가 유동적으로 흐른다고 생각하기 때문이다.

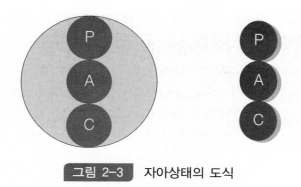

그림 2-3　자아상태의 도식

4) 유동적인 자아상태의 심적 에너지

사람이 갖고 있는 자아상태 ⓅⒶⒸ의 전체 심적 에너지의 총량은 일정하다. 따라서 상황에 따라 자아상태 ⓅⒶⒸ가 각각 활성화되어야 건강하고 균형 잡힌 성격이 된다. 가치판단이 필요할 때는 어버이 자아상태가 활성화되어야 하고, 현실판단이 필요할 때는 어른 자아상태가 활성화되어야 하며, 본능적 판단이 필요할 때는 어린이 자아상태가 활성화되어야 한다.

어머니가 성가시게 말썽을 부리고 있는 아들을 큰 소리로 꾸짖고 있는 장면을 상상해 보자.

찌푸린 얼굴로 째지는 외마디 소리를 내고, 한쪽 팔은 공중에서 한 대 내리치려는 찰나이다(Ⓟ의 자아상태). 그때 돌연 전화벨이 울렸다. 그녀는 20년 전 친했던 초등학교 동창생의 목소리를 듣는다. 그 순간 그녀의 자세는 일변하고 어조나 표정은 부드럽게 변하기 시작한다. 점차 옛날 어린 시절의 추억을 회상하고 천진난만한 모습으로 변한다(Ⓒ의 자아상태). 전화를 끊은 후 말썽 부린 아이에게 그렇게 해서는 안 된다는 이

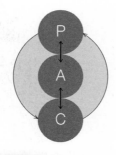

그림 2-4　자아상태의 유동

유를 설명하고 그런 버릇을 고치도록 노력해 보자고 제의한다(Ⓐ의 자아상태).

이 경우에서 볼 수 있듯이 자아상태는 상황의 변화에 따라 바뀌게 된다. 또 자아상태와 자아상태의 사이는 반투막으로 되어 있어서 ⓅⒶⒸ 사이를 정신에너지가 자유롭게 이동한다. 생화학적으로 설명하자면, 자아상태 전체는 용액이고, ⓅⒶⒸ는 용질이며, 심적 에너지는 용매이다. ⓅⒶⒸ사이는 반투막이 형성되어 있어서 심적 에너지만 유동할 수 있는 것이다.

5) 자아상태의 파악방법

자아상태 ⓅⒶⒸ의 각각에 대해서 언어적 단서, 행동·자세의 단서, 목소리의 단서, 얼굴표정상의 단서에 대해서 살펴보면 다음과 같다.

(1) 어버이 자아상태(Ⓟ)

① 언어적 단서: 하지 않으면 안 돼, 하여야 한다, 해서는 안 돼, 하지 않으면 안 돼, 항상, 결코, 질문해서는 안 돼, 방해해서는 안 돼, 착한 아이가 되어라. 가까이에서 뭐라고 말하려고 생각한다, 도와주도록……, 좋다, 나쁘다, 나보다, 추하다, 아름답다, 귀엽다, 영리하다, 어처구니없다, 부질(쓸데)없다, 도리에 어긋난다, 실수(틀림)가 없다, 자! 해 봐, 괜찮겠지요, 걱정하지 말고, 너를 돌봐 줄 테니, 이렇게 하면 기분 좋게 되겠지, 성가신 놈, 두려워하지 말아라 등

② 행동자세의 단서: 탁자를 친다, 손가락질해서 비난한다, 손가락질해서 위협한다, 등을 두드린다, 접촉하여 위로한다, 탁자를 친다, 눈을 위로 향해서, 지겨워하는 얼굴, 발을 쿵쿵거리고, 머리를 가로저으며 안 돼라고 하든가, 또는 끄덕이며 OK의 의미를 나타낸다, 팔짱을 끼고 턱을 잡아당긴다, 얼굴을 위로 향해 훑어본다, 양보한다, 양손을 쥐고서 참는다 등

③ 목소리의 단서: 징벌적, 격려적, 지지적, 동정적, 조소적, 비난적 등

④ 얼굴표정상의 단서: 용기 있는 수긍, 이마에 주름을 잡는다, 어금니를 깨문다, 동정적, 거만한 미소, 애정적, 몹시 불쾌한 얼굴 등

(2) 어른 자아상태(Ⓐ)

① 언어적 단서: 5W1H(육하원칙: 언제, 어디서, 누가, 무엇을, 어떻게, 왜), 예, 아니요,

가능성을 양자택일로 하기로 하지요, 결과는, 사실은 무엇인가, 이것은 실증되어 있지 않는 의견이다, 조사해 보도록 하자, 지금까지 무엇이 올바르게 된 것일까, 이유는 뭔가, 이것을 시도해 보겠습니까, 그렇다면 움직여 보지요, 비교해 보도록 하지요, 원인을 조사해 보자, 통계에 의하여 변경이 표시되어 있습니다, 회의는 토요일 10시입니다, 오후 3시입니다 등

② 행동자세의 단서: 수준 있는 안목에 의한 접촉, 똑바르고 굳어지지 않는 자세, 손가락으로 뭔가를 나타낸다, 이해와 확인, 관심을 보인다, 피드백한다 등

③ 목소리의 단서: 냉정, 지적(서두르지 않고 솔직함), 여유 있는 정서를 구김 없이 명쾌하게, 자신의 정보를 찾거나 주거나 한다 등

④ 얼굴표정상의 단서: 주의 깊게 관찰한다, 질문하는 듯이 생생했다, 지금-여기에서의 반응, 예민한 눈빛, 자신에 찬 얼굴 모습, 사려 깊다 등

(3) 어린이 자아상태(ⓒ)

① 언어적 단서: 어머 깜짝이야, 될 수 없다, 하고 싶지 않다, 주십시오, 알 바 없다, 원하다, 나를 귀여워해 주세요, 이봐! 나를 좀 봐, 두려워, 도와주세요, 누구도 좋아해 주지 않으므로, 당신이 나를 울렸어요, 저는 아니에요, 그는 틀렸어, 내 쪽이 저 사람보다 나아요, 집에 돌아가고 싶다, 노는 편이에요, 쳇(자기의 기대나 관심에 어긋나 못마땅할 때 지르는 소리), 이처럼 돌봐 주고 싶은 일, 과자를 더 주세요, 모두가 날 좋아해 주길 바란다, 야, 와 등

② 행동자세의 단서: 의기소침, 낙담한다, 짜증을 부리다, 즐거운 모습, 신이 나서 마음이 들뜬 모양, 머리털이 쭈뼛하고 서다, 깡충깡충 뛰어다니다, 거북해하듯, 머뭇머뭇하다(주저하다), 손톱을 깨물다, 손을 올려 신호하다, 의기소침 등

③ 목소리의 단서: 목구멍에서 소리가 난다, 구슬프게 울다, 어물어물 넘기다, 어리광스런 대화방식, 허가를 구한다, 입이 걸게 욕을 하다, 심보 나쁘게 울다, 놀리다, 토라져 침묵하다, 조소하다, 못살게 굴다, 큰 소리로 웃다, 흥분상태에서 재빨리 큰 소리로 말하다, 농담하다, 피식피식 웃다 등

④ 얼굴표정상의 단서: 뿌루퉁한 얼굴을 하다, 타인에게 눈을 치켜뜨다, 내려뜨는 눈, 망연해한다, 기뻐하다, 흥분된 얼굴 모습, 불가사의하다는 듯, 고개를 갸웃함, 악의가 없고 순진한, 눈을 크게 뜬 얼굴모습, 비참하게 침울, 절망, 감탄, 눈물 흘린 눈매 등

2. 기능분석

구조분석(structural analysis)과 함께 기능분석(functional analysis)도 우리의 자아상태를 이해하는 하나의 방법이다. 개개인의 자아상태 ⓅⒶⒸ가 어떻게 구성되어 있는가를 알기 위한 구조분석에 대하여 그 사람의 자아상태가 어떻게 사용하는가를 실제 면에서 알기 위한 방법이 기능분석이다(Stewart & Joines, 1987).

기능분석은 구조분석 ⓅⒶⒸ를 더욱 기능적으로 세분화하는 데에서 시작해야 한다. 기능분석에서는 어버이 자아상태(Ⓟ)를 더욱 기능적으로 분류하여 '비판적 어버이 CP(Critical or Controlling Parent)'와 '양육적 어버이 NP(Nurturing Parent)'로 나눈다(Berne, 1970; Woolams et al., 1974; James & Jongeward, 1971). 굴딩 부부는 CP를 '부성적인 어버이'라고 하여 FP(Father Parent)라고도 하며, NP를 '모성적인 어버이'라고 하여 MP(Mother Parent)라고도 한다(Goulding & Goulding, 1979; 우재현, 1993). 그러나 대체로 CP는 나쁘고 NP는 좋다는 것도 잘못된 것이다.

다음으로 어린이 자아상태 (Ⓒ)를 태어날 때 그대로의 자연스럽고 속박이 없는 '자유스런 어린이 FC(Free Child)'와 '순응하는 어린이 AC(Adapted Child)'로 기능적으로 분류한다.

기능분석에서도 Ⓐ는 나누지 않고 그대로 사용한다.

이제 다섯 가지 자아상태로 우리들의 언동이나 태도를 분류하는 기능분석을 좀 더 구체적으로 보기로 하자.

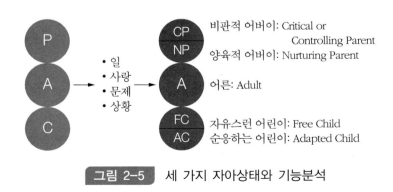

그림 2-5 세 가지 자아상태와 기능분석

1) 다섯 가지의 기능분석

(1) 어버이 자아상태(Ⓟ)

어버이 자아상태(ⓅP)에 있는 사람은 자신의 부모가 사용하거나 또는 현재 사용하고 있는 것과 같은 말투, 몸짓, 생각에 의해 자신을 표현한다. 어버이 자아상태는 벌이나 제한을 가하는 작용, 또는 사람을 돌보는 것과 같은 양육적인 작용과 관계된다. '좋다' '나쁘다' 등의 가치판단이나 도덕·윤리관 등에 의한 말은 어버이 자아상태에서 나오는 표현이다. 어버이 자아상태는 다음 두 가지 면이 있는데, 하나는 통제적, 비판적, 관용적 CP이며 다른 하나는 과보호적, 헌신적, 방임적인 NP이다. 자아상태 다섯 가지의 기능들은 모두 긍정성과 부정성의 양면성을 포함하고 있다.

① 통제적·비판적 어버이(CP)

비판적 어버이(CP)는 심적에너지가 지나치게 강한 경우 다른 사람의 권리를 고려하지 않고 비현실적인 고집을 부리거나 또는 다른 사람의 자존심을 버리는 것과 같은 행동을 하게 한다. 그리하여 비판적인 어버이자아상태를 자주 사용하는 사람들은 상대방을 화나게 하든지 혹은 그들로부터 따돌림을 받게 될 수도 있다. 이 어버이 자아상태는 그 개인의 도덕과 가치판단의 모체를 내포하고 있다(Woolams et al., 1974). 따라서 어버이 자아상태의 자료 속에도 많은 가치 있는 것들이 포함되어 있는 것이다.

이러한 어버이 자아상태에 내면화되어 있는 자료들에 의한 메시지들이, 앞서 설명한 바와 같이 다른 사람들을 향하여 나타나기도 하지만 개인의 내면에서 내적 대화로서 작용할 수도 있다. CP의 경우 자신의 가치관이나 생각하는 방법을 올바른 것으로 보고 그것을 양보하려고 하지 않는 부분이다. 양심이나 이상과 깊이 관련되어 있어서 주로 비평이나 비난을 하지만 동시에 아이들이 생활하는 데 필요한 여러 가지 규칙 등도 가르친다.

이 비판적 어버이(CP)가 지나치게 강하면 거만하고 지배적인 태도, 명령적인 말투, 칭찬보다 질책하는 경향 등이 있으며 상대를 깔보는 듯한 느낌을 준다. 이와 같은 '비판적 어버이를 지나치게 강하게 전면에 나타내는 상사, 배우자, 교사, 부모, 친구 등은 상대를 초조하게 하고 상대로부터 경원시당하기 쉽다.

그러나 비판적 어버이 자아상태의 심적 에너지가 너무 낮으면 사회적인 질서나 가치에 느슨한 태도를 가져서 사회에 적응하기가 힘들어지는 경우가 발생한다.

이와 같은 어버이 자아상태가 작용하고 있는 징후들을 얼굴표정이나 몸짓과 같은 여러 가지 비언어적 행위를 통하여 또는 언어적 행위를 통하여 관찰할 수 있다(Harris, 1969; Woolams et al., 1974; Bennett, 1976).

② 보호적 · 양육적 어버이(NP)

양육적 어버이 자아상태가 긍정적으로 작용할 경우, 친절, 동정, 관용적인 태도를 나타낸다. 아이들, 부하, 후배 등을 위로하고 격려하며 친부모와 같이 돌보는 것이 이 양육적 어버이(NP)의 작용이다. 벌보다는 용서하고 칭찬하는 생활태도이다. 남의 고통을 자신의 것처럼 받아들이려는 보호적이고 온화한 면을 갖고 있다. 그러나 이 양육적 어버이(NP)가 지나치게 강하면 과보호적이거나 과간섭적이 되어 지나친 보호나 간섭이 되기도 한다.

양육적 어버이 자아상태의 심적 에너지가 너무 낮은 경우에는 타인에 대해서 따뜻한 배려나 챙김, 돌봄이 부족하여 냉담하고 무관심한 태도로 타인과 자주 부딪치는 경우가 발생한다.

(2) 어른 자아상태(Ⓐ)

어른 자아상태는 심적 에너지가 지나치게 높을 때는 기계적이고 컴퓨터와 같이 냉정하지만, 지나치게 낮으면 현실에 대한 계획이나 체계가 없고 판단력과 분석력이 부족하여 사람들로부터 신뢰를 받지 못한다. 그러나 어른 자아상태가 긍정적으로 작용하는 경우에 사람은 현실적응을 위해서 필요한 지식을 축적하고 그것을 합리적으로 이용하는 컴퓨터와 같은 부분을 갖고 있다. 컴퓨터와 같이 냉정하고 합리적으로 사물을 판단하고 처리해 갈 때 어른의 자아상태(Ⓐ)가 작용하고 있는 것이다. 그러나 어른 자아상태의 작용은 자칫하면 개인을 위한 보다 좋은 적응이란 틀 속에서 영위되기 쉽고 주위와의 조화가 결여될 위험이 있다. 또 이는 우리들 성격 중에서 사실에 근거해서 사물을 판단하려고 하는 부분으로 자료를 모아 논리적으로 처리해 가는 작용을 한다. 얻어진 자료는 그대로 사용될 수 있고 과거의 지식이나 경험에 비추어서 평가 · 수정되기도 한다.

어른 자아상태(Ⓐ)는 감정에 지배되지 않는 자유로운 입장을 취하고 울거나 웃거나 질책하거나 비꼬거나 걱정하거나 하는 일은 없다. 이러한 의미에서 어른 자아상태는 지성 · 이성과 깊이 관련되어 있고 합리성 · 생산성 · 적응성을 갖고 냉정한 계산에 의해 합리적 작용을 하고 있다. 그러나 어른을 이른바 통상적인 어른(성인, 성숙한 인간, 군자)이라고 보는 것은 잘못이다. 어른 자아상태(Ⓐ)가 수행하는 작용은 자료를 수집하여 이들을 다만 합리적으로 판단하는 것뿐이다.

(3) 어린이 자아상태(Ⓒ)

사람은 누구나 자신의 내면에 '어린아이'를 갖고 있다. 사람이 어렸을 때 한 것과 마찬가지로 지금 행동하거나 느끼거나 할 때에는 어린이 자아상태(Ⓒ)에 있다고 할 수 있다. 어린이 자아상태는 인간의 성격 속에서 실제의 아이 모습을 유지하고 있으며, 주로 감정이나 어버이의 비판을 두려워하거나 부모를 기쁘게 하기 위해서는 부모의 마음에 들도록 '착한 아이'의 행동을 하는 순응하는 어린이(AC)와 자유스럽게 행동하는 자유스런 어린이(FC)가 있는데, 자유스런 어린이에는 부모에 구애받지 않는 자연 그대로의 자연스런 어린이(Natural Child: NC)와 직감이 작용하는 작은 교수(Little Professor: LP)가 있다. 순응하는 어린이에는 고분고분한 어린이(Compliant Child)의 모습으로 나타날 때가 있지만, 반면에 때로는 화와 분노를 보이는 반항적 어린이(Rebellious Child)의 모습으로 나타날 때도 있다.

① 자유스런 어린이(FC)

FC는 자연스런 어린이(Natural Child: NC)와 작은 교수(Little Professor: LP)를 합친 개념으로 성격 중에서 가장 생래적인 부분이다. 이상적으로 말하면 자유로워서 어떤 것에도 구애받지 않는 자발적인 부분이며 창조성의 원천이라고도 할 수 있다. 그러나 제멋대로인 면도 갖고 있다.

자연스런 어린이(NC)는 자유롭고 검열받지 않은 어린이 자아상태의 한 부분이다. 그것은 마치 충동적이고, 호기심과 요구가 많고, 무엇인가 갈구하면, 터치에 민감하게 반응하는 어린아이와 흡사하다. 우리가 결과를 따져 봄도 없이 하고 싶은 대로 행동할 때 그것은 우리의 내면에서 자연스런 어린이 자아상태가 작용하고 있다는 것을 말해주고 있는 것이다. 또한 당신이 좋다는 감정을 갖고 있다든가, 무엇인가 자주 캐묻고 있다든가, 하는 것은 자연스런 어린이 자아상태가 작용하고 있다는 증거다. 이 자연스런 어린이 자아상태는 부모나 상관이나 연장자들의 반응에 구애됨이 없이 자발적으로 자신을 자유롭게 나타낸다. 그래서 자유스런 어린이 자아상태라고 불리기도 하는 것이다. 이것은 훈련받지 않은 있는 그대로의 어린아이라 할 수 있다.

작은 교수(LP)는 모든 사람들의 내부에 존재하고 있는 재치 있는 작은 어린아이의 모습을 나타내는 것이다. 비록 훈련을 받은 바는 없지만 어린아이들의 창의적이고, 직관적이며, 자신이 바라는 바를 얻을 수 있도록 자신과 다른 사람들을 대하는 법을 안다.

이 자유스런 어린이(FC)가 작용하고 있는 사람은 울고 싶을 때 울고, 웃고 싶을 때 웃는 등 자연의 감정을 솔직히 표현하거나 어린아이 같은 행동을 한다. 이 자유스런 어린이(FC)는 일반적으로 명랑하며 장난을 좋아하며 유머가 풍부하고 제멋대로인 면이 있어서 타인에 대한 배려가 결여되기도 한다. 선천적으로 구비하고 있는 예술적인 소질이나 창의력·직관력 등도 이 자유스런 어린이(FC)에서 나오는 것이다.

② 순응하는 어린이(AC)

순응하는 어린이(AC)는 성인들, 주로 부모들에 의하여 훈련되고, 영향을 받아 형성된 어린이 자아상태의 한 부분이다. 즉, 자연스런 어린이 자아상태의 변용을 보여 주고 있는 어린이 자아상태의 한 부분이라 할 수 있다. 자연스런 어린이 자아상태의 자연적인 충동들이 적응적인 것으로 변용하는 것은 외상적 경험이나 훈련에 의해서 일어나게 되고, 그것은 거의 대부분 중요한 권위 인물들의 요구에 맞추려는 반응으로 나타내도록 되어 있다. 그러나 출생 후 얼마 지나지 않아서 그 자연적 충동은 부모들에 의하여 결정된 수유시간에 따르도록 훈련된다. 이와 같은 순응하는 어린이 자아상태가 때때로 다른 사람들이 자신을 보는 시각에 지나치게 민감하여 죄의식이나 부끄러움, 그리고 두려움 등으로 특징을 보이는 고분고분한 어린이(Compliant Child)의 모습으로 나타날 때가 있고, 반면에 때로는 화와 분노를 보이는 반항적 어린이(Rebellious Child)의 모습으로 나타날 때도 있다(Abell & Abell, 1979; 이성태, 1992). 결국, 순응하는 어린이는 합리적이든 불합리적이든 간에 부모가 그에게 바라는 바에 따라 행동하게 된다. 그리하여 자신에 대한 부정적인 감정을 배우게 되기도 한다. 다시 말해서, 순응하는 어린이는 한 개인이 연장자나 권위 인물들로부터 어떤 종류의 환심을 얻기 위하여 눈치 보는 행동을 보이기도 한다는 것이다.

순응하는 어린이는 자신의 참된 감정을 억제하고 부모나 상사의 기대에 부응하도록 노력하고 있는 부분이며, 주로 부모의 영향하에서 형성된 것이다. 이는 앞에서 살펴본 자유스런 어린이(FC)에 여러 가지 수정을 가한 부분이라고 할 수 있다.

이 순응하는 어린이는 자신을 억제하고 사회적 규범에 따라서 행동하려고 하는 경

향을 가지나 이것이 지나치게 강하면 싫은 것을 싫다고 말할 수 없어 간단히 타협하고
만다. '좋은 아이' '착한 아이'로 행동하며 자연스런 감정을 나타내지 못하는 부정적인
면이 나타난다. 평상시는 얌전하게 있다가 어떤 사태가 생기면 반항하거나 격노하거
나 하는 것도 이 순응하는 어린이(AC)의 행동패턴의 하나이다.

　교류분석에서는 순응하는 어린이(AC)의 지나침에 특히 유의한다. 이것은 자유스런
어린이(FC)를 극도로 억압하여 가짜 어른처럼 행동하면서 스트레스를 느끼고 지금까
지와는 판이하게 달라져 주위 사람을 애먹이는 경우가 있기 때문이다.

2) 자아상태의 기능분석도

기능분석의 일반적인 도해와 각각을 표현하는 주된 내용을 보면 다음 그림과 같다.

그림 2-6　자아상태 기능분석도

3) 기능분석의 양면성

　자아상태의 심적 에너지가 강할 때나 약할 때 모두 각각 긍정성과 부정성의 양면성
을 가지고 있다.

(1) 통제적 어버이(CP)의 양면성
　통제적 어버이의 심적 에너지가 높을 때는 비판적이고 통제적이다. 그러나 심적 에
너지가 낮을 때는 느슨하고 관용적이다. 심적 에너지가 높을 때 긍정성은 선악을 구별
하게 하고 예의범절을 제시한다. 그러나 부정성은 간섭하고 압박하며 지시적일 수가

비판적 어버이(CP)-관용적, 지배적, 비판적

- 높다 -	
Not OK	OK
간섭하고 압박한다.	선악을 구별하고 가르침
지시적이다.	예의범절을 제시함.

- 낮다 -	
Not OK	OK
책임감, 가치관, 판단력 부족	관용적임.
윤리와 규범적인 부분 경시	비판하거나 상처를 주지 않음.

그림 2-7 통제적 어버이의 양면성

있다.

심적 에너지가 낮을 때 긍정성은 너그럽고 관용적이다. 비판을 하거나 남에게 상처를 주지 않는다. 그러나 부정성은 책임감, 가치관이 부족하고 윤리와 규범적인 부분을 경시한다.

(2) 양육적 어버이(NP)의 양면성

양육적 어버이의 심적에너지가 높을 때는 과보호적이고 과간섭적이다. 그러나 심적 에너지가 낮을 때는 방임적이고 냉담하다. 심적 에너지가 높을 때 긍정성은 남을 배려

양육적 어버이(NP)-방임적, 헌신적, 과보호적

- 높다 -	
Not OK	OK
과보호, 자립심을 해침.	배려, 마음쓰기
상대방 요구에 거절 못함.	온정적이고 따뜻한 만남

- 낮다 -	
Not OK	OK
상대방의 대립적 갈등	상대방을 의식하지 않고 자신의 의사 표현
윤리와 규범적인 부분 경시	상대방 일에 간섭이나 관여하지 않음.

그림 2-8 양육적 어버이의 양면성

하는 마음이 있고 온정적이고 잘 챙긴다. 그러나 부정성은 과보호적이어서 자립심을 해치고, 상대방 요구에 거절을 못한다.

심적 에너지가 낮을 때 긍정성은 상대방을 의식하지 않고 자신의 의사표현을 잘하며 상대방에 일에 간섭하거나 관여하지 않는다. 그러나 부정성은 배려심과 친절이 부족하여 상대방과 대립이나 갈등이 생길 수 있다.

(3) 어른 자아상태(A)의 양면성

어른 자아상태의 심적 에너지가 높을 때는 기계적이고 컴퓨터적이다. 그러나 심적 에너지가 낮을 때는 즉흥적이고 적합성이 결여된다. 심적 에너지가 높을 때 긍정성은 컴퓨터처럼 정확하고 문제 해결을 잘 하며 논리적이고 이상적인 사고를 가지게 된다. 그러나 부정성은 지나치게 업적 중심, 성과 치중으로 되어 타산적이고 인간미가 결여될 수가 있다.

심적 에너지가 낮을 때 긍정성은 계산적이지 않고 편안하게 보인다. 그러나 부정성은 계획성과 체계성이 없고 현실에 대한 판단력과 분석력이 부족하여 신뢰받기가 어렵다.

어른 자아상태(A)-즉흥적, 현실적, 기계적

- 높다 -	
Not OK	OK
타산적, 계산적	사실과 데이터 중시
인간미 결여	논리적 · 이상적 사고
무감동적으로 행동	문제 해결
컴퓨터 같이 냉정함.	컴퓨터 같이 정확함.

- 낮다 -	
Not OK	OK
계획과 체계가 없음.	계산적이지 않음.
현실에 대한 판단력과 분석력 부족, 신뢰할 수 없음.	편안하게 보임.

그림 2-9 어른 자아상태의 양면성

(4) 자유스런 어린이(FC)의 양면성

자유스런 어린이의 심적 에너지가 높을 때는 자기도취적이고 천방지축이다. 그러나 심적 에너지가 낮을 때는 표현력이 부족하고 폐쇄적이다. 심적 에너지가 높을 때 긍정성은 자발적이고 직관적이며 창의적이고 자연스럽다. 그러나 부정성은 제멋대로 충동적이며 자기중심적인 면이 드러난다.

심적 에너지가 낮을 때 긍정성은 인내심이 있고 차분하며 행동이 조심스럽고 침착하다. 그러나 부정성은 감정표현을 억제하고 정서의 교류가 부족하다. 표현력이 결여되어 생기가 없다.

자유스런 어린이(FC)-폐쇄적, 개방적, 자기도취적

- 높다 -	
Not OK	OK
제멋대로, 자기중심적	자유스럽고 자연스러운 행동
충동적, 향락적	자발적, 직관적

- 낮다 -	
Not OK	OK
감정표현을 억제하고 정서의 교류가 부족하다.	인내심이 있고 차분하다.
표현력이 결여되고 생가가 없음.	행동이 조심스럽고 침착함.

그림 2-10 자유스런 어린이의 양면성

(5) 순응하는 어린이(AC)의 양면성

순응하는 어린이의 심적 에너지가 높을 때는 남에게 의존적이고 자기비하적이다. 그러나 심적 에너지가 낮을 때는 독선적이고 비타협적이다. 심적 에너지가 높을 때 긍정성은 예의범절을 잘 지키며 상대방에게 협조적인 태도를 보인다. 그러나 부정성은 눈치를 보며 자기감정을 억제하는 편이고 남의 말대로 움직이게 된다.

심적 에너지가 낮을 때 긍정성은 자신의 의지를 실행에 옮길 줄 알고 자신의 감정에 충실한다. 그러나 부정성은 고집불통이고 상대방의 분위기를 의식하지 않는다.

순응하는 어린이(AC)-독단적, 의존적, 자기비하

- 높다 -	
Not OK	OK
자연스런 감정 억제	예의범절을 잘 지킴.
남의 말대로 움직임.	상대방에게 협조적인 태도

- 낮다 -	
Not OK	OK
고집불통	자신의 의지를 실행에 옮길 줄 앎.
상대방의 분위기를 의식하지 않음.	자신의 감정에 충실

그림 2-11 순응하는 어린이의 양면성

4) 기능분석과 의사소통의 걸림돌

자아상태의 기능으로 볼 때 대인관계에서 의사소통의 걸림돌이 되는 기능들을 살펴보면 다음과 같다.

- 통제적 어버이: 명령, 강요, 위협, 훈계, 설교, 충고, 규제, 지배, 욕설, 헐뜯기, 비난 등
- 양육적 어버이: 과보호, 과간섭, 역성들기, 동조적, 찬성, 동정, 위로 등
- 어른 자아상태: 논쟁, 캐묻기, 심문, 분석, 진단, 논리적 설득 등
- 자유스런 어린이: 조롱, 빈정거림 등
- 순응하는 어린이: 회피, 증오, 복수, 독선 등

3. 자아상태의 이차구조 분석

우리는 태어난 순간부터 세상을 경험한다. 그리고 그러한 경험들을 기억 속에 저장한다. 우리는 모든 사람이 과거에 대한 기억을 가지고 있다는 것을 알고 있다. 어떤 사람은 의식 속으로 쉽게 되돌아가 기억해 낼 수 있지만, 어떤 사람들은 기억해 내는 것이 더 어렵기도 하다. 우리들 각자는 기억 속에 저장된 엄청나게 많은 수의 사고와 감정, 행동들의 경험들을 가지고 있다. 이차구조 모델의 목적은 우리가 알고 있는 자아상태의 구조 틀 내에 이러한 기억들을 유용한 방식으로 분류하는 것이다.

이것은 자아상태 내측을 해부학적으로 조사하여 각각의 자아상태 알맹이가 어떻게 되어 있는가를 분석하는 방법으로 이것을 통해 개인의 성격형성과 대물림이 어떻게 이루어지는지를 이해할 수 있다.

아이가 출생했을 때는 아직 자아상태가 형성되지 않는 상태이다. 양육자로부터 길들여지면서 아이의 어린이 자아상태 안에 P_1(마술적 어버이, Magical Parent), A_1(작은 교수 Little Professor), C_1(신체적 어린이, Somatic Child)이 형성된다. P_1(마술적 어버이 Magical Parent)은 부모로부터 규칙과 가치판단을 배우면서 자기식으로 해석하여 마술적 형태로 간직하고 행동한다. A_1(작은 교수, Little Professor)은 논리보다는 직관으로 현실을 판단하고 행동한다. C_1(신체적 어린이, Somatic Child)은 아이가 세상을 신체적 감각으로 주로 경험하고 느끼며 행동한다.

이와 같이 아이가 성장하면서 어린이 자아상태 속에 P_1, A_1, C_1이 분화해서 한 인간 안에 마음그림인 P_2, A_2, C_2가 형성된다. P_2 속에는 부모나 권위적인 인물들이 보여준 P_3, A_3, C_3가 내면화되며 그 내용과 수는 사람에 따라 다르다. 이것이 그가 살아온 환경에서 내면화 되어 그의 성격을 형성하고 이러한 정보들을 대물림하기도 한다. 여기에서 P_3는 부모나 양육자들로부터 그대로 내사된 예절, 규칙, 가치관들을 의식과 무의식 형태로 저장하고 있는 것이다. A_3 역시 부모나 양육자들로부터 들은 지식, 상식, 정보들이 의식과 무의식 형태로 저장하고 있는 것이다. C_3는 부모나 양육자가 했던 것처럼 느끼고 반응한 것을 의식이나 무의식 형태로 저장하고 있는 것이다.

P_2는 5세까지 중요한 형성기로 양육자의 행동을 무비판적으로 모방학습에 의해 형성하고, CP와 NP로 기능이 다시 분화된다. A_2는 생후 10개월경부터 자신에 대한 자각과 독창적 사고가 가능하여 현실 판단에 의해 형성되고, 분화되지 않고 그대로이다. C_2

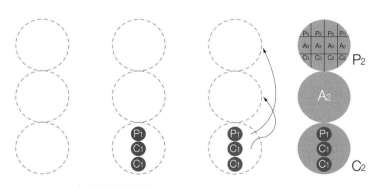

그림 2-12 자아상태 이차구조 모델

는 5세까지 중요한 형성기로 자신이 하는 행동을 통해서 모방학습에 의해 형성되고, FC와 AC로 기능이 분화된다.

4. 자아상태의 진단방법

에릭 번(Eric Berne)은 자아상태의 진단에 있어서 네 가지 방식을 제시하였다. 네 가지 방식은 행동적 진단(behavioral diagnosis), 사회적 진단(social diagnosis), 역사적 진단(historical diagnosis), 현상학적 진단(phenomenological diagnosis)이다.

번은 한번에 이들 방법 중 한 가지 이상을 사용하는 것인 최선이라고 강조하였다. 완전한 진단을 위해서는 위의 순서대로 네 가지 모두가 사용되어야 한다. 행동적 진단은 네 가지 방법 가운데 가장 중요하다. 다른 세 가지도 자아상태를 확인하는 데 사용된다(Berne, 1936, 1961; James(ed.), 1977; Woollams & Brown, 1978).

1) 행동적 진단

행동적 진단에서는 행동을 관찰함으로써 어떤 사람이 어느 자아상태에 있는지를 판단하게 된다. 단어, 어조, 제스처, 자세, 얼굴표정 등과 언어적, 비언어적 단서들의 관찰을 통해서 확인할 수 있다. 행동적 진단을 할 때는 다양한 행동적 단서들이 서로 일치하고 일관성이 있는지 진단해야 한다. 관념상으로, 우리는 모두 네 가지 방법의 진단을 사용한다. 그러나 임상에서 이것은 불가능하다. 그럴 경우, 단지 우리가 할 수 있는 최선의 방법으로 진단을 단순화해야 한다. 행동적 진단은 자아상태를 인지하는 데 가장 우선적이며 중요한 방법이다. 다음의 표는 행동진단에서 단서들을 분류한 표이다.

〈표 2-1〉 행동진단의 분류표

구조분석	어버이 자아상태ⓟ(가르침을 받는 나)	
기능분석	비판적(통제적)어버이(CP)	양육적(보호적)어버이(NP)
자아상태	비판적, 통제적, 규제적, 보수적, 봉건적, 권위적, 편견적, 도덕적, 선악감, 정의감, 문화, 전통, 습관을 전한다.	양육적, 보호적, 동정적, 구호적, 교육적, 동정, 응석받기, 염려, 도와줌, 배려, 돌봄, 위로, 지지적이다.
말	• 이렇게 해. • 해서는 안 돼. • 요즈음 젊은 사람은 무책임해서 곤란하단 말이야! • 남자가 머리를 길러서 불결하게 하고 다녀선 안 돼! • 소용없어. • ~하지 않으면 안 돼. • 결코~해서는 안 돼. • 옳다, 그르다. • 좋다, 나쁘다. • 항상 ~하다. • 틀림없이 ~하다. • 당연한 거야.	• ~이 걱정된다. • ~해 주지. • 잘했어. 가엾게도~ • 맡겨 두게. • ~이 마음에 걸려. • 예쁘군, 귀여워. • 열심히 하면 된다. • 최선을 다하는 것이다. • 모든 것이 다 잘 될 것이다. • 포기할 필요가 없다.
태도	• 깔보는 자세 • 팔짱을 낀다. • 비난하는 얼굴모습 • 압력을 가하는 자세 • 비판적 · 단정적 · 위압적 • 권위적 · 강압적 · 설교적	• 상대방의 어깨를 두드린다. • 손을 내민다. • 포옹한다. • 온화한 태도 • 애정이 깃들어 있는 모습 • 다정하다. 스킨십(skinship)
상대가 받는 느낌	• 얕보고 있다. • 간섭받고 있다. • 따르지 않으면 안 된다. • 열등감을 품는다.	• 위안을 받는 느낌 • 달래는 듯한 태도 • 위로받고 있다. • 간섭받고 있다.
구조분석	어른 자아상태 Ⓐ(생각하는 나)	
기능분석	어른 Ⓐ	
자아상태	이성적, 논리적, 합리적, 과학적, 객관적, 능률적, 평가적, 정보수집지향, 현실지향, 컴퓨터적, 확률론적, 설명적, 사실중심주의적	
말	• 오늘이 무슨 요일이더라. • 어쨌든 사실을 조사해 보자. • 어떻게 해서 그곳에 갈 수 있는지 사실을 확인해 보자.	

	• 숫자는 어떻게 되어 있는지 통계를 보고 조사해 보자. • 육하 원칙(5W1H: 언제, 어디서, 누가, 무엇을, 어떻게, 왜) • 구체적으로 말하면 ~라는 겁니다. • 비교적 ~하다. • 생각하건데 …… • 내가 알기로는 ……
태도	발을 바르게 착지하고, 손을 조용히 무릎 위에 얹은 올바른 자세, 안정된 기분, 침착한 목소리, 눈을 깜빡거리며 골똘히 사고하는 표정, 무감정하고 냉담함, 적극적으로 경청하는 자세, 여유가 있고 주의 깊게 듣는다. 여러 가지 가능성을 탐색하는 행동, 상대방과 눈을 마주친다. 필요한 경우 침묵하고 생각을 정리한다.
상대가 받는 느낌	• 안정된 기분 • 냉정하고 침착해진다. • 객관적으로 사물을 보는 방식 • 타산적이라고 생각

구조분석	어린이 자아상태ⓒ(느끼는 나)	
기능분석	자유스런 어린이(FC)	순응하는 어린이(AC)
자아상태	본능적, 자발적, 자동적, 직관적, 창조적, 향락적, 반항적, 반동적, 자기중심적, 조작적, 공상적	순응적, 소극적, 패쇄적, 감정억압적, 비대결적, 자기연민적, 걱정, 순종, 신중, 고분고분, 좋은 아이, 의존적, 타율적, 자학적, 고집불통, 독선적
말	• 와! 캬! 아아! 유쾌하다! • 나를 그냥 두세요. • 나는 ~을 원한다. • 좋아해, 멋있어! • 자아! 하나 해치웠다. 한잔 할까? • 그따위 일은 어찌되는 상관없어! • 누군가에게 도와 달라고 해야겠군. • 아하!(ahah!) 체험(experience) • 감탄사 • 나는 할 수 있다.	• 나를 떠나지 마세요. • 나를 사랑해 주세요. • 나를 도와주세요. • 나에게 보여 주세요. • 난 그러고 싶지 않아요. • 결코 하지 않을 거예요. • 그렇지 않아요. • 나를 돌봐 주세요. • ~해도 괜찮을까요? • ~수 없습니다. • 어차피 저 따위는 …… • ~할 생각입니다. • (원조, 칭찬, 거부)이젠 됐습니다. • 뭐, 상관없겠지, 그 사람이 말한 대로 해 주지.
태도	• 자유스런 행동 • 발명행동 • 호기심 많은 행동	• 발끈하거나 공격하는 행동 • 부루퉁해서 입을 삐죽거림. • 틀어박히는 행동

	• 희로애락의 직접적 표현 • 스스럼없이 어리광을 부림 • 영감(착상)이 떠올랐구나! • 밝고 명랑하여 큰 소리로 말함 • 자유분방한 태도 • 웃음, 항변, 놀이, 눈물, 주시 • 화내는 행동, 접촉	• 자신의 감정을 억압 • 영합적, 의존적 태도 • 중얼중얼하는 목소리 • 우물쭈물 사양 • 음침한 목소리 • 남의 안색을 살피는 태도 • 불안, 공포, 증오 • 요구가 많음
상대가 받는 느낌	• 자연스러움 • 자유스러움 • 밝고 명랑함 • 번뜩이는 재능	• 기분을 억압 • 비굴함 • 좋은 아이 • 아양 떤다.

2) 사회적 진단

사회적으로 타인과의 관계 속에서 자신의 자아상태를 진단할 수 있다. 사회적 진단은 상대방이 반응하는 자아상태를 주목함으로써 자신이 나타낸 자아상태를 검토할 수 있는 것이다.

3) 역사적 진단

자아상태의 역사적 진단에서 어떤 사람이 아이였을 때 어땠는지에 대해 질문을 한다. 그 사람의 부모와 같은 사람에 대해서 묻는다. 이렇게 하는 것은 그 사람의 기능적 자아상태에 대한 인상을 다시 한 번 확인하도록 해 준다. 또한 자아상태 구조에 대해서도 알게 해 준다. 역사적 진단은 과정과 내용 모두를 다룬다.

4) 현상학적 진단

과거의 기억을 현재로 불러서 현재 상태에서 과거를 재체험하도록 하여 어린이 자아상태 내용의 한 부분을 현상학적으로 진단할 수 있다. 이것은 단순히 과거를 기억하기보다는 재체험을 통해서 어린이 자아상태의 현상학적 진단을 할 수 있다는 것이다.

5. 자아상태의 역기능적 현상

교류분석에서 구조적 역기능이란 심적 에너지는 자아상태들 사이에서 잘 이동해야 건강하고 균형 잡힌 자아상태가 되는데, 자아상태의 경계가 터져 있어 너무 애매하거나, 너무 견고하거나, 너무 편향되었거나 서로 중복된 상태 등에 의해 일어난 것이다. 각각의 자아상태는 경계를 가지고 있다. 자아경계는 반투막으로 되어 있어 심적 에너지만 이동할 수 있다. 심적 에너지는 하나의 자아상태에서 다른 자아상태로 흘러들어 갈 수 있다. 이러한 심적 에너지의 유동이 원활하게 잘 되어야 건강한 자아상태를 유지할 수 있다.

1) 애매한 자아경계

애매한 자아경계를 가진 사람은 어른 자아로부터 거의 통제가 되지 않으며 자아정체성이 결여되고 행동이 적절하지 못하여 현실사회에서 생활하기가 매우 어렵다. 애매한 자아경계를 가진 사람이 더욱 심화되면, 경계선 장애로 발전하게 된다. 경계선 장애는 현실감각이 불안정하다는 특성이 있다. 이러한 경계선 장애에는 신경증과 정신증 경계선 장애가 있다. 신경증 경계선 장애는 현실인식과 생활적응에 불편과 고통이 따르고, 이 장애에 속한 사람은 감정변화가 심하다. 정신증 경계선 장애는 현실인식과 생활적응에 치명적 결함이 있어 나무를 귀신이라고 한다든지 비행기를 우주선이라고 하는 등의 인지왜곡이 심하다.

그림 2-13 애매한 자아경계

2) 자아상태 편향

편향이란 주로 많이 사용하는 자아상태로, 어버이 자아상태의 주도형과 어른 자아
상태 주도형, 어린이 자아상태 주도형으로 나눈다. 어버이 자아상태 주도형은 고지식
하고 본래 감정을 나타내지 않고 인생을 즐기는 능력이 부족하다. 어버이 자아상태 주
도형과 어울리려면 상대는 어린이 자아상태 우세형으로 된다. 어른 자아상태 주도형
은 이해 타산적이고 냉철하여 어른 자아상태 주도형과 어울리려면 상대도 어른 자아
상태로 되기 쉽다. 어린이 자아상태 주도형은 유아적인 욕구가 강해 멋대로인 경향이
있고 현실성이 부족하여 사회적응에 문제가 있을 수 있다. 인생 연령적 발달단계에서
편향을 보면 일반적으로 청소년기는 어린이 자아상태 편향이, 청소년기는 어른 자아
상태 편향이, 장년기에는 어버이 자아상태 편향이 우세하고 노년기는 다시 어린이 자
아상태 편향이 나타난다.

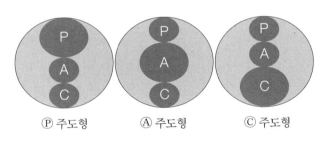

ⓟ 주도형   ⓐ 주도형   ⓒ 주도형

그림 2-14   자아상태 편향

3) 경직(배타)된 자아경계

경직된 자아경계는 심적 에너지의 자유로운 유동을 허락하지 않아서 두꺼운 벽이
에너지를 한 개 또는 두 개의 자아상태 안에 가두고 나머지를 따돌려 일관되거나 배제
시키는 현상을 말한다. 이런 사람은 오직 한 개의 자아상태나 두 개의 자아상태로 반
응하는 경향이 있다.

엄부형
일관된 어버이
(ⒶⒸ의 제외)

뉴스 해설형
일관된 어른
(ⓅⒸ의 제외)

피터팬 형
일관된 어린이
(ⓅⒶ의 제외)

그림 2-15   경직(배타)된 자아경계-일관된

직관형
일관된 ⒶⒸ
(Ⓟ의 제외)

갈등형
일관된 ⓅⒸ
(Ⓐ의 제외)

일중독형
일관된 ⓅⒶ
(Ⓒ의 제외)

그림 2-16   경직(배타)된 자아경계-배제된

4) 자아상태 오염(혼합)

어버이 자아상태 또는 어린이 자아상태가 어른 자아상태 경계 안으로 침범하여 어른 자아상태가 제 기능을 못한 것을 자아상태 오염이라고 한다.

어버이 자아상태로부터 어른 자아상태의 오염을 편견이라고 한다. 편견은 에토스적(관습적)으로 지속적인 특성이 있다. 어버이 자아상태에서 나온 슬로건을 마치 어른 자아상태의 내용으로 착각할 때 어버이 자아상태에 의해 오염되었다 한다. 예) 흑인은 게으르다.

어린이 자아상태로부터 어른 자아상태의 오염을 망상이라고 한다. 망상은 파토스적(격정적)으로 일시적인 특성이 있다. 망상은 감정에 의해 발생한 상상을 믿어 버린 것을 말한다. 어린이 자아상태에서 나온 사실에 근거하지 않는 신념을 마치 어른 자아상

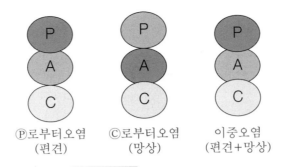

ⓅP로부터오염   ⒸC로부터오염   이중오염
   (편견)   (망상)   (편견+망상)

그림 2-17   자아상태 오염

태의 내용으로 착각할 때 어린이 자아상태에 의해 오염되었다고 한다. 예) 저 사람들이 등 뒤에서 비웃는다.

이중오염은 어버이 자아상태와 어린이 자아상태가 동시에 어른 자아상태를 오염시킨 경우이다. 사람들은 정도의 차이는 있으나 누구나가 약간의 이중오염이 있을 수 있다. 그러나 이중오염이 심한 경우 자신과 타인 또한 세상에 대한 왜곡된 신념으로 가득 차 있고, 인지왜곡에 따른 자기분열이 심하다. 예) 마약, 도박, 섹스 중독자

• 편견의 사례
 – 장애자는 정상인보다 항상 작업능력이 뒤떨어진다.
 – 여성은 남성보다 작업능력이 떨어진다.
 – 남자는 믿을 수가 없다.
 – 여자는 의리가 없다.
 – 흑인은 게으르다.

• 망상의 사례
 – 언젠가는 나를 구원해 줄 왕자님이 올 것이다.
 – 침대 밑에 괴물이 있다.
 – 모두가 나에 관해 뭔가 이야기하고 있다.
 – 나를 좋아해 주는 사람이 있을 리가 없다.

3장

교류분석의 마음그림

1. 이고그램

2. 오케이그램

1. 이고그램

1) 이고그램이란?

이고그램(EGO Gram)은 듀세이(John M. Dusay)에 의해서 고안된 성격검사로써 사람들의 자아상태가 어떻게 구조화되어 있고 실제면에서 어떻게 기능하는지를 알아보기 위해 한 사람의 자아상태에 발생하는 심적 에너지량을 그림 또는 그래프로 나타내는 심리검사이다.

듀세이의 이고그램을 검사하기 위해서는 먼저 수평선상에 다섯 가지 자아상태 기능을 약자로 적은 다음 그 위에 각 기능의 사용한 양을 그리는데, 제일 많이 사용한 것을 그리고, 그 다음에 가장 적게 사용한 심적 에너지의 양을 막대그래프로 나타낸다. 그리고 나머지 세 가지 자아상태 기능의 양도 상대적으로 그린다. 막대의 상대적 높이를 비교하는 것이므로 정확한 높이는 중요하지 않다.

다섯 가지 자아상태 기능을 다 그린 후에는 자신의 자아상태 각 기능의 부정적 면을 각각 기능 막대에 색칠해서 나타낸다.

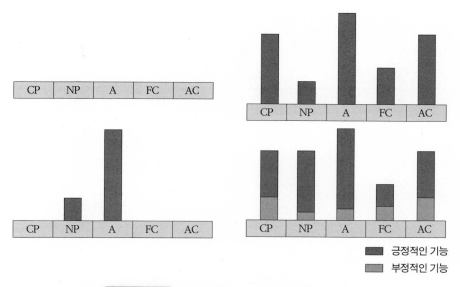

그림 3-1　자아상태 기능 직관으로 그리기

자신의 이고그램이 완성되면 그것을 보고 어떤 특징이 있는지 해석해 본 후, 자신의 이고그램을 어떻게 변화시키고 싶은지 결단한다. 자신이 높이고자 하는 기능이 무엇인지 결정되면, 높이기 위한 행동지침을 정하고 매일 실천하도록 한다. 그리고 나중에 자신의 자아상태가 변화되었는지 타인에게 검사를 부탁한다.

듀세이는 항상성 가설(constancy hypothesis)을 제시하였다. '어느 한 자아상태가 증가하면 다른 자아상태들은 반대로 감소한다. 즉, 심적 에너지의 총량은 일정하며 균형의 변화는 에너지의 이동을 가져온다.'라고 했다.

우리나라와 일본에서는 듀세이의 직관에 의한 방법보다는 질문지법을 더 활용하고 있다. 한국교류분석상담협회에서는 최영일 박사가 개발한 CKEO그램 성격 검사지를 사용하고 있다. CKEO그램 성격검사는 최영일 박사에 의해 개발된 교류분석 이론에 의한 자아상태와 인생태도를 측정하기 위한 한국형 표준화 에고 · 오케이그램 검사로 총 90개 문항으로 구성되어 있다. 이 검사는 2011년 10월 3일부터 2013년 7월 16일까지 1년 9개월간에 걸쳐 전국 단위 20,510명을 표집하고 부산대학교 통계연구소에 의뢰 통계분석을 통해 개발된 교류분석 성격검사이다. 이 검사는 개인의 자아상태 탐색을 통해 마음의 구조와 기능을 측정하여 자아상태의 균형을 찾고 인생태도 이동의 분석방법을 통해 올바른 인생태도를 확립하여 행복한 삶을 살아갈 수 있는 자기변혁과 성장의 도구로 활용되고 있다.

2) 기본적 이고그램 패턴

패턴	체크리스트	성향
이상적		가장 이상적인 형으로 자아상태의 균형이 잡혀 있는 사람이다. 이 패턴은 온정적이면서 합리적이고 책임감도 있고 명랑하고 타인과도 협조를 할 줄 아는 패턴이다. 대인관계가 원만하며 자타 긍정적인 태도를 가지고 있다.
헌신적		NP와 AC가 높아 자신을 희생하더라도 타인과 관계를 잘하려는 경향이 있다. CP와 FC가 낮아 남에게 엄격하게 못하고 적극적으로 자기주장을 못하는 타입이다. 남에게 의존적이고 기분전환도 잘 하지 못한다.
자기중심		CP와 FC가 높아 타인에게 통제적이고 비판적이며, 자기주장을 적극적으로 한다. NP와 AC가 낮아 남을 챙기고 돌보는 감정은 약하고 자기중심의 행동을 한다. 자칫하면 주위 사람들과 마찰이 생기기 쉬운 타입이다.

갈등적		CP와 AC가 높아 자기 탓과 남의 탓을 잘하는 타입으로 남에게 엄격하게 하고 자신은 좋은 사람이 되려고 한다. 여기에 A가 낮아 통합능력이 떨어져서 자기불신과 열등감에 잘 빠질 타입이다.
외골적		A가 매우 높아 철저하게 이성적이고 합리적이지만 CP가 낮고 NP와 FC가 중간이라 실천력은 거의 없는 타입이다. 매사 사리는 밝으나 CP와 AC가 낮아 책임감이 낮고 자신의 생각대로 하는 경향이 있다.
명랑낙관		NP와 FC가 높아 인간적이고 온정적이어서 타인을 잘 챙기고 명랑하고 느긋하며 감정이 풍부하고 호기심과 적극적인 태도로 타인을 즐겁게 한다. 그러나 CP, A, AC가 낮아 규범을 잘 지키지 않고 고집이 세며 즉흥적으로 행동하는 경우가 많다.
염세적		CP, A, AC가 높아 통제적이고 기계적이며 동시에 AC가 높아 자신의 감정을 잘 표출을 못한다. FC가 낮아 자유롭게 놀지도 못하며, NP와 FC가 낮아 타인과 즐겁고 따뜻한 관계를 맺지 못한다.
완고한		CP와 NP가 높아 과보호와 과간섭을 하고 완고하며 FC와 AC가 낮아 인간미가 결여된 벽창호와 같은 느낌을 받을 수 있다. CP, NP가 높고 A가 중간이어서 인정이나 상식을 벗어나는 일은 결코 하지 않는 타입이다.
천진난만		FC와 AC가 높고, CP와 NP가 낮고 A는 중간인 타입으로 사회적 관습이나 의리, 인정 등을 무시하는 편이며, 호기심이 많아 자기 멋대로 행동하지만 남으로부터 소외되는 것을 매우 두려워하는 타입이다.

2. 오케이그램(OK GRAM)

인생에 대한 태도는 어린 시절에 그 기초가 형성되어서 수정되지 않는 한 일관되게 취하는 자세이다. 자신과 다른 사람에 대한 기본적인 신념으로 이렇게 형성된 확고한 신념은 일생 동안 그 사람의 삶의 태도를 결정한다. 또한 모든 심리게임과 각본의 기본 바탕이 된다. 사람들은 네 가지 기본적인 관점을 근거로 하여 다른 사람들과 교류를 한다. 이러한 신념들은 다음과 같이 분류한다.

• I'm Ok(자기긍정, I+): 스스로에 대해 자신이 있고, 자신의 사고방식이나 느낌을 아주 소중히 여긴다.

- I'm not Ok(자기부정, I-): 자신의 능력이나 감정에 자신이 없고, 항상 열등감을 가지고 있는 유형, 자기혐오, 자기비하의 상태에 빠지기 쉽다.
- You're Ok(타인긍정, U+): 상대방을 신뢰하고, 그 인격이나 능력을 유연하게 인정할 줄 아는 마음상태이다.
- You're not Ok(타인부정, U-): 타인을 기본적으로 신용하지 못하고, 비판적으로 받아들이는 마음상태이다.

이와 같은 네 가지 기본적인 관점을 근거로 하여 인생태도 영역을 나타내는 것이 오케이 그램(Ok Gram)이다. 오케이 그램은 관점과 확신의 심적 에너지량을 점수나 그래프로 나타내는 것인데, 이것을 OK목장(Corralogram)이라고 부른다.

우리 모두는 어떤 상황에서 네 가지 인생 태도 영역 중 하나의 영역에 바탕을 둔 각본을 쓰면서 성년기에 이르렀다. 그러나 매일 매 순간 그 태도에 머무르는 것은 아니다. 순간마다 우리는 태도들 사이로 이동한다. 프랭클린 언스트는 인생태도 이동의 분석방법을 개발하였는데 이것을 OK목장(Corralogram)이라고 부른다.

OK목장은 수직축과 수평축으로 사분할을 하는데 수직축의 위쪽 방향은 타인긍정을 아래 방향은 타인부정을 나타낸다. 수평축의 오른쪽은 자기긍정을 왼쪽은 자기부정을 나타낸다. 따라서 OK목장은 네 가지 영역으로 나누어지는데, 그 영역과 특성은 다음과 같다.

- I(I+U+)영역: 협력적 태도로 남과 함께 조화롭게 더불어 살아가는 태도를 나타내며 친교, 친밀, 무한한 가능성을 나타내는 교류분석이 원하는 태도로 각본 없이 심리 게임을 하지 않는다. 교류분석이 바라는 인생태도의 지향점이다.
- II(I-U+)영역: 도피적 태도로 남 앞에서 주눅이 들어 위축된 태도, 있는 곳에서 회피하는 태도, 자기비하, 열등감을 나타내며, 주로 AC 자아상태 기능을 연출한다.
- III(I+U-)영역: 배타적 태도로 남들 위에 군림하려는 방어적 자세, 상대방을 신뢰하지 않는 태도, 우월감, 타벌적, 비행, 편집증을 나타내며 주로 CP, NP 자아상태 기능을 연출한다.
- IV(I-U-)영역: 만사무용 하다는 태도로 부조화, 조현증, 발광의 태도를 나타낸다.

4장

CKEO그램 이해

1. CKEO그램 해석 방법

2. 자아상태 성장 방안

우리나라와 일본은 듀세이의 직관에 의한 방법보다는 질문지법을 더 활용하고 있다. 한국교류분석상담협회에서는 최영일 박사가 개발한 CKEO그램 성격검사지를 사용하고 있다. CKEO그램 성격검사는 최영일 박사에 의해 개발된 교류분석이론에 의한 자아상태와 인생태도를 측정하기 위한 한국형 표준화 이고 · 오케이그램 검사로 총 90개 문항으로 구성되어 있다. 이 검사는 2011년 10월 3일부터 2013년 7월 16일까지 1년 9개월간에 걸쳐 전국 단위 20,510명을 표집하고 부산대학교 통계연구소에 의뢰 통계분석을 통해 개발된 교류분석 성격검사이다. 이 검사는 개인의 자아상태 탐색을 통해 마음의 구조와 기능을 측정하여 자아상태의 균형을 찾고 인생태도 이동의 분석방법을 통해 올바른 인생태도를 확립하여 행복한 삶을 살아갈 수 있는 자기변혁과 성장의 도구로 활용되고 있다.

1. CKEO그램 해석 방법

1) CK-EGO그램과 CK-OK그램 응답지에 표기

EGO그램의 CP, NP, A, FC, AC의 합을 확인한다. OK그램의 U-, U+, I+, I-의 합을 확인 한다.

2) ⑫, ⒜, ⓒ의 값 확인

CP와 NP의 합산은 ⑫의 값이고, A×2의 값은 ⒜의 값이며, FC와 AC의 합산은 ⓒ의 값이다.

3) 심적 에너지의 총량

자신의 심적 에너지의 총량은 ⑫, ⒜, ⓒ의 합산의 값이다(소: 60-167, 중: 168-218, 대: 219-300). 듀세이의 항상성 가설에 의한 개인의 심적 에너지의 총량은 항상 일정하다.

4) CK-EGO그램 해석

(1) 구조편향형과 기능주도형
CK-EGO그램 구조와 기능에 따른 해석표를 따라 해석한다. 자기의 구조 편향형(Ⓟ, Ⓐ, Ⓒ)과 기능의 주도형(CP, NP, A, FC, AC)을 찾는다.

구조의 편향형	기능의 주도형	자아상태의 성향	
		내적	외적
Ⓟ	CP	가치판단적	통제적, 원칙, 책임감, 엄격, 관용
	NP		과보호적, 배려, 봉사, 챙김, 방임
	A		기계적, 합리적, 정확성, 즉흥적
	FC		자기도취적, 활력, 적극성, 위축
	AC		자기비하적, 타협, 협동, 독선
Ⓐ	CP	현실판단적	통제적, 원칙, 책임감, 엄격, 관용
	NP		과보호적, 배려, 봉사, 챙김, 방임
	A		기계적, 합리적, 정확성, 즉흥적
	FC		자기도취적, 활력, 적극성, 위축
	AC		자기비하적, 타협, 협동, 독선
Ⓒ	CP	본능판단적	통제적, 원칙, 책임감, 엄격, 관용
	NP		과보호적, 배려, 봉사, 챙김, 방임
	A		기계적, 합리적, 정확성, 즉흥적
	FC		자기도취적, 활력, 적극성, 위축
	AC		자기비하적, 타협, 협동, 독선

(2) 자아상태 기능 수준
CK-EGO그램 각 기능의 점수에 따라 한국 연령·성별 CK-EGO그램 규준 점수표를 참고로 하여 다섯 가지 기능과 수준을 찾는다.

〈표 4-1〉 한국 연령 · 성별 CK-EGO그램 규준 점수표

구분	등급	CP		NP		A		FC		AC	
		남자	여자	남자	여자	남자	여자	남자	여자	남자	여자
한국 전체	1~2	37-50	36-50	41-50	41-50	39-50	39-50	42-50	40-50	39-50	39-50
	3~4	32-36	31-35	36-40	36-40	33-38	33-38	35-41	35-39	33-38	34-38
	5	30-31	29-30	33-35	34-35	30-32	31-32	32-34	32-34	31-32	31-33
	6~7	25-29	25-28	28-32	29-33	25-29	26-30	27-31	27-31	26-30	26-30
	8~9	10-24	10-24	10-27	10-28	10-24	10-25	10-26	10-26	10-25	10-25
	평균	30	29	34	34	31	31	33	32	31	32
10대	1~2	36-50	36-50	40-50	41-50	36-50	40-50	41-50	43-50	39-50	39-50
	3~4	31-35	31-35	35-39	37-40	31-35	34-39	35-40	37-42	34-38	34-38
	5	29-30	29-30	32-34	34-36	29-30	32-33	32-34	33-36	31-33	31-33
	6~7	25-28	25-28	28-31	29-33	24-28	26-31	27-31	27-32	26-30	25-30
	8~9	10-24	10-24	10-27	10-28	10-23	10-25	10-26	10-26	10-25	10-24
	평균	29	28	33	33	29	30	33	33	31	31
20대	1~2	36-50	38-50	42-50	40-50	40-50	39-50	43-50	37-50	39-50	36-50
	3~4	33-35	34-37	37-41	37-39	36-39	35-38	33-42	33-36	34-38	32-35
	5	31-32	32-33	35-36	34-36	34-35	33-34	31-32	31-32	32-33	30-31
	6~7	27-30	28-31	30-34	30-33	29-33	30-32	26-30	27-30	28-31	26-29
	8~9	10-26	10-27	10-29	10-29	10-28	10-29	10-25	10-26	10-27	10-25
	평균	29	28	34	33	32	29	34	33	31	32
30대	1~2	39-50	39-50	44-50	45-50	42-50	40-50	43-50	39-50	38-50	38-50
	3~4	34-38	35-38	39-43	41-44	38-41	37-39	35-42	36-38	33-37	32-37
	5	32-33	32-34	36-38	37-40	35-37	34-36	31-34	34-35	31-32	30-31
	6~7	28-31	27-31	32-35	30-36	31-34	31-33	28-30	28-33	26-30	27-29
	8~9	10-27	10-26	10-31	10-29	10-30	10-30	10-27	10-27	10-25	10-26
	평균	31	29	35	34	34	31	32	31	32	31
40대	1~2	35-50	35-50	40-50	40-50	37-50	36-50	41-50	41-50	39-50	40-50
	3~4	30-34	30-34	35-39	35-39	32-36	31-35	35-40	36-40	34-38	35-39
	5	28-29	28-29	33-34	33-34	29-31	29-30	32-34	33-35	31-33	32-34
	6~7	24-27	24-27	29-32	29-32	25-28	25-28	28-31	27-32	26-30	27-31
	8~9	10-23	10-23	10-28	10-28	10-24	10-24	10-27	10-26	10-25	10-26
	평균	32	31	34	36	33	34	31	31	30	31
50대	1~2	36-50	38-50	39-50	42-50	39-50	40-50	40-50	39-50	39-50	38-50
	3~4	32-35	33-37	35-38	38-41	32-38	36-39	34-39	34-38	33-38	33-37
	5	29-31	31-32	33-34	36-37	30-31	34-35	31-33	31-33	31-32	31-32
	6~7	24-28	26-30	30-32	31-35	27-29	29-33	25-30	26-30	26-30	26-30
	8~9	10-23	10-25	10-29	10-30	10-26	10-28	10-24	10-25	10-25	10-25

50대	평균	32	31	37	37	36	34	33	31	31	31
	1~2	37-50	38-50	44-50	45-50	41-50	40-50	38-50	38-50	37-50	39-50
	3~4	33-36	33-37	39-43	41-44	37-40	37-39	33-37	35-37	33-36	34-38
	5	31-32	31-32	37-38	38-40	34-36	34-36	31-32	33-34	31-32	31-33
60대	6~7	27-30	26-30	31-36	33-37	30-33	30-33	25-30	27-32	26-30	26-30
	8~9	10-26	10-25	10-30	10-32	10-29	10-29	10-24	10-26	10-25	10-25
	평균	32	31	37	38	34	34	33	33	31	32

(3) CK-EGO그램 해석

CK-EGO그램 기본 해석표를 참고로 하여 자기 자신의 다섯 가지 자아상태 기능과 수준을 찾고 해석한다.

〈표 4-2〉 CK-EGO그램 기본 해석표

기능 수준	CP	NP	A	FC	AC
1-2	권위적이고 강압적이고 독단적이란 말을 듣는다. 융통성이 부족하고 완고한 경향이 있어 타인의 행동 등에 대해 잘 판단하고 비판한다.	타인을 지나치게 보호하고 간섭하여 자립을 해친다. 타인의 입장을 늘 생각하고 행동하기 때문에 거절을 못하여 타인 중심의 삶을 산다.	철저하게 이해타산적이고 합리적인 컴퓨터 같은 인간으로 보인다. 인간중심보다는 일중심의 태도를 취하여 무미건조한 느낌을 준다.	자아도취적이고 자기중심적이어서 경솔한 행동이나 실수를 하기 쉽다. 분위기에 따라 충동적이어서 자기절제가 잘 안 되는 경향이 있다.	타인에 대해서 과민하게 반응하여 자기를 억제하는 경향이 있다. 참고 감정을 억압하고 열등감과 자기비하, 자기혐오를 할 때도 있다.
3-4	↕	↕	↕	↕	↕
5	이상적이고 양심적이며 정의감이 있다. 인간으로서 도리와 사회질서, 전통, 규범 등 원칙이나 책임감을 중요시한다.	타인의 입장을 배려하고 도움을 주고 보호하려는 따뜻한 마음이 크다. 사회에는 온정적이고 봉사정신이 있어 수용적이다.	합리적이고 객관적인 정보에 의해 이성적으로 공과 사를 구분하고 현실 판단을 한다. 명확하고 계획적이어서 신뢰감을 준다.	적극적이고 창조적이며 자유분방하고 호기심이 왕성하다. 매사에 활력과 신바람이 있어 감정표현을 잘하고 천진난만하다.	타인의 의견을 존중하고 자기통제를 잘 하며 적응적이다. 타인과 관계에 있어서 타협과 협동으로 대인관계를 원만하게 이끈다.
6-7	↕	↕	↕	↕	↕

| 8-9 | 사회의 관습이나 의리, 책임감, 원칙 등을 경시하는 경향이 있다. 무절제하고 주관이 없으며 소극적이어서 생활에 질서가 없다는 말을 듣는다. | 타인이나 상황에 대해 배려함이나 친절이 부족할 때가 많아 냉담하다. 무관심하고 따뜻함이 없어 인간관계에서 갈등을 일으킬 소지가 많다. | 현실을 무시하고 즉흥적이며 논리성이 부족하다. 합리적이거나 이성적이지 못하다. 즉흥적으로 행동하기 때문에 타인에게 신뢰받기 어렵다. | 자유로이 자신의 감정을 표현하지 못하여 위축되어 있으며 자신감이 부족하다. 타인과의 접촉을 피하며 차분하여 생기가 없어 보인다. | 고집이 세고 독단적이어서 타협할 줄 모르는 사람이다. 자신의 불평불만을 참지 못하고 직설적으로 표현하여 인간관계에서 부딪침이 많다. |

(4) 역기능적 자아상태 구조와 기능

자신의 역기능적 자아상태 구조, 역기능적 기능과잉 유형, 그리고 기능결핍 유형을 찾고 해석한다.

〈표 4-3〉 역기능적 자아상태 구조

애매한	성향
ⓅⒶⒸ 자아상태 경계 터짐	애매한 자아경계를 갖은 사람은 어른 자아로부터 거의 통제가 되지 않으며 자아정체성이 결여되고 행동이 적절하지 못하여 현실인식과 생활적응에 불편과 고통뿐만 아니라 치명적인 결함이 있을 수 있다.

편향	성향
Ⓟ	사회질서, 규칙, 전통 등 원칙을 중요시하고 엄격하다. 권위적이고 독단적이어서 융통성이 부족하고 완고하다. 타인을 지나치게 보호하고 간섭한다. 고집이 세고 위축되어 생동감이 부족하고 현실 판단력과 분별력이 부족하다.
Ⓐ	목적 지향적이고 합리적이고 이성적이며 정확성을 중요시한다. 위축되어 생동감이 없고 무미건조하며 상대방에 대한 배려나 봉사하려는 마음이 없다. 인간적인 도리나 책임감을 간과하고 독선적이다.
Ⓒ	본능적이고 직관적이어서 감정에 솔직하고 개방적이다. 책임감과 사명감 등이 상당히 결여되어 있어 느슨하고 배려심이 없다. 판단력, 분별력, 정확성에 결함이 있어 감정적이며 즉흥적이고 자기도취적이다.
Ⓟ, Ⓐ	엄격하고 정확한 합리적인 틀 안에서만 행동하는 이상주의자이다. 자신의 고집이나 규칙을 매우 중요시하기 때문에 접근하기 어렵다. 융통성이 부족하고 완고하여 인간적 재미가 없다.
Ⓟ, Ⓒ	현실적인 틀에 얽매이지 않는 주관적 선택이 강해 예술가적 기질이 있다. 현실을 무시하고 계획성 없이 즉흥적이기 때문에 신뢰하기 어렵다. 타인과 자신을 탓하는 경

ⓟ, ⓒ	우가 많아 인생 전반에서 갈등을 많이 느낀다.
Ⓐ, ⓒ	타인에게 관대하고 현실적 사실이나 자신의 강점을 중요하게 생각한다. 세상에 대한 가치 판단, 규칙, 질서 등의 기준이 없어 신뢰하기 어렵고 외부의 자극에 쉽게 흔들린다. 사회관습이나 의리, 인정을 무시하고 자기 기분대로 행동한다.

경직	성향
ⓟ	권위적, 지시적, 독단적이며, 엄격하게 윤리, 규칙, 질서를 제시한다. 지나치게 타인을 간섭하여 의존하게 만들며 자립심을 해친다.
Ⓐ	컴퓨터 인간으로 의리나 인정에 얽매이지 않고 사리에 맞게 행동한다. 목적 지향적이기 때문에 무감정하고 냉정한 느낌을 준다.
ⓒ	자신의 즐거움을 추구하고 타인을 기쁘게 하려고 노력한다. 침착성, 객관성, 공정성이 부족하고 감정적이다. 어린아이같이 자기도취적이고 주관성이 강하다.
ⓟ, Ⓐ	지나치게 합리적이고 통제적이어서 접근하기 어려운 인상을 준다. 융통성이 부족하고 완고한 경향이 있어 상대방을 주눅 들게 하고 의존하게 만든다.
ⓟ, ⓒ	자신의 가치관과 욕구 사이에서 갈등을 많이 느낀다. 타인과 자신을 탓하는 경우가 많아 부딪침이 많고 자기중심적으로 생각하고 판단하는 주관성이 강하다.
Ⓐ, ⓒ	자신의 판단과 논리성에 근거하여 자신의 감정표현이나 행동을 합리화하나 외부의 자극에 쉽게 흔들리고 자기 기분대로 행동한다.

오염	성향
편견	어버이 자아상태에서 나온 슬로건을 마치 어른 자아상태의 내용으로 착각할 때, 어버이 자아상태에 의해 어른 자아상태가 오염된 것을 편견이라고 한다.
망상	어린이 자아상태에서 나온 슬로건을 마치 어른 자아상태의 내용으로 착각할 때, 어린이 자아상태에 의해 어른 자아상태가 오염된 것을 망상이라고 한다.
이중오염	어버이 자아상태와 어린이 자아상태가 모두 어른 자아상태의 경계 안으로 침범한 경우를 이중오염이라고 한다. 인지왜곡이 매우 심하다.

〈표 4-4〉 역기능적 자아상태 기능과잉 31유형

CP과잉형: 사명감이나 책임감 그리고 신속한 상황 판단력과 비판력이 있으나 권위적이고 강압적이다. 사소한 실수도 용납하지 않고 간섭과 제재가 심한 편이며 자신에게 반대하거나 정도에서 벗어난다고 판단하면 비판적이다. 자신의 가치관을 강요하는 것과 같은 지배적인 언행을 하는 타입이다. 타인의 입장에서 이해하고 장점을 발견하도록 노력하고 칭찬하는 자세를 갖는다.

NP과잉형: 타인에게 지나치게 관여하여 독립이나 자신감을 빼앗는 결과를 가져올 수 있다. 인간관계에서 지나치게 배려하고 봉사하는 마음이 커 주위 사람에게 의존하게 만들 수 있다. 자신과 상대의 관계를 냉정하게 파악하여 지나친 배려나 참견이나 간섭이 되지 않도록 한다.

A과잉형: 컴퓨터처럼 합리적이고 계산적이다.

FC과잉형: 감정적이고 즉흥적이며 타인을 배려

사람의 감정을 경시하는 경향이 있고 대체로 마음의 여유가 없으며 세상일에 초월하는 것처럼 보인다. 타인에게 융통성이 부족하여 냉정한 느낌을 준다. 사회적 적응을 잘하는 목적지향적 태도도 중요하지만 관계지향적인 부분에서도 타인을 배려하고 존중하며 겸손한 태도를 갖도록 한다.

하지 않는 자기도취적인 경향이 강하며 남의 주의를 끌고 싶어 한다. 상황에 따라 일관성 없이 자기 생각대로 행동하기 때문에 신뢰를 받기가 어렵다. 어떤 상황이든 스스로 통제하고 객관적이며 공정한 태도를 갖도록 한다.

AC과잉형: 열등감이 강하고 주위 사람의 언동에 과민하게 반응을 한다. 남이 시키는 대로 하기 쉬워 불평불만이 계속 쌓이기 쉽다. 조심스럽고 의존적이며 자기통제를 하여 억압하거나 자기를 비하하는 경우가 많다. 매사에 호기심을 가지고 적극적으로 감정과 느낌을 겉으로 드러내는 태도가 필요한 타입이다.

CP, NP과잉형: 권위적이고 통제적이며 강압적이다. 타인을 지나치게 배려하고 간섭하는 편이다. 융통성이 부족하고 완고한 경향이 많아 자기중심적이고 일방적이다. 타인을 자신의 방식대로 강요하며 과보호적인 성향이 강하다. 타인의 의사를 존중하고 지나치게 간섭하지 않도록 한다.

CP, A과잉형: 객관적으로 판단하여 자신의 가치관이나 신념에서 벗어난 경우 배려나 허용심이 부족하다. 바른 소리를 많이 해서 상대방으로 하여금 차갑고 권위적이라는 인상을 풍길 수 있다. 완벽주의를 버리고 타인의 장점을 인정하고 매사에 타산적으로 생각하지 말고 자신의 감정과 타인의 감정에도 관심을 가져야 할 타입이다.

CP, FC과잉형: 타인에게 비판적이며 자신을 적극적으로 주장하는 자기중심적 사람이다. 남의 탓을 하기 쉽고 자기중심적이며 자유분방하여 주위 사람과 마찰이 생기기 쉽다. 타인의 장점을 찾아보도록 노력하고 타인의 기분도 배려하는 마음이 필요하다.

CP, AC과잉형: 자신이나 타인에게 완전함을 요구하며 내 탓, 남 탓을 하는 경우가 많다. 자기비하를 하거나 남을 자주 비판하여 갈등이 반복되고 후회를 많이 하는 타입이다. 자기통제를 잘하고 적응적이나 불평불만이나 스트레스가 계속 쌓이기 쉬운 유형이다.

NP, A과잉형: 자기 자신의 즐거움보다는 타인을 돕는 일에 즐거움을 느끼고 헤아림이 많고 과보호적이다. 이치에 맞고 합리적인 행동을 하려고 신중한 태도와 냉철한 인상을 주나 사람의 감정을 경시하는 경향이 있다. 지나치게 타인에게 참견하거나 간섭하지 않도록 한다.

NP, FC과잉형: 감정적이고 본능적이어서 자신이 원하는 욕구는 수단방법을 가리지 않고 자신의 기분대로 하려는 경향이 강해 자칫 문제를 야기시킬 수 있다. 감정적으로 자기 기분대로 경솔하게 행동하지 않도록 좀 더 신중하고 객관적인 태도가 필요하다.

NP, AC과잉형: 타인에게 지나치게 배려나 온정적이어서 하고 싶은 말을 못하며 자신이 다소 희생하더라도 타인과 관계를 잘 하려는 경향이 있다. 열등감이 강하고 스트레스를 느끼기 쉽고 내부모순을 축적해 가는 우유부단한 타입이다. 타인과 관계에서 통제된 배려와 당당하고 조화로운 의사소통이 필요하다.

A, FC과잉형: 분석적이면서도 자유분방하고 개방적이지만 너무 솔직하고 논리적이어서 자기도취적이고 경솔한 행동을 할 수 있다. 일을 철저하게 목적 지향적으로 처리하면서도 자기과

A, AC과잉형: 논리적이고 합리적으로 이치를 따져 실수하지 않으려고 남의 눈치를 지나치게 보고 자기통제적이다. 신중한 어른스러운 느낌을 주지만 타인에게 의존적이고 융통성이 부족

시적인 점이 있어 남의 말을 귀담아 듣지 않는 경향이 있다. 타인의 의견도 경청하며 소통하는 겸손한 태도가 필요하다.

하다. 매사에 지나치게 타산적으로 생각하지 말고 자신의 느낌을 진술하게 표현할 수 있어야 한다.

FC, AC과잉형: 호기심이 많고 감정적이고 본능적이며 현실적 판단력이 부족하다. 다른 사람의 기분을 맞추기 위해 노력한다. 현실에 근거하며 침착하고 공정한 태도를 갖고 판단하여 결코 감정적으로 행동하지 않도록 통제할 필요가 있다.	**CP, NP, A과잉형**: 타인의 독립성과 자주성을 인정 못하고 간섭하고 비판하며 타산적이다. 책임감이나 의무감이 강하나 지나치게 타인을 보호하거나 간섭한다. 너무 옳은 말과 바른 말만 하지 말고 타인의 감정도 공감하고 활기 있고 낙천적인 마음가짐과 협동심이 필요하다.
CP, NP, FC과잉형: 지나치게 간섭이 심하며 자기주장이 강하여 일방적이고 직설적이다. 불평불만이 있을 때 참지 못하고 직설적으로 표현하며 감정의 기복이 심한 편이다. 타인의 입장에서 기분을 이해하고 배려하는 마음과 수용하는 자세가 필요하다.	**CP, NP, AC과잉형**: 자신의 가치관이나 규칙에 따라 행동하지만 타인의 욕구와 감정에 매우 민감한 편이다. 따라서 신중하게 행동하고 자신의 감정은 잘 드러나지 않아 내부적으로는 불평불만이 많은 편이다. 자신의 진실한 감정을 내부로 억압하지 않고 적극적으로 표현하는 태도를 갖도록 한다.
CP, A, FC과잉형: 타인에 대해서 비판적이면서도 자신을 적극 주장하며 자기중심적인 행동을 할 경우가 많다. 불만이 있을 때는 직설적으로 표현해서 다른 사람의 감정이나 입장을 무시하는 경향이 있어 제멋대로라는 인상을 준다. 타인의 긍정적인 부분을 생각하고 마음의 여유를 갖도록 노력한다.	**CP, A, AC과잉형**: 자기 탓과 남의 탓을 잘하고 현실에 대해 분석적이다. 타인과 즐겁고 따뜻한 관계를 맺기 어렵고 억압하고 우울한 상태가 되기 쉬운 사람의 마음그림이다. 자신이나 타인의 긍정적인 부분을 찾고 일이나 생활을 즐기도록 노력한다.
NP, A, FC과잉형: 자기도취적이고 지나치게 타인을 간섭하며 타인이 자기 뜻대로 따르기를 원한다. 자기주장이 강하고 자기 기분대로 행동하기 때문에 갈등을 초래할 수 있는 제멋대로인 사람이다. 자기 생각과 기분도 중요하지만 타인의 생각이나 느낌도 존중하는 태도가 필요하다.	**NP, A, AC 과잉형**: 자기통제적이고 감정을 억압하여 진술하게 감정을 나타내지 않고 참아 버린다. 어른다운 느낌을 주며 매사에 합리적인 태도를 갖는다. 타인에게 지나치게 배려하고 눈치를 보며 의존적이어서 자기 존재감이 없다. 타인과 관계를 잘 하려는 것도 중요하지만 자신의 생각도 자유롭게 표현해야 한다.

〈표 4-5〉 역기능적 자아상태 기능결핍 31유형

CP결핍형: 가치판단, 규칙, 책임감 등이 상당히 결여되어 있다. 어떤 상황에서 자신의 태도가 불분명하고 관용적이고 무절제하다. 분명한 자신의 태도와 엄격하게 원칙을 지키려는 자세가 필요하다.	**NP결핍형**: 다른 사람에게 별로 관심이 없어 담백하게 보이나 냉정하고 인정이 없다. 주위 사람들에게 관심을 갖고 따뜻한 마음으로 서로 나누며 배려하고 봉사하는 태도가 필요하다.

A결핍형: 비현실적이고 계획성이 없다. 즉흥적이고 판단력이 부족하며 행동에 일관성이 없어 신뢰를 받기 어렵다. 어떤 상황이든 객관적이고 계획적이고 정확한 태도를 갖도록 노력한다.

FC결핍형: 희로애락의 감정을 잘 드러내지 않고 생동감이 없으며 위축적이고 폐쇄적이다. 전체적인 분위기는 말수가 적고 어두운 인상을 준다. 자신을 적극적으로 개방하고 감정과 느낌을 잘 표현하도록 노력한다.

AC결핍형: 타인의 말을 잘 듣지 않고 주관적인 경향이 강하며 자신의 불평불만을 직설적으로 표현하기 때문에 타인과 갈등을 가져올 수 있다. 타인의 의견에 경청하고 타협하고 협력하는 자세가 필요하다.

CP, NP결핍형: 전체적으로 판단력이나 엄격함이 부족하고 담백한 인상을 주나 무정하고 냉담하다. 주변 사람들에 대해 관심을 가져 보고 배려해 주며 약속이나 책임지는 일은 반드시 지키도록 노력한다.

CP, A결핍형: 원칙, 책임감, 사명감 등이 부족하고 관용적이며 현실판단이 모자라서 불분명한 태도를 보일 때가 많다. 가치판단이나 현실판단을 정확히 하여 행동에 옮기도록 한다.

CP, FC결핍형: 판단력, 비판력, 엄격함이 결여되어 있고 감정표현이 부족하다. 위축되어 있어 거의 자신의 감정을 나타내지 않는다. 자신의 의견을 적극적으로 표현하고 감정과 느낌을 드러내는 연습이 필요하다.

CP, AC결핍형: 타인의 말을 귀담아 듣지 않고 자기중심적이며 책임감이나 규칙에 대해서도 엄격하지 못하다. 좀 더 타인의 입장에서 생각하고 지켜야 할 원칙은 지키도록 노력한다.

NP, A결핍형: 냉담하고 둔감하며 즉흥적으로 행동하여 현실을 무시하는 경향이 있다. 상대에게 배려심도 없고 판단력이나 분별력도 부족하다. 매사에 관심을 가지고 배려하고 계획적인 삶이 필요하다.

NP, FC결핍형: 자신의 감정을 드러내지 않고 무관심하고 냉담하다. 자신의 인생을 즐기려 하지 않고 따뜻함이 없고 비관적 느낌을 준다. 자신이 원하는 일을 찾고 사람들과 함께 나누도록 노력한다.

NP, AC결핍형: 다른 사람과 타협하려는 것이 부족하고 냉정하고 독단적이다. 남에 대한 배려보다는 자신의 입장만 생각하기 때문에 인간관계에 갈등이 많다. 상대의 감정도 존중하고 타협하려는 태도가 필요하다.

A, FC결핍형: 자신의 감정을 잘 드러내지 않고 판단력과 사고력이 떨어진다. 전체적으로 재미가 없고 어두운 느낌을 준다. 매사에 호기심을 가지고 적극적인 삶을 살려고 하는 자세가 필요하다.

A, AC결핍형: 현실감각이 없고 고집이 세고 즉흥적이어서 합리적인 판단을 하기 어렵다. 자신의 주장이 강하고 사람들과 관계를 잘 풀어 가지 못한다. 타인의 말을 잘 경청하고 잘 판단하여 배려하는 마음이 필요하다.

FC, AC결핍형: 자기중심적인 성향이 강하여 타협할 줄 모르고 자신의 감정을 잘 나타내지 않고 폐쇄적이며 어두운 인상을 준다. 타인의 의견을 존중하고 자신을 좀 더 개방적으로 표현하는 자세가 필요하다.

CP, NP, A결핍형: 현실적인 계획성이나 합리적 사고능력이 부족하고 타인을 이해하고 배려하는 마음이 부족하며 무책임한 성향이 있다. 목표를 가지고 생활하며 따뜻하게 배려하고 책임감이 있는 태도가 필요하다.

CP, NP, FC결핍형: 배려심이 부족하고 감정을 거의 드러내지 않으며 책임감이나 원칙을 중요하게 생각하지 않는다. 자신의 감정을 솔직하게

CP, NP, AC결핍형: 자기주장이 강하고 냉정하며 사회의 관습이나 규칙을 무시하는 성향이 있다. 타인을 따뜻한 마음으로 이해하고 원칙 안

표현하고 원칙을 지키면서 타인을 배려하는 마음이 필요하다.

에서 타인과 타협하고 협력하는 태도를 기른다.

CP, A, FC결핍형: 사물에 대한 판단이 없이 자신을 억압하려는 동기가 강하다. 자신감이 부족하고 판단력이 부족하여 정확성과 자기주장이 결여된 경우가 많다. 정확하고 엄격하게, 그리고 적극적으로 표현하도록 노력한다.

CP, A, AC결핍형: 무책임하게 현실을 무시하고 자기 생각대로 고집을 부리지만 비합리적이어서 손해 보는 경우가 많다. 타인의 생각을 잘 경청하고 현실적으로 가치판단을 잘 하여 행동에 옮기도록 노력한다.

NP, A, FC결핍형: 활력이 거의 없고 냉담하여 타인에 대한 관심이 거의 없다. 현실을 무시하고 합리성이 부족하며 신뢰하기 어렵다. 매사에 계획적이고 적극적인 삶의 자세가 필요하다.

NP, A, AC결핍형: 합리성이나 계획성이 없고 타인에게 배려가 없다. 자기중심적이어서 판단력이나 정확성이 없고 비현실적이다. 객관적인 현실에 근거해서 판단하고 타인에게 관심과 배려심을 갖도록 한다.

A, FC, AC결핍형: 비합리적이고 비현실적이며 감정을 드러내지 않고 자기 생각대로 고집이 세다. 사람들과 교류를 잘 못하여 친구 사귀기가 어렵다. 매사를 합리적으로 보고 적극적으로 자신의 감정을 표현하도록 노력한다.

FC, AC, CP결핍형: 가치판단이나 엄격함이 부족하여 지도력을 발휘하지 못할 때가 있다. 감정을 잘 표현하지 못하고 자기주장이 강해 스트레스를 받기 쉽다. 객관적인 관점에서 자신에게 엄격하고 솔직한 감정표현을 하도록 노력한다.

NP, FC, AC결핍형: 다른 사람에 대해서 배려하는 마음이 부족하고 냉정하고 고집이 세어 인간관계 갈등이 많고 고립될 경향이 있다. 타인의 입장에서 이해하고 자신의 감정도 솔직하게 표현하여 타협하도록 한다.

CP, NP, A, FC결핍형: 책임감이나 원칙에 대해 느슨하고 무계획적이고 비현실적이며 자신의 감정을 드러내지 않고 냉정한 성향이 있다. 매사에 관심을 가지고 원칙 안에서 배려하는 적극적인 삶이 필요하다.

CP, NP, A, AC결핍형: 현실을 무시하고 즉흥적으로 행동하고 책임감이 부족하며 자기중심적이고 공감하고 동정심이 없어 냉정하다. 타인의 장점을 보도록 노력하고 현실판단과 원칙을 중요하게 생각하도록 한다.

NP, A, FC, AC결핍형: 지나치게 자기중심적이고 비합리적인 경우가 많다. 타인과 교류가 서툴러 전반적으로 위축되어 있다. 타인의 의견에 공감하고 자신의 감정을 적극적으로 나타내어 합리적으로 타협하도록 한다.

A, FC, AC, CP결핍형: 가치판단이나 현실적인 감각이 떨어지고 생동감이 없으며 남의 말을 잘 듣지 않는다. 타인과 대인관계를 넓히고 타인의 말을 잘 경청하며 현실적으로 판단하는 자세가 필요하다.

FC, AC, CP, NP결핍형: 사회의 원칙, 의리 등을 무시하고 냉정하고 폐쇄적이어서 자신의 마음대로 하려는 주관성이 강하다. 타인과 갈등의 소지가 많다. 타인의 입장에서 배려하고 개방적인 자세가 필요하다.

5) CK-OK그램 해석

(1) CK-OK그램의 순기능과 역기능

U^+와 U^- 그리고 I^+와 I^-의 점수를 비교하여 자신의 순기능과 역기능을 살펴본다.

(2) U와 I의 인생태도의 심적 에너지 편향 보기

U와 I의 합산 점수를 보고 자신의 인생태도의 심적 에너지 편향을 살펴본다.

(3) 커렐로그램(Ok목장)그리기

CK-OK그램 체크리스트에 커렐로그램(OK목장)을 그린 후 자신이 가장 많이 위치한 인생태도 영역을 알아본다. 면적이 넓은 영역의 순서대로 표시한다.

(4) CK-OK그램 해석

각 영역에 존재한 자신의 위치를 살펴보고 각 영역에서 보이는 자신의 경향을 알아본다.

(5) 자아존중감, 타인존중감

U^+ 값이 한국 연령 성별 CK-OK그램 규준 점수표의 stanine 등급이 5수준 이상이면서 U^+ 절댓값과 U^- 절댓값의 차가 $U^+ > U^-$일수록 타인의 존중감이 높고, I^+ 값이 한국 연령 성별 CK-OK그램 규준 점수표의 stanine 등급이 5수준 이상이면서 I^- 절댓값과 I^+ 절댓값의 차가 $I^+ > I^-$일수록 자신에 대한 존중감이 높다고 볼 수 있다.

(6) 한국 연령 · 성별 CK-OK그램 규준 점수표

자신의 인생태도 CK-OK그램 규준 점수표에서 자신의 전국 수준을 확인한다.

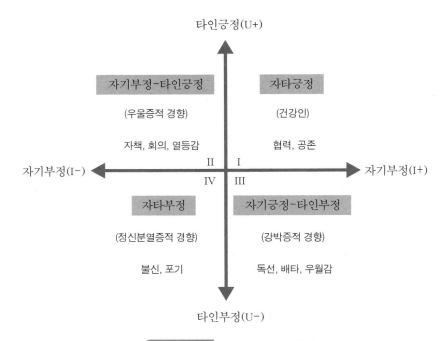

타인긍정(U+)

자기부정-타인긍정	자타긍정
(우울증적 경향)	(건강인)
자책, 회의, 열등감	협력, 공존

자기부정(I-) ← II | I → 자기부정(I+)
              IV | III

자타부정	자기긍정-타인부정
(정신분열증적 경향)	(강박증적 경향)
불신, 포기	독선, 배타, 우월감

타인부정(U-)

그림 4-1 오케이그램 해석표

〈표 4-6〉 한국 연령 · 성별 CK-OK그램 규준 점수표

구분	등급	U -		U +		I -		I +	
		남자	여자	남자	여자	남자	여자	남자	여자
전국 전체	1~2	36-50	36-50	42-50	42-50	43-50	41-50	37-50	37-50
	3~4	31-35	31-35	37-41	38-41	37-42	36-40	31-36	31-36
	5	29-30	29-30	34-36	35-37	34-36	34-35	27-30	28-30
	6~7	23-28	23-28	30-33	31-34	28-33	28-33	21-26	22-27
	8~9	10-22	10-22	10-29	10-30	10-27	10-27	10-20	10-21
	평균	29	29	35	36	34	34	28	29
10대	1~2	35-50	35-50	41-50	43-50	42-50	40-50	38-50	38-50
	3~4	31-34	31-34	36-40	38-42	35-41	35-39	32-37	32-37
	5	29-30	28-30	34-35	35-37	32-34	32-34	29-31	29-31
	6~7	23-28	22-27	30-33	31-34	27-31	28-31	23-28	23-28
	8~9	10-22	10-21	10-29	10-30	10-26	10-27	10-22	10-22
	평균	29	28	34	36	33	33	29	29
20대	1~2	36-50	36-50	43-50	41-50	45-50	42-50	35-50	37-50
	3~4	30-35	31-35	38-42	38-40	39-44	36-41	29-34	31-36
	5	28-29	28-30	36-37	35-37	35-38	33-35	26-28	29-30
	6~7	23-27	24-27	30-35	31-34	29-34	28-32	20-25	22-28

20대	8~9	10-22	10-23	10-29	10-30	10-28	10-27	10-19	10-21
	평균	28	29	36	35	36	34	27	29
30대	1~2	37-50	36-50	43-50	40-50	44-50	43-50	37-50	34-50
	3~4	32-36	31-35	38-42	36-39	38-43	36-42	30-36	29-33
	5	29-31	29-30	35-37	34-35	36-37	34-35	26-29	27-28
	6~7	23-28	24-28	31-34	30-33	31-35	28-33	21-25	21-26
	8~9	10-22	10-23	10-30	10-29	10-30	10-27	10-20	10-20
	평균	30	29	35	34	36	34	28	27
40대	1~2	37-50	36-50	39-50	41-50	41-50	42-50	34-50	36-50
	3~4	32-36	32-35	35-38	38-40	37-40	38-41	30-33	30-35
	5	30-31	29-31	33-34	35-37	34-36	35-37	27-29	27-29
	6~7	25-29	23-28	30-32	30-34	30-33	31-34	22-26	21-26
	8~9	10-24	10-22	10-29	10-29	10-29	10-30	10-21	10-20
	평균	30	29	33	35	34	35	27	27
50대	1~2	36-50	38-50	42-50	44-50	46-50	42-50	36-50	36-50
	3~4	31-35	32-37	38-41	38-43	38-45	37-41	28-35	30-35
	5	30-30	29-31	35-37	36-37	35-37	35-36	26-27	27-29
	6~7	25-29	24-28	31-34	31-35	30-34	30-34	23-25	23-26
	8~9	10-24	10-23	10-30	10-30	10-29	10-29	10-22	10-22
	평균	30	30	36	36	36	35	28	28
60대	1~2	40-50	35-50	43-50	43-50	41-50	44-50	36-50	38-50
	3~4	34-39	31-34	39-42	40-42	36-40	36-43	30-35	32-37
	5	30-33	28-30	36-38	37-39	33-35	34-35	28-29	28-31
	6~7	26-29	24-27	32-35	32-36	32-32	31-33	22-27	20-27
	8~9	10-25	10-23	10-31	10-31	10-31	10-30	10-21	10-19
	평균	31	29	36	37	34	35	28	29

6) CK-EGO그램과 CK-OK그램 상관관계

(1) 그래프 그리기

CKEO그램 체크리스트에 CK-EGO그램은 실선으로, CK-OK그램은 점선으로 꺾은 선 그래프로 그린다.

(2) CK-EGO그램과 CK-OK그램 상관관계 해석

CK-EGO그램은 자아상태의 외부적 표현에 의하여 측정되므로 사회적 수준이라고 일컬으며, CK-OK그램은 그 사람의 내부적 태도를 나타내기 때문에 심리적 수준이라고도 한다. 이러한 CK-EGO그램과 CK-OK그램 상관관계를 통해서 외적으로 드러내는 자신과 기본적으로 가지고 있는 생활태도를 알아볼 수가 있다. CK-EGO그램과 CK-OK그램 상관관계를 간단하게 정리해 보면 다음과 같다.

U+ 〉U-: 타인긍정, I+ 〉I-: 자기긍정

CP 〈 U-: 비판을 의식적으로 억제

CP 〉U-: 역할상 일부러 엄격하게 행동

NP 〈 U+: 타인의 좋은 점을 행동으로 못 나타냄

NP 〉U+: 역할상 정답고 친절한 행동을 취함

FC 〈 I+: 자신이 있지만 솔직하게 나타내지 않음

FC 〉I+: 허세를 잘 부리거나 생각보다 표현을 잘함

AC 〈 I-: 기본적인 태도보다는 자신의 생각을 더 내세움

AC 〉I-: 자신을 내세우지 않고 상대와 더불어 어울리려고 함

〈표 4-7〉 CKEO그램 체크리스트

EGO 점수	ⓟ		ⓐ	ⓒ		EGO 점수
	CP	NP		FC	AC	
	통제적 원칙 · 책임감 관용적	과보호적 배려 · 챙김 방임적	기계적 합리적 · 정확성 즉흥적	자기도취적 활력 · 적극성 위축적	자기비하적 타협 · 협동 독단적	
50						50
49						49
48						48
47						47
46						46
45						45
44						44
43						43
42						42
41						41
40						40
39						39
38						38
37						37
36						36

점수	U-		U	Ⓐ		I	I-	점수
35								35
34								34
33								33
32								32
31								31
30								30
29								29
28								28
27								27
26								26
25								25
24								24
23								23
22								22
21								21
20								20
19								19
18								18
17								17
16								16
15								15
14								14
13								13
12								12
11								11
10								10
OK	타인부정		타인긍정			자기긍정	자기부정	OK

2. 자아상태 성장 방안

듀세이의 항상성 가설에 의하면 자아상태 다섯 가지 기능의 심적 에너지의 총량은 일정하기 때문에 한쪽이 줄어들면 다른 쪽이 늘어나 결국 총 심적 에너지는 일정하다. 따라서 자신의 자아상태를 변화시킬 최선의 방법은 자신이 원하는 자아상태 기능을 높이는 것이 원칙이다. 그러나 예외적으로 모든 기능이 높은 경우는 낮추는 방법을 강구해야 하는 경우도 있다.

1) 자아상태 기능 활성화 방안

다섯 가지 구조기능의 활성화 방안을 살펴보고 실천방안을 참고하여, 자신의 자아상태 기능 활성화 방안을 기록한다.

(1) CP 촉진방법: 자·타에게 엄하게 한다.

약속을 지킨다. 주어진 일을 확실히 한다. 책임 있는 행동을 한다. 자기 의견을 갖는다. 목표를 갖는다. 결정한 일을 완수한다. 자신을 절대시한다. 모임의 장을 맡아서 한다. 자신에게 엄격하다. 좋지 못한 행위에는 주의를 준다. 가훈을 짓는다. 사람들에 대한 평가를 분명히 한다. 일의 선악을 분명히 가린다.

(2) NP 촉진방법: 자·타에게 관대하게 한다.

자식이나 직원에게 부드러운 말을 쓴다. 상대방의 감정을 공감하고 용기를 북돋아 준다. 전화로 안부도 묻고 문자도 보낸다. 상대방 장점을 발견하도록 노력한다. 타인의 실수에 대해서 관대하게 대한다. 가끔 요리를 하여 주변 사람을 초대한다. 자녀와 스킨십을 한다. 모임에서 총무의 역할을 맡아 한다. 사람을 아끼는 마음을 갖고 행동한다. 남의 이야기를 친근감 있게 듣는다. 부탁을 받으면 기분 좋게 최대한 지원한다. 사회봉사적 활동에 적극적으로 참여한다.

(3) A 촉진방법: 현실 지향적 태도를 취한다.

현실 상황이나 여건을 감안하여 행동한다. 감정의 기복을 나타내지 않고 냉정히 말한다. 요가나 명상 등, 자기조절 훈련을 한다. 늘 메모하는 습관을 기른다. 주위 상황을 정확하게 판단한다. 주관적이 아니라 객관적으로 생각한다. 만사에 목표를 세우고 그에 따른 절차계획을 세워서 행동한다. 사실을 음미해서 생각한다. 가능성을 보고 결과를 예측해서 일을 추진한다. 사실에 따라 생각하는 습관을 갖는다. 찬반 양쪽의 의견을 듣는다. 육하원칙(언제, 어디서, 누가, 무엇을, 어떻게, 왜)을 활용한다. 만사를 공평하게 본다.

(4) FC 촉진방법: 자기의 희로애락을 잘 표현한다.

춤을 추는 등 잘 논다. 창조성을 풍부하게 발휘한다. 즐거운 생각을 많이 한다. 예술을 접하고 감수성을 키운다. 대자연과 접한다. 많은 사람들과 이야기를 나눈다. 재미있게 몰두할 수 있는 일을 갖는다. 매사에 강한 호기심을 갖는다. 적극적으로 행동한다. 태도, 표정을 그대로 나타낸다. 명랑하고 사교성 있고, 항상 활기가 넘치는 생활을한다. 자기의 의견을 적극적으로 발표한다. 낙관적으로 행동한다.

(5) AC 촉진방법: 타인의 감정에 맞춘다.

타인의 의견에 귀를 기울인다. 자기의 감정보다 타인의 감정을 먼저 배려한다. 상대방의 마음에 들도록 노력한다. 부정적인 말이나 거부하는 말은 한 번 더 생각한다. 불만이 있더라도 즉각 표현하지 않는다. 스스로 겸손하고 상대를 치켜세운다. 타인이나집단이 결정한 것에 따른다. 못마땅하지만 긍정적으로 받아들인다. 주위를 생각하고상대의 기분을 살핀다.

2) 인생태도 개선 방안

현재 상태에서 각 영역 자신의 인생태도를 확인하고 앞으로 개선된 상태로 이동하기 위한 방안을 기록한다. 각 II, III, IV영역에서 지향점인 I영역으로 이동하기 위한 방안을 자신의 현실 속에서 찾아보도록 한다.

2부 CKEO그램을 활용한 상담 사례분석

5장 개인 사례
6장 커플 사례

개인 사례

CKEO그램에 의한 개인 사례분석
주제: 다문화의 부부관계 회복과 소통문제 해결

상담자: 백은숙

1. 내담자 기본정보

내담자: 다문화 부부 여성 / 성별: 여 / 연령: 35세 / 학력: 대재

1) 의뢰경위 및 주 호소문제

* 의뢰경위: 내담자는 중국인 결혼이주여성으로서 다문화동아리 상담지도교수의 소개로 2014년 2월 21일에 만나게 되었으며 CKEO그램 분석방법을 통한 상담에 스스로 참여하였다.

* 주 호소문제: "남편과의 관계회복과 원활한 소통방법을 찾고 싶어요."

내담자는 중국 한족 출신으로 '남들과 다르게 살고 싶어서' 한국에 먼저 결혼하여 입국한 친구로부터 남편을 소개받아 2년간 교제한 후 결혼을 한 9년차 된 다문화가정 결혼이주여성이다. 결혼 이후 남편의 사업실패로 어려운 생활이 시작되었고, 남편을 대신해 가정생활을 이끌어 가면서 세 자녀를 두게 되었다. 이러한 생활이 장기화되면서 남편은 알코올 중독 상태가 되었고, 직장에 취업을 해도 장기간 근무를 하지 못하고 그만두었으며 현재는 축협에서 계약직으로 근무하고 있다.

내담자는 어려움 속에서도 다문화 상담센터에서 통역 보조업무를 하면서 보다 안정된 일자리를 찾고자 대학교 사회복지과에 입학하였는데, 1년 전 친정아버님이 돌아가시고 얼마 되지 않아 뇌종양이 발견되어 입원수술을 받게 되었다. 당시 내담자는 수술 후 6개월도 안 된 상태임에도 불구하고 자녀들 때문에 병원에 입원하지 않고 집에서 회복 중인 상태였다. 아침 일찍 일어나는 것을 힘들어하는 자신을 배려하지 않고 매일

아침밥을 요구하는 남편으로 인해 극도의 스트레스를 받고 있었으며 대화 중 남편이 내담자의 정확하지 못한 한국어 발음을 지적하는 것에서 비롯된 갈등과 대화단절로 인한 답답함을 호소하였다.

2) 행동관찰

내담자는 초기면접에서 CKEO그램 검사를 실시하였으며, 검사 시 잘 모르는 용어는 물으면서 체크하였다. 내담자는 평균 정도의 키에 마른 체격으로 목소리가 크고, 세련된 패션 감각을 지니고 있었다. 상담 중임에도 남편의 확인 전화가 계속되었고 내담자는 가슴이 답답하다는 이야기를 많이 하였다. 남편과 소통이 안 되고 답답할 때는 친구들과 함께 노래방에 가서 노래를 부르고 나면 속이 후련하다고 하였다. 내담자의 언어 수준은 모두 알아들을 수 있을 정도이지만 더 잘해야 한다는 생각을 갖고 있으며 발음을 지적하는 남편으로 인해 언어에 대한 스트레스를 많이 받고 있음을 이야기했다.

3) 내담자의 자원

국제결혼을 한 친구에게 남편을 소개해 달라고 할 정도로 적극적이며 활발하고, 낙천적이다. 한국어를 노래로 배울 정도로 노래를 즐겨 부른다. 옳지 못한 일에 대해서 옳지 못하다고 솔직하게 이야기하며 자기주장을 확실히 한다. 사교적이며, 자기발전을 위해 배워야 한다고 생각하고 있다.

4) 가계도

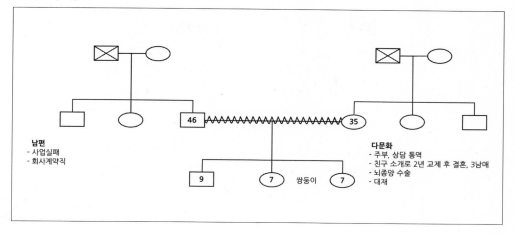

남편
- 사업실패
- 회사계약직

다문화
- 주부, 상담 통역
- 친구 소개로 2년 교제 후 결혼, 3남매
- 뇌종양 수술
- 대재

9   7   쌍둥이   7

2. 내담자 검사 결과

〈CK-EGO그램〉

상태 \ 기능	CP	NP	A	FC	AC
자아상태 기능점수	28	44	40	42	38
자아상태 규준등급	6-7등급	1-2등급	1-2등급	1-2등급	3-4등급
자아상태 구조점수	72		80		80

구조 편향형: ©
기능 주도형: NP
심적 에너지
총량: 232(대)

〈CK-OK그램〉

상태 \ 태도	U-	U+	I+	I-
인생태도 점수	30	42	40	30
한국규준등급	5등급	1-2등급	3-4등급	3-4등급
심적 에너지의 편향	72		70	
기본적 인생태도	U- 〈 U+		I+ 〉 I-	
인생태도 영역 표시	I 82 〉 II 72 〉 III 70 〉 IV 60			
자타존중감	타인존중감 높음		자아존중감 높음	

〈CKEO그램 체크리스트〉

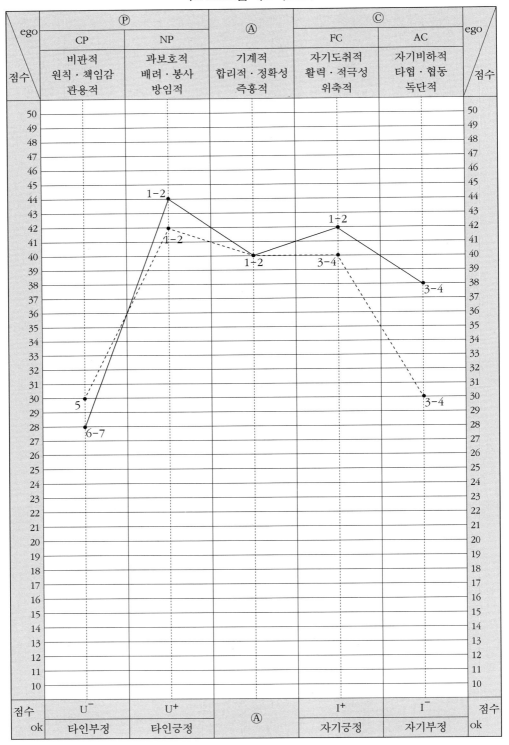

ego	ⓟ		ⓐ	ⓒ		ego
	CP	NP		FC	AC	
점수	비판적 원칙·책임감 관용적	과보호적 배려·봉사 방임적	기계적 합리적·정확성 즉흥적	자기도취적 활력·적극성 위축적	자기비하적 타협·협동 독단적	점수

| 점수
ok | U⁻
타인부정 | U⁺
타인긍정 | Ⓐ | I⁺
자기긍정 | I⁻
자기부정 | 점수
ok |

〈OK그램(기본적인 인생태도 분석도) 체크리스트〉

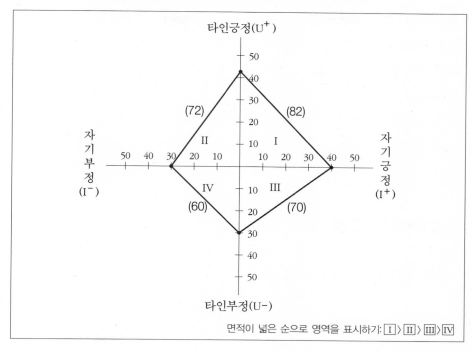

면적이 넓은 순으로 영역을 표시하기: Ⅰ > Ⅱ > Ⅲ > Ⅳ

〈OK그램 기본 해석표〉

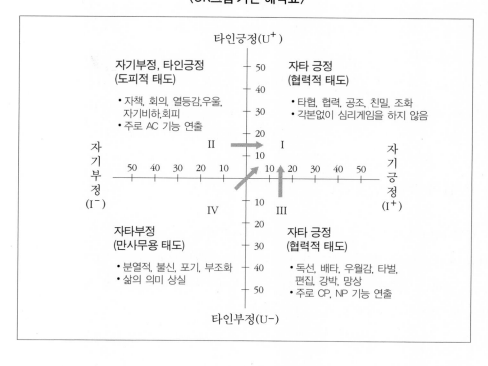

※ 사회적 수준(CK-EGO그램 자아상태 기능)

내담자는 Ⓐ, ⓒ기능 구조로 인해 활력이 있고 사교적, 낙관적으로 자신의 감정을 솔직하게 표현하나 FC 기능이 높은 NP 우위형으로 자신의 방식대로 타인을 지나치게 보호하고 간섭할 수 있다.

※ 심리적 수준(CK-OK그램 인생태도)

내담자의 인생태도 분석에 의하면 'Ⅰ 82 〉 Ⅱ 72 〉 Ⅲ 70 〉 Ⅳ 60' 순이다. 내담자가 주로 머무는 영역은 Ⅰ영역(자기긍정, 타인긍정의 태도)으로 타협적인 태도를 가지려 한다.

3. CK-EGO그램 해석

1) 구조 편향형과 기능 주도형

- 구조 편향형: Ⓐ, ⓒ
- 기능 주도형: NP

관찰결과 내담자는 구조편향이 Ⓐ보다는 ⓒ적 성향이 있으며, 내적으로는 직관적, 순응적이고 느낌을 중요시하는 경향이 있다. 외적으로는 과보호적, 배려, 봉사적이며 사람들을 만나는 것을 좋아하는 성향이 있으며 이는 내담자가 상담 관련 일을 하는 것에 영향을 준 것으로 보인다. 내담자 특성을 볼 때, 내적으로 본능적, 현실 판단적인 특성 보다는 직관적, 적극적인 특성을 보이며, 외적으로는 타인에게 관대하고 자신의 감정을 중요하게 생각하여 기능이 높은 상태일 때는 과보호적이므로 타인을 지나치게 보호 또는 간섭하는 성향이나 자기 기분대로 행동하는 사람으로 비춰질 수 있다.

2) 심적 에너지 총량

심적 에너지 총량은 232(대)로 활달하고 적극적인 모습으로 인해 외관상 아픈 사람처럼 보이지 않았고 목소리도 크며 에너지가 넘친다. 집에 있는 것보다 일하는 것이 좋고, 밥하는 것보다 장롱 옮기는 일이 더 잘 맞는다고 하며 스스로 여자의 역할보다 남자의 역할이 자신에게 더 맞는다고 여긴다.

3) 한국 연령·성별 CK-EGO그램 규준 등급

CP(28): 6-7등급, 이상적이고 양심적이며 정의감이 있으나, 인간으로서 도리와 사회질서, 전통, 규범 등 원칙이나 책임감을 중요시하지 않는 경향이 있다. 이는 뇌종양 수술 후 자신을 책임지려고 하지만 건강을 장담할 수 없기 때문에 책임을 못 질 수도 있다는 생각과 중국인으로서 한국과의 문화 차이도 이에 반영된 것으로 볼 수 있다.

NP(44): 1-2등급, 타인을 지나치게 보호하고 간섭하여 자립을 해친다. 타인의 입장을 늘 생각하고 행동하기 때문에 거절을 못하여 타인 중심의 삶을 산다. 기본적으로 사람들 만나는 것을 좋아하는 성향을 가지고 있고 상담 관련 직장생활을 해 왔기 때문에 타인에 대한 배려의 태도가 몸에 배어 있다.

A(40): 1-2등급, 철저하게 이해 타산적이고 합리적인 컴퓨터 같은 인간으로 보인다. 인간 중심보다는 일 중심의 태도를 취하여 무미건조한 느낌을 준다. 일 중심의 태도를 취하는 적극적인 성격이 아프면서도 일을 해야 한다는 생각, 공부를 해야 한다는 생각 등에서 드러난다.

FC(42): 1-2등급, 자아도취적이고 자기중심적이어서 경솔한 행동이나 실수를 하기 쉽다. 분위기에 따라 충동적이어서 자기절제가 잘 안 되는 경향이 있다. 이는 내담자가 집에 있으면 좋지 않은 생각을 하기 때문에 무조건 약속을 만들어서라도 나온다고 말한 것에서 나타난다.

AC(38): 3-4 등급, 타인에 대해 과민하게 반응하여 자기를 억제하는 경향이 있다. 감정을 억압하며 열등감과 자기비하, 자기혐오를 할 때도 있다. 내담자가 상담 관련 일을 하기 때문에 남편은 도움을 주고자하는 의미에서 한국어 발음을 가르쳐 주려고 하는 것인데 이를 지적하는 것으로 받아들여 갈등이 일어날 수 있다.

4) 역기능적 자아상태 구조

내담자는 30대 여성으로 역기능적 자아상태 구조는 아니다.
• ⓟ 자아상태 구조는 72점으로 3-4등급, 67~73의 범위에 속한다.
• ⓐ 자아상태 구조는 80점으로 1-2등급, 78~100의 범위에 속한다.
• ⓒ 자아상태 구조는 80점으로 1-2등급, 79~100의 범위에 속한다.

5) 역기능적 자아상태 기능

A, NP, FC 역기능적 기능 과잉형이며, 자기도취적이고 지나치게 타인을 간섭하며, 타인이 자기 뜻대로 따르기를 원한다. 자기주장이 강하고 자기 기분대로 행동하기 때문에 갈등을 초래할 수 있는 제멋대로인 사람으로 비춰질 수 있다. 자기 생각과 기분도 중요하지만 타인의 생각이나 느낌도 존중하는 태도가 필요하다. 문화 차이를 고려하지 않고 자신의 감정과 생각을 강하게 주장하고자 하는 경향이 있음을 볼 수 있다.

4. CK-OK그램 해석

1) CK-OK그램의 순기능과 역기능

- U+(42) 〉 U-(30): 타인에 대한 긍정이 타인에 대한 부정보다 크므로 타인에 대해서 순기능이다.
- I+(40) 〉 I-(30): 자신에 대한 긍정이 자신에 대한 부정보다 크므로 자신에 대해 순기능이다.

2) U와 I의 심적 에너지 편향성

'U (72) 〉 I (70)'이므로 U쪽으로 심적 에너지가 편향되어 있어 자신보다는 타인에 대해서 더 많은 심적 에너지를 쓰며, 주변 사람들의 피드백이나 행동의 영향을 받을 수 있다. 친구 만나는 것을 좋아하고 친구들을 통해 에너지를 받는다고 하는 것에서 볼 수 있다.

3) 한국 연령·성별 CK-OK그램 규준 등급

U- 30(5등급), U+ 42(1-2등급), I- 30(3-4등급), I+ 40(3-4등급)

U+와 I+의 경우 자타긍정성이 높은 반면, 자기부정성이 3-4등급에 해당되어 자기부정성도 높은 수준이다.

내담자가 자기부정성이 높게 나타나는 것은 한국어 능력 부족에 대한 과도한 의식, 수술 후의 불안감 등이 반영된 것으로 보인다.

4) 자아존중감과 타인존중감

U+ 42(등급) 〉 U- 30(등급), I+ 40(등급) 〉 I- 30(등급)

U+, I+의 한국규준등급이 5등급 이상이면서 U+와 I+의 절댓값이 U-와 I-의 값보다 더 높을 때 자아존중감 및 타인존중감이 높은 것으로 해석할 수 있다. 내담자는 I+ 절댓값이 I- 절댓값보다 높고 U+ 절댓값이 U- 절댓값보다 높기 때문에 자아존중감 및 타인존중감이 높은 것으로 볼 수 있다.

5) CK-OK그램(커렐로그램) 영역

I 82 〉 II 72 〉III 70 〉 IV 60

기본적인 태도는 I영역에 머무는 경향이 있으며 이는 내담자가 자기긍정, 타인긍정의 태도를 나타내는 것으로 볼 수 있다. II, III, IV영역 또한 점수가 높은 것으로 나타났다.

- I영역: 남편을 사랑해서 결혼을 했고, 지금도 사랑하기 때문에 학업을 마치고 안정된 일자리를 구해서 경제적으로 가정에 도움을 주고 싶다. 한국에서 전문적인 일과 학업을 하려면 전문용어를 알아야 하기 때문에 한국어를 더 열심히 배우고자 한다.
- II영역: 아직은 자녀들이 학생이고 건강이 회복되지 않은 상태이기 때문에 할 수 있는 일이 아무 것도 없다. 매번 남편과 일상적인 이야기를 할 때마다 발음문제로 인해 갈등이 일어났기 때문에 가능한 한 말을 하지 않으려고 한다.
- III영역: 자신의 말을 남편이 들으려고 하지 않는다. 수술 후 회복기간이라서 아침에 일어나기 힘든 아내에게 아침밥을 차려 주기를 요구하는 배려 없는 남편이 이해가 되지 않는다. 중국은 형편에 따라 자유롭게 식사를 해결하는데 왜 꼭 아침밥을 여자가 챙겨 줘야만 하는지 이해가 되지 않고 집안일도 남녀구분하지 않고 당연히 해야 한다고 생각하는데 한국남편은 집안일을 도와주는 것이라고 생각하는 것도 이

해가 되지 않는다. 자신의 건강이 회복될 때까지 남편이 아침밥을 손수 챙겨 먹고 출근하면 좋겠다.

- IV영역: 남편의 사랑이 식었다는 생각이 든다. 한국의 생활방식만 고집할 것 같으면 한국 여성하고 결혼하지 왜 다른 나라 사람과 결혼을 했는지 힘들고 포기하고 싶다는 생각이 자주 든다.

5. CK-EGO그램과 CK-OK그램 상관관계

1) CK-EGO그램과 CK-OK그램 상관관계(3점 차 이상의 경우)

AC 〉 I-: 기본적인 태도보다 더 상대에게 맞추려고 한다(8점 차). 자신의 감정을 소중히 하는 경향이 있지만 한국생활에 적응하기 위해 식생활 문제, 언어문제 등을 남편에게 맞추려고 한다.

6. CKEO그램 검사결과에 따른 성장 방안

1) 자아상태 기능 활성화 방안

기능	상태 촉진방안	현재 상태	활성화 방안
CP	계획 세우기 약속 지키기	• 한국생활 적응과정에서 언어능력 부족·문제로 인한 남편과의 갈등과 학업도중 내담자가 뇌종양 수술을 받고난 후 회복기간 중 아침식사 문제로 남편과 갈등이 심화되어 대화가 단절된 상태이다.	• 남편과 함께 구체적인 내용을 계획하고 약속 지키기 • 발음이 틀렸을 때 다른 이야기는 하지 않고 아내의 발음만 교정해 주기를 남편에게 부탁하기 • 진지한 대화 도중에는 발음에 대해 지적하지 않기 • 저녁에 식사를 준비해 놓고 아침에는 남편이 챙겨 먹도록 하기

2) 기본적인 인생태도 개선 방안

태도 영역	현재 삶의 태도		개선해야 할 방안
II 영역	• 남편이 발음문제로 이야기하는 것이 내담자에게 지적하는 것으로 들려서 대화를 피하려고 한다.	I영역	• 남편이 발음을 지적하는 것이 아니라 자신을 가르쳐 주기 위한 것이라고 긍정적으로 생각하기
III 영역	• 수술회복기간임에도 불구하고 아침밥을 차려 주기를 기대하는 남편의 모습에 아내는 배려받지 못한다고 생각한다. • 남자도 집안일은 당연히 하는 것임에도 단지 도와주는 것이라고 생각하는 것이 이해가 안 된다.	I영역	• 남편과 상의해서 아침 식사문제 해결하기 • 남편을 믿고 문화 차이를 고려해 남편의 입장을 생각하려고 노력하기 • 남편이 도와줬다고 말했을 때 당연히 하는 것이라고 하지 않고 도와줘서 고맙다고 이야기하기
IV 영역	• 미숙한 한국어와 아침밥 차려 주기 등 가사 일에 집착하는데 왜 외국인인 나랑 결혼했는지, 내담자의 의견을 무시하는 남편이 자신을 진정으로 사랑하지 않는다는 생각이 들어 모든 걸 포기하고 싶다.	I영역	• 부정적인 생각이 들 때 남편을 탓하지 않고 나 자신이 긍정적인 생각을 하도록 노력하기

7. 상담자의 총평

결혼이주 여성인 내담자는 아침식사 문제와 한국어 발음 지적문제로 남편과의 갈등이 심화되어 대화가 단절됨으로 인해 스스로 상담에 참여하게 되었다. 내담자는 6개월 전 뇌종 양수술을 받은 환자로서 수술 후 회복기간임에도 불구하고 남편이 아침 일찍 일어나 아침식사를 챙겨 주기를 요구하고, 대화 도중 부족한 한국어 발음을 지적하여 대화가 단절됨으로써 부부갈등이 심화되어 답답한 마음을 호소하였다. 내담자는 CKEO그램 검사 분석을 통해 자신의 자아분석과 성향을 이해하게 되었으며 갈등의 주요 원인이 문화 차이 또는 식사습관 차이의 이해부족과 부적절한 대화방법이라는 것을 알 수 있었다. 입국초기 내담자는 문화 차이, 언어문제, 남편의 사업실패로 경제적인 생활이 어려웠음에도 불구하고 NP, A, FC, AC 기능인 낙천적, 적극적, 협력적 성향의 장점이 작용함으로써 이를 극복하고 있었음을 알 수 있었다. 또한 남편을 돕기 위해 직장생활(상담통역보조 관련)과 학교공부를 병행하던 중에 우연히 발견된 뇌종양 수술로 인해 겪게 된 스트레스 상황 속에서는 NP, A, FC 기능이 과잉 작용함으로써 남편과의 갈등으로 인한 대화단절 등 힘든 과정을 거치게 되었음을 볼 수 있었다. 상담은 4회기로 이루어졌으며 자신의 문제를 자각하고, 갈등을 해결하기 위한 자아상태 기능 활성화 방안과 커렐로그램 개선 방안을 계획하여 자신의 문제를 개선해 나갔다. 내담자는 CP 기능을 활성화하여 남편과 상의해서 아침식사 문제와 한국어 발음 문제를 해결하였으며 앞으로의 계획을 준비할 수 있게 되었다. 아침식사문제는 저녁에 준비해 놓으면 남편이 데워서 먹고 갈 수 있도록 하고, 대화 도중에는 발음을 지적하지 않고 이해하기 어려운 부분은 한 번 더 설명할 수 있도록 하였다. 문화 차이에서 비롯된 가사에 대한 분담도 남편이 도와줬다고 말했을 때는 당연히 하는 것이라고 하지 않고 도와줘서 고맙다고 이야기하고, 건강문제로 휴학하게 된 학업문제와 집안일에 관한 다른 문제들도 남편과 상의하며 해결해 나갔다. 앞으로도 결혼이주 여성들이 문화 차이로 인해 겪는 생활 속 언어, 경제 등 여러 분야의 문제에서 CKEO 그램 분석 활용이 도움이 되기를 바란다.

CKEO그램에 의한 개인 사례분석
주제: 평화로운 일상의 회복을 원하는 아내

상담자: 서경원

1. 내담자 기본정보

내담자: 윤다래 / 성별: 여 / 연령: 42세 / 학력: 대재(휴학)

1) 의뢰경위 및 주 호소문제

* 의뢰경위: 내담자는 맞벌이로 생활하고 있으며, 직장생활을 다시 시작한 지는 3년 정도 되었다. 요즘 들어 자신의 의지가 약해지는 것 같다고 느끼며, 나로 인해 가족과 주변인들에게 피해를 주는 것이 아닌가 하는 생각을 많이 한다.

해야 할 일(식사준비, 잘 일어나는 것)을 알면서도 잘 되지 않는 것과 적극적으로 하고 싶은 일을 찾기가 어려운 것이 답답하여 여러 번 망설이다 상담을 신청하게 되었다.

* 주 호소문제: "일상생활을 회복하고 싶어요."

기본적인 생활에 있어서 자신의 의지대로 잘 되지 않는 부분이 많다(일상생활 유지, 신앙생활 유지). 우울감으로 인해 자꾸 일상생활, 직장생활을 소홀히 하게 된다.

2) 행동관찰

조금 작은 체구에 안경은 착용하지 않았으며, 조용하며, 수수하고 단정한 옷차림을 하고 있다. 분명하게 말할 때도 있지만 머뭇거리거나 침묵의 시간을 갖는 경우가 많았다. 바른 자세로 상담에 임하고 상담자에 대한 예의를 지키고자 하였으며, 자신의 이야기를 할 때 대부분 자연스러우나 자신의 상태에 대해 이야기를 할 때는 자신감이 없는 모습을 보인다.

　신앙을 가지고 있으며, 요즘 몸과 마음이 힘들어서 신앙생활이 제대로 되고 있지 않는 것에 대해서도 걱정을 하고 있는 상황이다(기본적으로 해야 할 일들이 제대로 되지 않는 것에 대한 죄책감, 자기반성).

　CKEO그램 검사 시 차분하게 기록하고 작성하면서 성실하게 검사에 임하는 모습을 보였다.

3) 내담자의 자원

　내담자의 보고에 의하면 지지적인 남편은 아내의 상황, 성격, 집안일 등 대부분 긍정적으로 지원하고 있다(지금까지 때때로 힘들었지만 흔들리지 않고 잘 견뎌 올 수 있었던 이유). 신앙인으로서의 믿음은 자신의 신앙에 대한 확신이 있으며, 지키고자 하는 노력을 지속하고 있다(주변 신앙인들의 지지와 격려도 도움이 되고 있다). 한편, 스스로의 보고에 의하면 자신의 생각과 의지 또한 자주 변화되고 무너지지만 아주 조금씩 자신에 대해 인정하고자 하는 모습이 보인다. 직장생활에 있어서 심신의 불안이 있지만 사회에서, 가정에서 맡겨진 일과 책임지는 일이 있어 그래도 생활이 유지되고 있는 것이라고 생각하고 있다(일상이 유지되는 것의 중요성).

4) 가계도

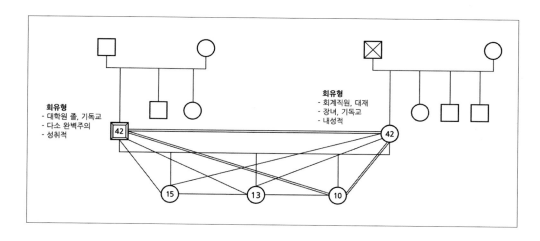

2. 내담자 검사 결과

〈CK-EGO그램〉

상태＼기능	CP	NP	A	FC	AC	
자아상태 기능점수	22	37	34	25	37	구조 편향형: Ⓐ
자아상태 규준등급	8-9등급	5등급	5등급	8-9등급	3-4등급	기능 주도형: AC
자아상태 구조점수	59		68		62	심적 에너지 총량: 189(중)

〈CK-OK그램〉

상태＼태도	U-	U+	I+	I-
인생태도 점수	24	41	30	31
한국규준등급	6-7등급	1-2등급	8-9등급	3-4등급
심적 에너지의 편향	65		61	
기본적 인생태도	U- 〈 U+		I+ 〈 I-	
인생태도 영역 표시	II 72 〉 I 71 〉 IV 55 〉 III 54			
자타존중감	타인존중감 높음		자아존중감 낮음	

〈CKEO그램 체크리스트〉

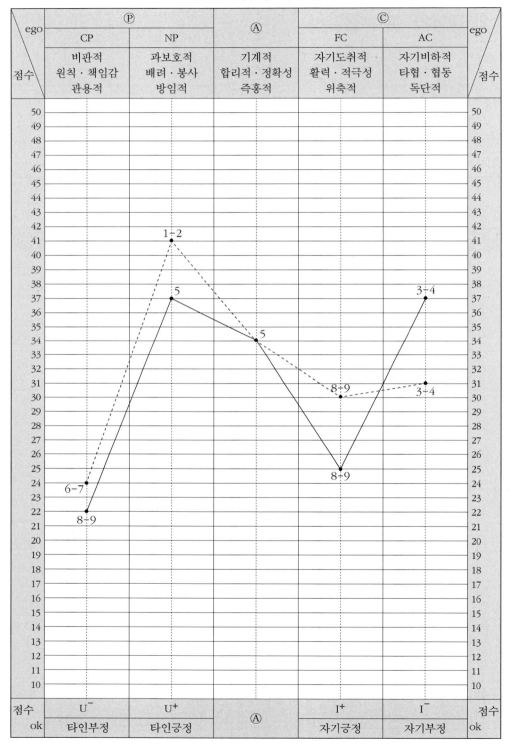

〈OK그램(기본적인 인생태도 분석도) 체크리스트〉

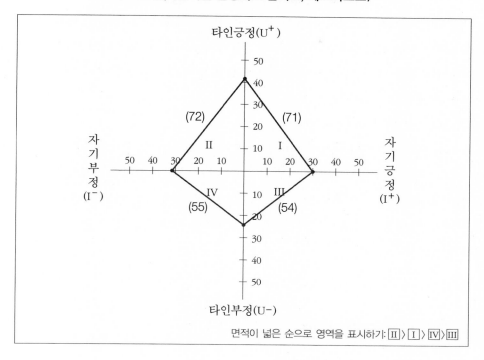

면적이 넓은 순으로 영역을 표시하기: Ⅱ〉Ⅰ〉Ⅳ〉Ⅲ

〈OK그램 기본 해석표〉

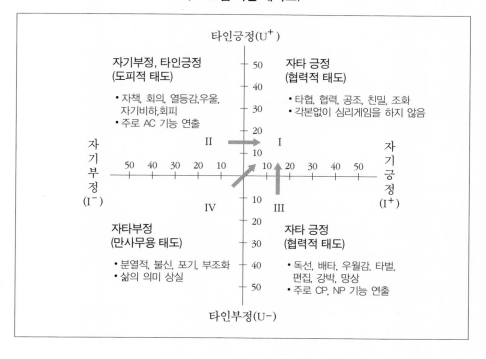

※ 사회적 수준(CK-EGO그램 자아상태 기능)

CP, FC 8-9등급으로 사회의 관습이나 책임감, 원칙 등을 경시하는 경향이 있고 생활에 소극적이고 질서가 없기도 하다. 자신감이 부족하고 생기가 없어 보이기도 한다. 사회질서나 전통, 규범 등 원칙이나 책임감을 중요시 여기고 생활에 있어 적극적이고 감정을 잘 표현할 필요가 있다.

※ 심리적 수준(CK-OK그램 인생태도)

본 내담자의 인생태도 분석에 의하면 'II 72 〉 I 71 〉 IV 55 〉 III 54' 순이다. 내담자가 주로 머무는 영역은 II영역(자기부정, 타인부정의 도피적 태도)로 자책하거나 자기비하적인 태도를 취하는 경우가 많으며 열등감, 우울감을 가지기 쉽고 AC 기능을 연출하기도 한다. 상황을 회피하고자 임기응변을 사용하나 결과가 좋지 않게 되어 좌절을 경험하게 된다.

3. CK-EGO그램 해석

1) 구조 편향형과 기능 주도형

• 구조 편향형: Ⓐ

일상생활에 있어서 지금의 상황을 직시하는 경향이 있으며, 경제적인 부분도 우연이나 불로소득보다는 자신에게 주어진 것 그대로를 바라보고자 하는 경향이 강하다.

사무실의 업무적인 것을 사적인 감정이 개입되지 않도록 노력하며, 융통성 있는 거짓말을 인정하지 못해 손해 보는 경우도 있다.

• 기능 주도형: AC

집에서도 아이들의 의견을 듣고 부모의 의견을 강요하기보다 아이들이 생각하는 바를 들어 보고 조율하거나 함께 고민한다. 교회나 직장에서도 적응을 잘 하는 편이다.

감정을 잘 표현하지 못하고 자신의 심리상태가 불안할 때는 자기 자신이 잘 못하고 있는 것으로 표현하는 때가 있다(자기비하).

내적으로는 현실판단적 성향이 강하며, 외적성향은 남과 타협하고 협동하려는 경향을 보여 주고 있다.

2) 심적 에너지 총량

　심적 에너지 총량은 189(중)로 나타나 대인관계나 환경에 적응하는 태도가 적극적으로 보인다.

3) 한국 연령·성별 CK-EGO그램 규준 등급

CP(22): 8-9등급, 사회의 관습이나 의리, 책임감, 원칙 등을 경시하는 경향이 있다. 무절제하고 주관이 없으며, 소극적이어서 생활에 질서가 없다는 말을 많이 듣는다. 사람은 좋은데 눈치도 없고 융통성이 없어 보인다는 말을 가끔 듣기도 한다. 끈기 있는 몰입도가 부족하고 우유부단함과 모호성이 있다. 아이들에게도 관용적이며, 비판하거나 상처를 주지 않으려고 한다. 타인에 대해 비판하거나 판단하지 않는 모습이 많다.

NP(37): 5등급, 타인의 입장을 배려하고 도움을 주고 보호하려는 따뜻한 마음이 크다. 사회에는 온정적이고 봉사정신이 있고 수용적이다. 대인관계에 있어서도 말을 잘 들어주고 피해를 주지 않으려고 하는 모습이 있으며, 신앙인으로서도 교회에서 부탁하는 일에 대해 크게 어렵지 않은 경우 대부분 수용적인 모습을 보인다.

A(34): 5등급, 합리적이고 객관적인 정보에 의해 이성적으로 공과 사를 구분하고 현실을 판단한다. 명확하고 계획적이어서 신뢰감을 준다. 신속하거나 매사에 계획적이지는 않으나 차분하게 생각하고 행동하는 경향이 있으며, 합리적인 방법을 찾고자 노력하는 경향이 있다. 아주 이성적이지는 않으나 공과 사를 구분하여 처리하고자 하는 노력을 많이 하고 있다.

FC(25): 8-9등급, 자유로이 자신의 감정을 표현하지 못하여 위축되어 있으며, 자신감이 부족하다. 타인과의 접촉을 피하며 차분하여 생기가 없어 보인다. 적극적으로 자신의 감정을 표현하지 않으며, 스트레스 상황에서는 많이 위축되는 경향이 있다. 밝은 표정이 많지 않고 활발한 대인관계를 가지지 않는다. 주어진 상황에서 맡은 일에 대해서는 잘 처리하는 편이다. 자기가 먼저 나서서 제안하거나 추진하는 적극성은 많이 떨어져 보인다.

AC(37): 3-4등급, 타인의 의견을 존중하고 자기통제를 잘하며 적응적이다. 타인과 관계에 있어서 타협과 협동으로 대인관계를 원만하게 이끈다. 스트레스 상황에서는 자신에 대한 소극적인 표현을 하기도 한다. 신앙활동에 있어서 인정을 받고 있어, 주변 교인들로부터도 격려를 받는다. 주변 사람들에게 싫은 말과 행동을 하지 않고 과격하게 행동하지 않는다. 타인의 의견을 존중하는 태도를 보인다.

4) 역기능적 자아상태 구조

내담자는 40대 초반 여성으로, 역기능적 자아상태구조는 아니다.
- ⓟ 자아상태 구조는 59점으로 6~7등급, 57~65의 범위에 속한다.
- Ⓐ 자아상태 구조는 68점으로 5등급, 68~70의 범위에 속한다.
- ⓒ 자아상태 구조는 62점으로 5등급, 62~64의 범위에 속한다.

5) 역기능적 자아상태 기능

CP(8-9등급), FC(8-9등급) 결핍형이며, 판단력, 비판력, 엄격함이 결여되어 있고 감정표현이 부족하다. 위축되어 있어 자신의 감정을 거의 나타내지 않는다. 자신의 의견을 적극적으로 표현하고 감정과 느낌을 드러내는 연습이 필요하다.

어릴 적 부모의 성장환경에서 엄격하지 않고 권위적이지 않은 집안 환경으로 인해 CP가 낮은 것으로 보이며, 약속이 지켜지지는 않으나 지키려고 노력은 한다고 한다. 일상생활에서 어려움은 나타나고 있지는 않은 것으로 보이나 모든 일에 소극적이어서 전체적인 균형에 있어 규칙적인 생활이나 운동, 계획적인 활동이 필요하다. 한편, 비판력이나 엄격함이 부족해 보이며, 자신의 감정표현을 잘 하지 않는 경향이 있다. 감정표현이 잘 되지 않아 많이 위축된 모습이 보이며, 적극적이거나 주도적인 활동, 자신의 하고 싶은 일에 대한 명확한 의지가 필요하다. 기본적인 생활에 활력이 없고 하기 싫다거나 어쩔 수 없다거나 하는 표현을 사용한다. 주말 근교 나들이나 여행 등에 대해 이야기해도 가고 싶지도 않고 그냥 집에서 쉬고 싶다고 한다.

4. CK-OK그램 해석

1) CK-OK그램의 순기능과 역기능

- U+(41) 〉 U-(24): 타인에 대해서는 순기능을 보이고 있다.
- I+(30) 〈 I-(31): 자신에 대해서는 차이가 크지 않지만 역기능을 보이고 있다.

결과적으로 타인에게는 긍정적인 자신에게는 부정적인 인생태도를 가지고 있는 것으로 보인다. 이는 현재 나타나고 있는 자신의 우울과 관계있는 것으로 보인다.

2) U와 I의 심적 에너지 편향성

'U(65) 〉 I(61)'이므로 심적 에너지가 U쪽으로 편향되어 있어, 자신보다는 타인에게 더 많은 심적 에너지를 쓴다. 이는 자신보다는 타인을 더 의지하며 타인에게 관심을 쏟는다고 볼 수 있는데, 직장의 경우에 있어서도 자기중심적인 사람에게도 타인에 대해서 장점을 인정하거나 단점을 이해하고자 한다.

대부분의 활동에 의욕이 없고 자신감이 없어 보이며, 회피적인 모습을 보인다. 아이들을 살뜰하게 챙기는 주변 엄마들의 모습에서 자신이 하지 못하는 것, 집안 정돈이 되어 있지 않아 다른 집들을 의식하거나 자신의 모습과 비교하는 모습이 나타나고 있다.

3) 한국 연령 · 성별 CK-OK그램 규준 등급

U- 24(6-7등급), U+ 41 (1-2등급), I+ 30 (8-9등급), I- 31 (3-4등급)

내담자는 U+가 1-2등급으로 건강한 상태이나 I+는 8-9등급으로 매우 낮은 상태로 건강하지 못한 상태이다. U-는 6-7등급으로 건강한 상태이나 I-는 3-4 등급으로 약간 높은 편으로 건강하지 못한 상태이다.

타인에 대한 등급은 높아 긍정적으로 보이나 자신에 대한 등급은 매우 낮은 편으로 건강하지 못해 보인다. 현재 자신의 우울감으로 인해 여러 가지 부정적인 생각이 자신을 부정적인 상태로 만드는 것이다.

4) 자아존중감과 타인존중감

U+ 41 〉U- 24, I+ 30 〈 I- 31

내담자는 U+의 한국규준등급이 5등급 이상이면서 U+ 의 절댓값이 U- 값보다 높아 타인존중감이 높은 것으로 해석할 수 있으며, I+ 한국규준등급이 5등급 이하이고 I+ 절 댓값이 I- 값보다 낮아 자아존중감은 낮은 것으로 해석할 수 있다.

이는 현재 자신의 여러 가지 상황에 대해 자신의 생각 속에서 긍정적인 상태로 나아 가지 못하고 있고, 소극적으로 진행되는 데 비해 타인은 문제도 별로 없어 보이고 자신 들의 문제를 잘 해결해 나가고 있는 생각을 표현한 것으로 판단된다.

5) CK-OK그램(커렐로그램) 영역

II 72 〉I 71 〉IV 55 〉III 54

기본적인 태도의 경향성에 머무는 영역은 II 영역이 가장 크게 나타났다. 이는 주로 내담자가 II 영역에 주로 머무르고 있음을 나타낸다. 이것은 내담자가 자기부정, 타인 긍정의 태도를 보이며, 스스로에 대한 책망과 회의, 열등감이나, 우울, 자기비하나 회 피적인 인생태도를 나타낼 수 있다.

가장 크게 나타내고 있는 내담자의 II영역의 모습: 요즘 우울로 인한 심리적 압박과 스트레 스로 도피적 태도를 보이거나, 자기비하를 하여 자신 때문에 가족이나 다른 사람들이 힘 든 삶을 산다고 자책하기도 한다. 자신에게 관심을 가지는 것을 귀찮아하거나 싫은 내 색을 하기도 한다. 우울감이 지속될 경우 생활에 많은 어려움을 초래할 가능성이 있다.

내담자의 IV영역의 모습: 우울로 인한 삶의 의미에 관한 이야기를 하며, 자신의 의지가 점점 약해져 가고 있는 것 같다고 말한다. 혼자서 어디론가 사라져 다른 사람에게 피 해를 주고 싶지 않은 생각이 들기도 한다고 한다.

내담자의 III영역의 모습: 내담자는 사람들의 어려운 일이나 힘든 것에 대해 다 받아 줄 수도 있고 이해할 수 있는 능력이 있는데, 다른 사람들은 이런 것들을 잘 하지 못한다 는 불신이 있다. 내 주변 공간에 휴지가 떨어져 있을 경우에 떨어져 있으면 안 되는 것 이라고 생각하여 꼭 줍게 된다고 한다.

5. CK-EGO그램과 CK-OK그램 상관관계

1) CK-EGO그램과 CK-OK그램 상관관계(3점 차 이상의 경우)

• U+ 〉 U-: 타인긍정

NP 〈 U+: 타인의 좋은 점을 행동으로 나타내지 못한다. 표현하는 것을 잘 하는 편이 아니어서 좋은 것을 칭찬하거나 격려하는 것을 자연스럽게 행하지 못하는 경향이 있다(의식적으로 가끔 하려는 노력을 하기도 한다고 보고).

FC 〈 I+: 자신이 있지만 솔직하게 나타내지 않는다. 생활 전반이나 업무에 대해 어렵게 생각하거나 힘들어하지는 않으나 나서서 이야기 하지 않는다.

AC 〉 I-: 기본적인 태도보다 더 상대에게 맞추려고 한다. 대화에서는 잘 나타나지 않는다.

6. CKEO그램 검사결과에 따른 성장 방안

1) 자아상태 기능 활성화 방안

CP와 FC가 8-9등급이라 두 가지 기능을 활성화해야 하며, 우선적으로 FC를 활성화하여 자신의 활력과 적극성을 통해 삶을 풍요롭고 활기차게 하면서 CP를 활성화하여 자신에 대한 규칙적이고 책임감 있는 모습과 질서를 생활화하여 삶의 균형을 잡을 수 있도록 한다.

기능 촉진방안	상태	현재 상태	활성화 방안
FC	자기의 희로애락(활력, 적극성)을 더 잘 표현	• 사람들과의 외부활동, 모임이 부족하다.	• 정기적인 모임활동 참여(친목, 요리)하기 • 하고 싶은 일 찾아서 우선순위 정하기 • 신앙(교회 성가대) 활동 적극적 참여(주1회)하기
		• 운동이나 신체적 활력의 어려움으로 인한 자기관리가 부족하다.	• 일주일에 3일 이상 걷기 또는 산책(30분 이상)하기 • 간단한 체조 등 꾸준한 신체활동(1일 20분 이상)하기

CP	자·타에게 (규칙, 예절, 책임감, 가치관, 원칙, 전통, 윤리 등)을 더 엄격	• 약속시간이 잘 지켜지지 않는다.	• 신앙(교회 성가대) 활동 연습 시간 지키기 및 참여하기 • 아침 시간 정해서 일어나기
		• 책임 있는 말과 행동이 어렵다.	• 아이들에게 아침식사를 챙겨 주기(규칙적인 생활) • 면허 취득, 운동하기에 대해 계획을 만들어서 진행하기(기간, 목표 등)

2) 기본적인 인생태도 개선 방안

태도 영역	현재 삶의 태도		개선해야 할 방안
II 영역	• 자녀와 가족에 대해 돌봄이 잘 되지 않아 스스로 자책을 많이 하며, 심리적 우울감으로 걱정과 답답함이 있어 삶의 즐거움과 현실에 거리감을 두어 생활한다.	I영역	• 지지자원을 통해 협력적 자신감을 얻고, 자신의 상태에 대한 표현하여 도움을 요청하고 긍정적이고 적극적인 자신을 위해 도전해 보도록 독려한다.
III 영역	• 현재 하루하루가 어렵게 진행되고 있고 버티고 있다는 말을 하면서 삶의 의미를 찾기 어려워하고 있다. 운전이나 학업에 있어 자꾸 포기해 버리고 마는 자신을 발견하고 있다.	I영역	• 자신이 좋아하고 만족을 얻고 싶어하는 신앙 활동을 통해 삶의 의지를 다져 보고 그 이후 자신의 관심분야에 대해 지속적으로 활발하게 하여 자신의 만족과 삶의 활력을 찾아본다.
IV 영역	• 타인과의 접촉을 즐거워하지 않고 혼자 고민하는 모습(우울에 대한 생각 등)이다. • 중독 등 어려운 사람들에 대해 자신은 다 이해할 수 있고 다른 사람은 못한다는 생각이다.	I영역	• 외부와의 점진적인 교류를 통해 타인에 대한 긍정적인 모습을 기대하고 접촉을 확대해 타인에 대한 존중을 키워가고 나뿐만이 아니라 타인과도 함께하고자 하는 노력을 한다.

7. 상담자의 총평

CKEO그램을 통해 내담자를 이해하는 데 많은 도움이 되었다.

내담자의 심적 에너지 총량은 중으로 활동량은 적지 않으나 FC가 낮아 자기 감정표현이 잘 되지 못하고 CP가 낮아서 존재감이 없고 자신의 기준이 명확치 않은 경우로 볼 수 있다.

CP와 FC 자아기능이 활성화되지 못하고 주변 사람들 속에 조용히 생활하였으며, 자신에 대한 자신감이 결여된 채 우울한 마음과 경쟁하며 근근이 버티면서 살아왔다고 생각된다.

앞의 내담자는 CK-EGO그램에 있어 8-9등급이 2개 기능, 그리고 CK-OK그램에서는 II영역이 가장 큰 영역을 나타내고 우울과 자책 등으로 표현된다. 우선 FC와 CP의 활성화방안을 마련하도록 함에 있어 FC 활성화가 우선시되어야 할 것으로 생각되며, CP를 올려 계획적이고 책임성 있는 자신의 의견을 갖도록 하는 방안을 마련하였다. 행동 실천에 있어서도 처음부터 무리한 행동이 이루어지지 않도록 하기 위해 생활에 있어 실천이 가능한 것으로 선택하고 추진해 나가게 한다.

인생태도에서는 자기자책 및 비하를 하게 만드는 우울 측면이 발생할 수 있어 자신에게 좀 더 적극적이고 자신을 위한 행동을 활성화할 수 있는 방안을 마련하는 것이 우선적으로 필요하다. 그렇게 하기 위해 가정과 신앙, 또한 정신과 진료 등을 병행하면서 향후 계획을 만들어 가는 것이 중요하다.

CKEO그램에 의한 개인 사례분석
주제: "학업 스트레스에서 벗어나 독립하고 싶은 청소년"

상담자: 손희란

1. 내담자 기본정보

내담자: 현조 / 성별: 남 / 연령: 23 / 학력: 대학(휴학)

1) 의뢰경위 및 주 호소문제

* 의뢰경위: 사람들과 잘 어울리지 못하는 성격으로 진로와 학업 문제로 고민하는 것을 지켜본 주위 친구의 권유를 받고 센터 전화 상담을 통해 상담을 의뢰하였다.

* 주 호소 문제: "학업 스트레스에서 벗어나 독립하고 싶어요."

공부하는 것을 좋아하여 어렸을 때부터 의사가 되고 싶은 꿈이 있었으나 4년 장학금을 받고 공대에 진학하였다. 어머니가 원해서 대학은 갔지만 적성이 맞지 않아 휴학을 하고 재수를 하고 있다. 친구들은 모임에도 참석하지 않는다고 성격에 문제 있는 것 아니냐고 하며 상담을 받아 보라고 한다. 재수를 하기로 마음먹고 공부를 시작한 후부터는 스트레스성 위장병과 만성 현기증이 생겼고 부모님의 걱정과 잔소리 때문에 공부에 집중이 되지 않아 불안하기만 하다. 자신이 원하는 진로를 찾고 이제는 부모님 간섭에서 벗어나 독립하고 싶다.

2) 행동관찰

단정하고 반듯한 이마와 어깨, 170센티미터의 키에 인상을 쓰고 있어 눈가에 주름이 깊이 패여 있다, 정면에 있는 사람의 눈을 보지 않고 바닥을 응시하고 있다. 허리가 곧고 나이에 비해 성숙한 느낌이 든다. 타인에게 관심이 없고 자기 안의 힘든 문제에 깊이 빠져 있는 것처럼 보인다. 외투를 벗어 의자에 걸고 여유 있게 상담에 임하는 태도가 인상적이다.

신체화 중상이 나타나 예민해져서 잠을 잘 못 자거나, 소화가되지 않을 때면 괴로워하고 자책 한다. 특별한 운동을 한 적이 없는데 인대가 늘어나 아픈 오른쪽 다리에 반깁스(Gips)를 하고 있다. 힘들고 상처받은 자신의 이야기를 할 때는 왈칵 눈물을 보인다. 뜻대로 되지 않을 때는 죽으면 마음과 몸이 편하지 않을까 싶어 자살 생각을 자주 한다며 한숨을 내쉬기도 한다.

3) 내담자의 자원

(1) 내담자는 의사가 되고 싶은 꿈이 있으며 IQ가 높다.
(2) 보드게임을 직접 만들어 사용하는 등 호기심이 있다.
(3) 주일학교에서 아이들을 가르치는 일에 성실하게 참여한다.
(4) 심리검사 도구를 신뢰하며 책을 구입하여 원리를 학습한다.
(5) 상담시간을 준수한다.

4) 가계도

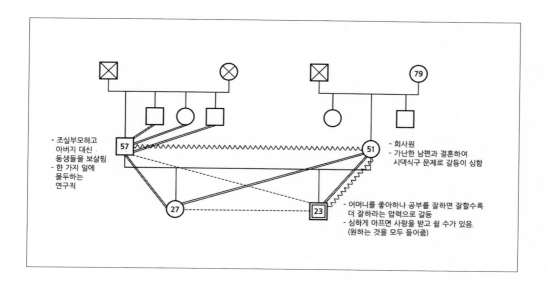

2. 내담자 검사 결과

〈CK-EGO그램〉

상태＼기능	CP	NP	A	FC	AC	
자아상태 기능점수	22	37	29	21	38	구조 편향형: ⓒ
자아상태 규준등급	8-9등급	3-4등급	6-7등급	8-9등급	3-4등급	기능 주도형: AC
자아상태 구조점수	59		58	59		심적 에너지 총량: 176(중)

〈CK-OK그램〉

상태＼태도	U-	U+	I+	I-
인생태도 점수	46	25	14	38
한국규준등급	1-2등급	8-9등급	8-9등급	1-2등급
심적 에너지의 편향	71		52	
기본적 인생태도	U- 〉U+		I + 〈 I -	
인생태도 영역 표시	IV 84 〉II 63 〉III 60 〉I 39			
자타존중감	타인존중감 낮음		자아존중감 매우 낮음	

〈CKEO그램 체크리스트〉

ego	P		A	C		ego
	CP	NP	Ⓐ	FC	AC	
점수	비판적 원칙 · 책임감 관용적	과보호적 배려 · 봉사 방임적	기계적 합리적 · 정확성 즉흥적	자기도취적 활력 · 적극성 위축적	자기비하적 타협 · 협동 독단적	점수

점수						점수
	50 49 48 47 46 45 44 43 42 41 40 39 38 37 36 35 34 33 32 31 30 29 28 27 26 25 24 23 22 21 20 19 18 17 16 15 14 13 12 11 10					50 49 48 47 46 45 44 43 42 41 40 39 38 37 36 35 34 33 32 31 30 29 28 27 26 25 24 23 22 21 20 19 18 17 16 15 14 13 12 11 10

CP: 1-2 (46), 8-9 (22)
NP: 3-4 (37), 8-9 (25)
A: 6-7 (29)
FC: 8-9 (21), 8-9 (14)
AC: 3-4 (38), 1-2 (37)

점수	U⁻	U⁺	Ⓐ	I⁺	I⁻	점수
ok	타인부정	타인긍정		자기긍정	자기부정	ok

〈OK그램(기본적인 인생태도 분석도) 체크리스트〉

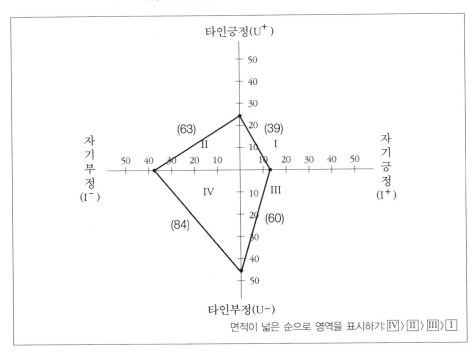

면적이 넓은 순으로 영역을 표시하기: Ⅳ〉Ⅱ〉Ⅲ〉Ⅰ

〈OK그램 기본 해석표〉

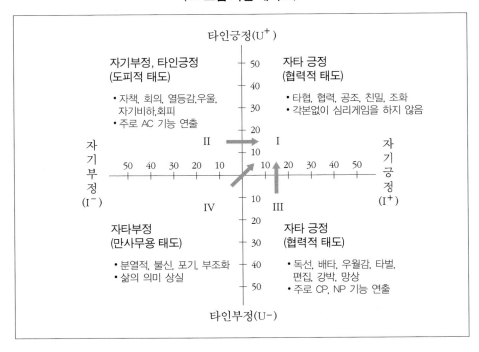

* 사회적 수준(CK-EGO그램 자아상태 기능)

NP 기능과 AC 기능이 3-4등급으로, 사회적으로 온정적이고 봉사정신이 있어 수용적인 태도를 보인다. 그러나 늘 최고가 되어야 한다고 생각하는 어머니와 어떤 일이든 스스로 하는 것을 강조하며 자기 일에만 열중하는 아버지와의 갈등으로 인해 인간관계에서 갈등이 나타날 때는 이러지도 저러지도 못하는 자아상태를 보인다. 자신과 타인의 의견을 수용하거나 존중받지 못하는 자아상태가 드러난다.

* 심리적 수준((CK-OK그램 인생태도)

자신보다 타인에게 맞추는 심리적 에너지 편향을 보인다. 심리적 수준의 I-, U-는 1-2등급으로 심리적으로 위축되어 있거나 부정적인 태도를 보인다. 외적으로 나타나는 모습과 내적인 욕구의 차이가 생겨 양가감정 상태를 경험할 수 있으며 만사무용적인 심리상태이다. 가까운 사람과 심각한 갈등관계를 겪을 수 있으므로 깊이 있는 대화와 타협이 필요하다.

3. CK-EGO그램 해석

1) 구조 편향형과 기능 주도형

• 구조 편향형: ⓒ
• 기능 주도형: AC

내적으로 수용적인 태도를 보이나 자기통제를 하지 못해 일관성이 없는 것으로 오해받기도 한다. 구조 편향형은 ⓟ와 ⓒ가 59점으로 동점이지만 내적성향은 본능 판단적인 ⓒ 편향에 가깝다. 자신의 감정을 잘 표현하지 못하여 대인관계의 어려움을 호소하기도 하며 자신을 억압하여 참고 있다가 심리적 우울감과 신체화 증상을 호소한다. 기능 주도형은 AC로써 자아상태는 자기비하적이고 스트레스를 받으면 폭식과 단식을 병행하며 의존적이다.

2) 심적 에너지 총량

심적 에너지 총량은 176(중)으로 생각과 행동이 서로 차이가 나타난다.

에너지 총량은 중이지만 낮은 편으로 자기 자신이나 환경에 대하여 소극적이며 주위 관심과 상황 대처능력이 부족하고 자신이 관심 있고 흥미 있는 일에만 집중하는 경향을 보인다.

3) 한국 연령·성별 CK-EGO그램 규준 등급

CP(22): 8-9등급, 사회적 관습이나 의리, 책임감, 원칙 등을 경시하는 경향과 무절제하고 주관이 없으며 소극적이어서 답답하다는 말을 듣는다. 맡겨진 책임을 다하고 싶어 하나 어려운 일에 직면하는 경우 신체화 증상을 호소하여 자신이 맡은 일을 회피하는 것으로 비춰진다. 원칙이나 자기통제감이 부족하며 책임감과 절도가 없고 느슨한 편이며 타인의 지적을 비난으로 받아들여 위축되며 비관적 자세를 취한다.

NP(37): 3-4등급, 온정적이고 봉사정신이 있다. 수용적이기 때문에 잘 거절하지 못하며 따뜻한 교류를 원한다. 친구와 상대방을 배려하면 손해를 보며 친구는 경쟁상대라고 가르친 어머니의 양육태도로 인해 타인의 입장을 배려하지 않아 인정이 없는 사람으로 오해받기도 한다. 말수가 없고 일방적이어서 비관용적인 태도라는 오해를 받을 경우 갈등이 발생될 소지가 있다.

A(29): 6-7등급, 합리적이거나 객관적인 정보에 근거하여 빠르게 대처하는 상황판단 능력이 다소 부족하다. 신중하게 생각하고 행동하는 경향이 있으며 현실감각이 약하여 일에 몰두하는 경향이 있고 강박적으로 타인이 시키는 것만 하려고 하는 경향이 있다. 맡겨진 임무에 대해서는 시간이 오래 걸리지만 잘 처리하는 것으로 보인다.

FC(21): 8-9등급, 자유로이 자신의 기분을 표현하지 못하고 억압되거나 융통성이 없게 보이기도 한다. 활력이 없고 타인과의 접촉을 회피하며 감정이 없는 사람처럼 보이기도 한다. 부정적인 말로 사람의 마음을 답답하게 만들기도 하므로 적극적으로 자신의 감정을 표현할 필요가 있다.

AC(38): 3-4등급, 타인에 대해서 과민한 반응을 보이면서도 자기비하적인 표현을 자주 한다. 속마음을 잘 드러내지 않아 오해를 받기도 한다. 자신을 억압하는 자아상태로 건강 악화의 신체화 증상이 나타나기도 한다. 겉으로는 타인의 말을 잘 경청하고 따르는 것으로 보이나 자신감 결여로 스트레스를 받기 쉽다.

4) 역기능적 자아상태 구조

내담자 현조는 20대 초반의 남성으로 역기능적 자아상태 구조는 없다.
- ⓟ 자아상태 구조는 59점으로 6-7등급, 54-64의 범위에 속한다.
- Ⓐ 자아상태 구조는 58점으로 6-7등급, 58-66의 범위에 속한다.
- ⓒ 자아상태 구조는 59점으로 6-7등급, 54-61의 범위에 속한다.

5) 역기능적 자아상태 기능

CP(8-9등급), FC(8-9등급) 결핍형이며, CP 기능이 낮아 8-9등급이므로 무절제하고 주관이 없어 보이며 자신의 감정을 잘 표현하지 못한다. 자기 자신에게 엄격하거나 책임감이 부족해 보이며 FC 기능이 낮아 기본적인 생활이 느슨하여 삶의 즐거움과 열정이 없고, 하기 싫다, 어쩔 수 없이 한다, 중도에 포기하고 싶다는 표현을 자주 한다.

늘 집에서 컴퓨터 게임을 하면서 자유롭게 혼자 있기를 원한다.

주 호소문제인 진로 스트레스에서 벗어나고 싶고 부모님의 간섭에서 독립하고 싶은 생각은 있으나 실제 생활에서는 무기력하고 절제되지 않아 일상적인 보통 하는 일에 소극적이거나 수동적인 태도를 보인다. 규칙적인 운동이나 계획적인 시간 관리 등이 필요해 보인다, 다치지 않았는데도 인대가 늘어나 손과 발에 깁스를 번갈아 가면서 하고 있는 것으로 보아 신체화 증상으로 자신의 감정을 표현하고 있는 것으로 보인다.

4. CK-OK그램 해석

1) CK-OK그램의 순기능과 역기능

- U+(25) 〈 U-(46): 타인에 대한 태도에 대해서 역기능을 보이고 있다.
- I+(14) 〈 I-(38): 자신에 대한 태도의 차이가 크고 역기능을 보이고 있다.

결과적으로 자타부정적인 태도를 보이는데, 이는 자살충동과 우울감의 형태로 약물을 의존하는 증상으로 나타나는 것으로 보인다.

2) U와 I의 심적 에너지 편향성

'U(71) 〉 I(52)'이므로 심적 에너지가 U쪽으로 편향되어 있어, 자신보다는 타인에게 더 많은 심적 에너지를 쓰며 타인의 평가에 민감하다.

3) 한국 연령·성별 CK-OK그램 규준 등급

U- 46(1-2등급), U+ 25(6-7등급), I+ 14(8-9등급), I- 38(1-2등급)

내담자는 U-와 I-가 1-2등급으로 타인에 대한 부정성과 자기 자신에 대한 부정성이 매우 높아 자타부정적이며 비판적인 시각으로 건강하지 못한 자아상태를 보인다.

U+는 25, 6-7등급으로 자신보다는 타인을 긍정적으로 인식하며 회피적 태도를 나타낸다.

I+는 14, 8-9등급으로 심적 에너지가 낮아 자기부정성이 매우 높다

4) 자아존중감과 타인존중감

U- 46(1-2등급) 〉 U+ 25(6-7등급), I+ 14(8-9등급) 〈 I- 38(1-2등급)

I+절댓값이 5등급이상으로 I- 절댓값보다 높아야 자아존중감이 높아지는데 내담자는 I+ 전국등급이 8-9등급이고 I+ 절댓값이 I-(1-2등급)값보다 낮게 나타나 자아존중감이 낮은 도피적 태도로 해석된다.

또한, U+ 이 5등급이상이면서 U+ 절댓값이 U- 절댓값보다 높을수록 타인존중감이 높은데 내담자는 U+ 전국등급이 8-9등급으로 나타나 타인존중감이 낮고 만사 무용적인 태도를 보일 수 있다.

5) CK-OK그램(커렐로그램) 영역

IV 84 〉 II 63 〉 III 60 〉 I 39

기본적인 태도의 경향성에 머무는 영역은 IV영역이 가장 높을 때 자살, II영역은 우울증, III영역은 강박으로 나타난다. 내담자가 IV영역이 높으므로 자기부정, 타인부정의 반응을 나타내는데 이는 자주 죽고 싶다고 표현하는 것과 연관되어 있는 것으로 보

인다. 스스로 자기비하적이고 회피적인 인생태도와 타인에 대한 불신감과 부조화로 인한 삶의 의욕상실을 나타내는 경향이 있다.

5. CK-EGO그램과 CK-OK그램 상관관계

1) CK-EGO그램과 CK-OK그램 상관관계(3점 차 이상의 경우)

- U- 〉 U+: 타인부정
- I+ 〈 I-: 자기부정

CP 〈 U-: 자타에게 내면적으로는 비판적이고 통제적이고 원칙적이나 실제 행동에서는 느슨하고 마무리를 못하는 책임감 없는 태도를 보인다.

NP 〉 U+: 타인에게 거절하지 못한다. 기본적인 태도는 타인의 입장을 배려하거나 사회에 봉사하고 싶은 욕구가 있다. 인정받는 일을 하고 싶어 한다.

FC 〉 I+: 자신과 타인의 감정을 억압한다. 실제 자신의 우울한 내면보다는 타인이 보기에 활력 있게 보일 수도 있다. 자유로이 자신의 감정을 표현하지 못하여 다른 사람과 잘 어울리지 못한다.

AC = I- : 타인의 의견에 타협한다. 타인의 의견에 타협하고 순응적임. 다른 사람의 말을 잘 들어 주는 것처럼 보이나 속으로 불평하는 모습은 열등감에 기인한 것으로 보인다.

6. CKEO그램 검사결과에 따른 성장 방안

1) 자아상태 기능 활성화 방안

CP와 FC가 8-9등급이므로 먼저 CP 기능을 활성화해야 한다. 자신에 대한 원칙적이고 책임감 있는 모습과 질서를 내적, 외적으로 생활화하여 삶의 균형을 맞출 수 있도록 한다.

자신과 타인에게 규칙, 예절, 책임감, 성실감, 가치관, 원칙, 윤리가 엄격하지 않으므로 자신에게는 계획 있고 책임 있게 하고 타인에게는 구체적인 감정을 표현하고 실천

가능한 규칙을 정하도록 한다. FC를 활성화시켜서 삶의 활력을 높여 긍정적인 자아상을 확립하고 삶의 균형을 잡도록 해야 한다.

기능 촉진방안 \ 상태	현재 상태	활성화 방안
CP 책임감을 촉진하고 게임 중독에서 벗어난다.	• 계획한 공부와 맡겨진 일을 확실하게 해 내지 않아 학점관리가 되지 않는다. • 단체로 하는 청소나 함께 활동하는 일에 자주 빠져 오해를 받는다. • 결정한 일을 미루고 용돈관리를 못한다. • 계획한 일을 잘하지 못하여 어머니로부터 잔소리를 듣는다. • 자주 물건을 잃어버린다. • 인터넷 게임에 빠져 시간관리가 되지 않는다.	• 일주일 계획대로 우선순위를 세워 공부하기 • 아파서 다리에 붕대를 감고 있다 하더라도 다 함께 하는 일에는 참여하기 • 아침 7시에 하루 계획 세우기 • 용돈기입장을 작성하고 용돈관리하기 • 계획한 시간에 밥 먹기(8시, 12시, 6시) • 가방이나 소지품에 이름 쓰기 • 온라인 게임을 시간 맞춰하기(저녁 7~9시)
FC 기쁘지 않고 늘 우울하다	• 혼자 밥을 먹다 보니 급하게 먹어 자주 체한다. • 사람들과 좋은 관계를 유지하고 싶다. • 친구와 대화하는 것이 서툴러 혼자 기타를 치고 산책을 한다. • 자신이 좋아하고 잘 만드는 보드게임을 함께 하는 주일학교 아이들이 있다. • 가족과 동료들에게 눈치 없다는 소리를 듣는다. • 상담이 재미있고 심리검사가 좋다	• 폭식하지 않기 위해 밥을 천천히 씹어 먹기(1숟가락 20~30번 천천히 씹어 먹기) • 탁구동호회에서 탁구 치기(일주일 2번) • 가족과 기타 치고 노래하기(1주일 3번) • 새로운 보드게임을 직접 만들고 주일 학교에서 아이들과 재미있게 놀기 • 가족들과 여행하며(한 달 1번)소통하기 • 상담하기(상담실 주1회 목요일)

2) 기본적인 인생태도 개선 방안

Ⅳ영역 → Ⅰ영역의 개선 방안: 만사 무용적인 태도를 가지고 있어 스트레스 상황에서 삶의 의미를 상실한 모습을 보이므로 '삶의 의지'를 찾도록 하는 것이 무엇보다 필요하다. 작은 실수를 용납하지 않고 자책하는 모습에서 벗어나 자기효능감을 통해 자신이

소중하고 귀한 존재임을 자각하도록 한다. 또한 각본분석을 통해 속도보다는 방향감을 찾도록 한다.

Ⅱ영역 → Ⅰ영역의 개선 방안: 성장하면서 힘든 삶에 대해 자책하는 자기비하적 태도를 보인다. 우울감이 지속되어 삶에 대해 의욕상실과 허탈감을 가지고 있다. 자신의 장점을 찾아 자존감을 향상할 수 있도록 하여 긍정적인 태도를 형성할 필요가 있다.자신에게 긍정적인 스트로크를 주기 위해 남의 눈치를 보는 도피적 태도에서 벗어나 솔직하고 진술한 자기를 표현하고 작은 것부터 계획하고 성취하는 경험이 필요하다

Ⅲ영역 → Ⅰ영역의 개선 방안: 배타적 태도를 가지고 있으며 타인과의 접촉을 기피하려는 인생태도를 갖고 있다. 자신의 문제를 타인과 함께 나누지 못하고 혼자 문제를 해결하려는 경향이 있다. 동료들과 간식이나 밥을 같이 먹지 않으며 타인의 의견을 잘 받아들이지 않는다.

태도 / 영역	현재 삶의 태도		개선해야 할 방안
Ⅳ 영역	• 하루하루가 버티기 힘들다는 말과 부정적인 생각으로 삶의 의욕을 상실하고 있다. • 성장과정에서 가족을 믿지 못하고 신뢰감이 없어 미래에 대해 비관적으로 인식하고 있으며 정서적으로 우울하고 불안하다.	Ⅰ 영역	• 부정적이고 고착된 소통에서 자율적이고 긍정적인 소통을 위해 You message 보다는 I message를 사용한다. • 정서적으로 불안한 마음과 우울 감소를 위해 가족상담을 병행한다. 자율적으로 부모님에게 일주일에 2회 전화한다.
Ⅱ 영역	• 자책하는 열등감이 자기비하로 이어진다. • 뜻대로 되지 않고 인정받지 못할 때 몸이 아파지는 신체화 증상이 나타나고 그 핑계로 목표를 포기하거나 당면한 일을 회피한다.	Ⅰ 영역	• 자기긍정을 활성화시키기 위해 장점 30가지를 찾는다. • 비언어 의사소통인 신체화 증상이 나타나는 상황이 언제인지 무슨 감정인지 인지하고 자각한 순간 수첩에 체크한다.
Ⅲ 영역	• 1등만을 고집하고 실수를 용납하지 않는 부모님의 영향으로 편견과 강박적 사고가 있다. • 여러 명이 함께 있는 곳에서 상대방이 내 말을 듣지 않는다고 판단되는 경우 배타적 태도를 보이게 되고 경직되어 말을 하지 않거나, 그 자리를 피해 혼자 있는 모습을 보인다.	Ⅰ 영역	• 부모님께 받은 대항지령과 금지령을 찾고 오염된 망상과 편견에서 벗어나 자기 문제의 주인으로서 자율성을 찾는다. • 대인관계 향상을 위해 상대방이 내 말에 반응을 보이지 않을 때 피하지 말고 직접 이유를 물어본다.

7. 상담자의 총평

CKEO그램 검사와 10회기 상담을 통해 내담자 문제를 심층적으로 분석할 수 있었고 심한 N자 곡선 그래프를 나타내며 감정의 기복, 자기결정 장애, 소극적인 자기효능감을 나타내는 우유부단한 내담자에게 긍정적인 변화와 통찰을 경험하게 된 것으로 생각한다.

내담자는 아동기 성장과정에서 무의식중에 금지령을 가지고 있으며 오염된 편견과 망상을 보였다. 자신의 감정을 솔직하게 표현하지 못해 만사 회피하는 경향, 자신이 원하는 이상과 실제 현실감의 차이, 건강하지 않은 심리게임, 의사소통의 어려움 등이 있는 자신의 모습을 자각하였다. 또한, 자주 우울과 좌절을 경험하며 낙오자가 되지 않기 위해 최고만을 고집, 집착하는 특성을 알아차리고 미래의 꿈과 현실에 대한 양가감정으로 힘들어하는 지금의 마음을 자각했다. 이에 '실수해도 괜찮아.'라는 자기인식을 통해 공부와 일을 즐겁게 할 수 있는 방안과 소중한 가치가 무엇인지 우선순위를 살펴보는 기회를 가질 수 있었다.

상담과정을 통해 다른 사람 때문에 학업 스트레스가 생기고 자신이 힘들어진다는 원망에서 벗어나 위축되고 상처받은 내면의 자존감을 회복하게 되면서 내담자가 실제로 원하는 내 삶의 주인공으로 살아가는 방법을 모색할 수 있게 되었다. 자타 부정적인 인생 태도와 경계선상에서 회피적인 태도를 보이던 자신의 모습을 자각하며 관용적인 태도를 활성화했다. 또한 내적 불일치를 극복하여 내담자가 자살에 대한 충동을 예방하고 삶의 희망을 찾는 기회가 되었다고 사료된다.

CKEO그램에 의한 개인 사례분석
주제: 의사결정과 자기표현을 잘 하고 싶은 고등학생

상담자: 이인영

1. 내담자 기본정보

내담자: 고이남 / 성별: 남 / 연령: 18세 / 학력: 고2

1) 의뢰경위 및 주 호소문제

* 의뢰경위: 내담자는 센터에서 실시한 해석상담 과정에서 진로에 대한 의사결정과 자기표현에 어려움을 느껴 부모님과 함께 상담실에 내방하였다.

* 주 호소문제: "내 의사표현을 어떻게 해야 할지 잘 모르겠어요."
부모 자녀 간의 갈등으로 부모와 대화가 이루어지지 않고 내담자는 부모의 질문이나 지시에 단답형 대답만 하고 아무것도 하지 않는 수동 공격적 행동을 보였다. 이에 부모는 답답한 마음을 호소하였고 내담자(고이남)는 위축되어 자기표현을 잘 하지 못하는 어려움을 호소하였다.

2) 행동관찰

첫 심리검사 해석상담에는 부모님과 함께 만났으며 자녀의 자리를 부모님이 안내하였다. 외모는 170센티미터 정도 키에 마른 편으로 깔끔하게 정돈된 옷차림이었으며 얼굴 표정은 무표정으로 고개를 숙이고 땅만 바라보며 눈 맞춤을 하지 않았다.
해석상담에서는 아무 말 없이 듣기만 하고 부모의 호소에도 아무런 반응을 하지 않고 작은 목소리로 대답을 하면서 상담을 하였다.

3) 내담자의 자원

그동안 학습기관에 다닐 때는 지각하는 모습이 많았으나 상담에는 호의적인 태도로 상담시간을 잘 준수한다. 상담자와 대화에서 대답의 속도는 느리지만 신중하게 대답하려는 태도를 보였으며 자신에 대한 사실을 솔직하게 표현하고 은유적 표현도 잘한다.

자신의 객관적인 상황이나 사실을 바로 인정하는 모습을 보였으며, 집에서는 부모님께 예의 바르고 순종하는 모습으로 저항하지 않은 모습의 태도를 보인다.

4) 가계도

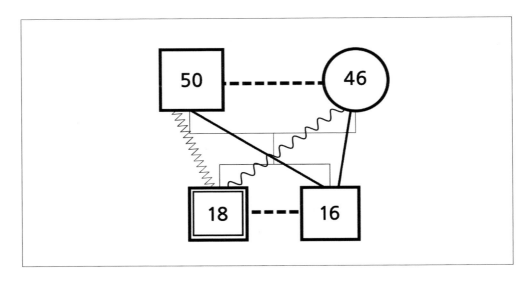

2. 내담자 검사 결과

〈CK-EGO그램〉

상태 \ 기능	CP	NP	A	FC	AC	
자아상태 기능점수	26	27	24	29	32	구조 편향형: ⓒ
자아상태 규준등급	6-7등급	8-9등급	6-7등급	6-7등급	5등급	기능 주도형: AC
자아상태 구조점수	53		48		61	심적 에너지 총량: 162(소)

〈CK-OK그램〉

상태 \ 태도	U-	U+	I+	I-
인생태도 점수	30	28	29	30
한국규준등급	5등급	8-9등급	6-7등급	5등급
심적 에너지의 편향	58		59	
기본적 인생태도	U- 〉U+		I+ 〈 I-	
인생태도 영역표시	IV 60 〉III 59 〉II 58 〉I 57			
자타존중감	타인존중감이 매우 낮음		자아존중감이 낮음	

〈CKEO그램 체크리스트〉

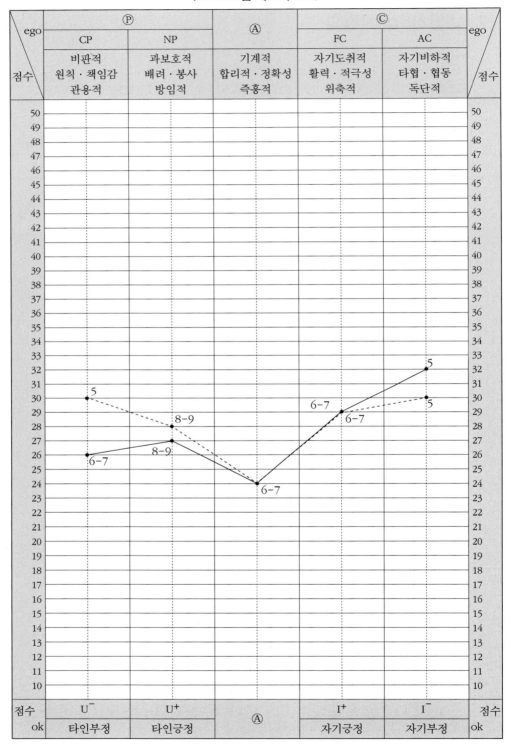

ego	Ⓟ		Ⓐ	Ⓒ		ego
	CP	NP		FC	AC	
점수	비판적 원칙 · 책임감 관용적	과보호적 배려 · 봉사 방임적	기계적 합리적 · 정확성 즉흥적	자기도취적 활력 · 적극성 위축적	자기비하적 타협 · 협동 독단적	점수
점수 ok	U⁻ 타인부정	U⁺ 타인긍정	Ⓐ	I⁺ 자기긍정	I⁻ 자기부정	점수 ok

〈OK그램(기본적인 인생태도 분석도) 체크리스트〉

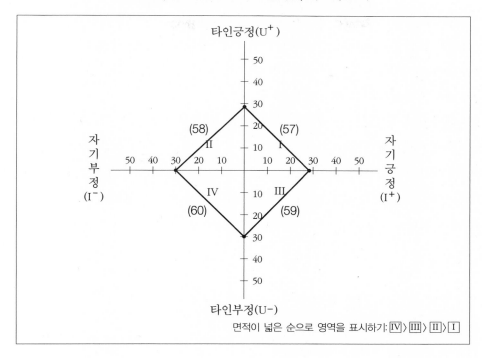

면적이 넓은 순으로 영역을 표시하기: Ⅳ 〉 Ⅲ 〉 Ⅱ 〉 Ⅰ

〈OK그램 기본 해석표〉

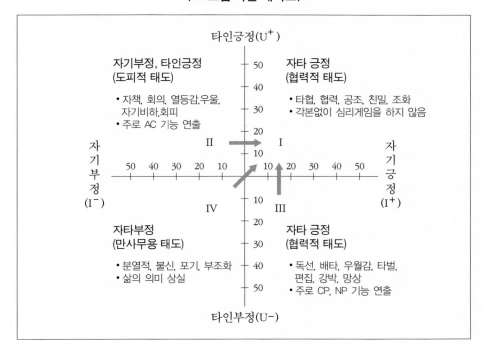

※ 사회적 수준(CK-EGO그램 자아상태 기능)

냉담하고 둔감하며 즉흥적으로 행동하여 현실을 무시하는 경향이 있다. 상대에게 배려심이 없고 판단력이나 분별력도 부족하다. 매사에 관심을 가지고 배려하고 계획적인 삶이 필요하다.

※ 심리적 수준(CK-OK그램 인생태도)

본 내담자의 인생태도 분석에 의하면 'IV 60 〉 III 59 〉 II 58 〉 I 57'순이다. 이 내담자는 주로 IV영역에 머무르는 시간이 많다. 이것은 내담자가 자기 자신에 대한 믿음과 타인에 대한 신뢰감 모두 없는 것으로 보인다. 이것은 삶에 의욕에 없고 진로 결정, 장래 공부에 대한 동기부여가 안 되고 목적의식도 약해 쉽게 공부를 포기하는 모습으로 나타나고 있다.

3. CK-EGO그램 해석

1) 구조 편향형과 기능 주도형

• 구조 편향형: ⓒ

내담자는 세 가지 마음 중에 주로 ⓒ 자아상태 편향으로 나타난다. 이것은 ⓟ 자아상태의 가치 판단적 마음이나 ⓐ 자아상태의 현실 판단적 마음보다는 본능적 판단의 마음을 주로 사용하고 있다.

• 기능 주도형: AC

이 내담자는 5가지 심적 에너지 중에 AC 기능이 가장 활성화되어 있다. AC 기능이 5등급으로 타인과 관계에서 타협하며 원만하게 대인관계를 이끈다.

2) 심적 에너지 총량

심적 에너지 총량이 162(소)로 나타남으로 대인관계에서나 환경에 소극적 · 의존적인 성향이 높은 것으로 나타났다.

3) 한국 연령·성별 CK-EGO그램 규준 등급

CP (26): 6-7등급, 사회적 관습이나 의리, 책임감, 원칙 등을 경시하는 경향이 있다. 무절제하고 주관이 없으며 소극적이어서 생활에서 질서가 없다는 말을 듣는다.

NP (27): 8-9등급, 타인이나 상황에 대해 배려함이나 친절이 부족할 때가 많아 냉담하다. 무관심하고 따뜻함이 없어 인간관계에서 갈등의 소지가 많다.

A (24): 6-7등급, 현실을 무시하고 즉흥적이며 논리성이 부족하다. 합리적이거나 이성적이지 못하다. 즉흥적으로 행동하기 때문에 타인에게 신뢰받기 어렵다.

FC (29): 6-7등급, 자유로이 자신의 감정을 표현하지 못하여 위축되어 있으며 자신감이 부족하다. 타인과의 접촉을 피하며 차분하여 생기가 없어 보인다.

AC (32): 5등급, 타인의 의견을 존중하고 자기통제를 잘하며 적응적이다. 타인과의 관계에 있어서 타협과 협동으로 대인관계를 원만하게 이끌려고 노력하는 태도가 보인다.

4) 역기능적 자아상태 구조

내담자는 10대 남자 청소년으로 역기능적 자아상태 구조는 없다.
- ⑫ 자아구조 상태는 53점으로 52~75의 범위에 속한다.
- Ⓐ 자아구조 상태는 48점으로 47~71의 범위에 속한다.
- ⓒ 자아구조 상태는 61점으로 52~79의 범위에 속한다.

5) 역기능적 자아상태 기능

NP(8-9등급) 결핍형이며, 다른 사람에게 별로 관심이 없어 담백해 보이나 냉정하고 인정이 없다.

4. CK-OK그램 해석

1) CK-OK그램의 순기능과 역기능

- U−(30) 〉 U+(28): 타인부정
- I+(29) 〈 I−(30): 자기부정

결과적으로 자타부정의 역기능을 보이고 있다.

2) U와 I의 심적 에너지 편향성

'U(58) 〈 I(59)'로 심적 에너지가 I쪽으로 편향되어 타인보다는 자신에게 심적 에너지를 쓰므로 타인보다는 자신에 대해 더 관심과 의식을 한다고 볼 수 있다.

3) 한국 연령 · 성별 CK-OK그램 규준 등급

U− 30(5등급), U+ 28(8-9등급), I+ 29(6-7등급), I− 30(5등급)

U−는 자기 성별 연령대에서 한국 규준의 평균에 속하고, U+는 자기 성별 연령대에서 매우 낮게 나타났다. 이러한 성향은 타인에 대한 긍정성이 매우 낮다는 것을 의미한다.

자신에 대한 긍정성은 낮고 자신에 대한 부정성은 자기 성별 연령대에서 한국 규준의 평균에 속한다.

4) 자아존중감과 타인존중감

U+28(8-9등급) 〈 U−30(5등급), I+29(6-7등급) 〈 I−30(5등급)

자아존중감은 I+가 5등급 이상이면서 I+ 절댓값이 I− 절댓값 보다 높아야 자아존중감이 높다고 볼 수 있다. I+가 6-7 등급이고 I− 5등급이나, I+ 절댓값이 29이고 I− 절댓값이 30점이므로 자아존중감이 낮다.

타인존중감은 U+가 5등급 이상이면서 U+ 절댓값이 U− 절댓값보다 높아야 타인존중감이 높다고 할 수 있다. U-가 5등급이고 U+ 8-9 등급이나, U- 절댓값이 30이고 U+ 절댓값이 28점이므로 타인존중감이 매우 낮다.

이와 같은 결과로 보았을 때 내담자는 자신의 생각이나 감정에 대한 이해와 자아존 중감이 낮고, 또 타인에 대한 입장에서 이해하고 존중하는 마음이 낮아 생활 속에서 갈 등이 잦고 스스로 결정을 못하여 어려움을 겪고 있다.

5) CK-OK그램(커렐로그램) 영역

IV 60 〉 III 59 〉 II 58 〉 I 57

기본적인 태도의 머무는 영역은 IV영역이 가장 크게 나타났다. 이는 내담자가 IV 영 역에 주로 머무르고 있음을 나타낸다. 이것은 내담자가 자타부정 태도를 보이며 분열 적, 불신, 포기, 부조화, 삶의 의미 상실을 연출하는 인생태도를 보이는 경향이 있다.

내담자의 IV영역의 모습 (자기부정, 타인부정): 내담자는 삶에 의욕이 없고 사람을 불신하 는 경향이 있다. 그로 인해 진로 결정, 장래 공부에 대한 동기부여가 약하며 목적이 없 어서 쉽게 공부를 포기하는 태도를 보인다.

내담자의 III영역의 모습 (자기긍정, 타인부정): 내담자는 하고 싶은 것을 해야 한다는 생각 이 있지만 그에 비해 부모님은 내담자에 대한 관심만 있고 내담자를 믿거나 존중하지 않는다는 생각을 한다.

내담자의 II영역의 모습(타인긍정, 자기부정): 부모님의 말씀을 인정하면서 자신은 할 수 없다고 말하며 자신에 대한 실망을 이야기한다. 주도적이지 못한 행동, 뭔가 시도하다 가 그만두는 행동으로 좌절을 느낀다.

내담자의 I영역의 모습(자기긍정, 타인긍정): 자신이 관심을 갖는 영역과 어릴 적 좋은 피 드백을 받은 내용에 대해 긍정적으로 느낀다.

5. CK-EGO그램과 CK-OK그램 상관관계

1) CK-EGO그램과 CK-OK그램 상관관계(3점 차 이상의 경우)

(1) 자아상태 기능
CP(26): 6-7등급, NP(27): 8-9등급, A(24): 6-7등급, FC(29): 6-7등급, AC(32): 5급

(2) 인생태도
U- 30(5등급), U+ 28(8-9등급), I+ 29(6-7등급), I- 32(5등급)

CP〈U- (4점 차이): 통제하는 마음이나 비판적 태도를 의식적으로 억제한다. 주로 타인에 대해 통제하거나 비판을 두려워하는 희생자적인 역할을 수행하는 편이다.

6. CKEO그램 검사결과에 따른 성장 방안

1) 자아상태 기능 활성화 방안

기능 촉진방안	상태	현재 상태	활성화 방안
NP	자타에게 더 관대(보호, 배려, 봉사, 따뜻함)하게 한다.	• 부모의 대화를 들으려 하지 않고 비난하는 말에 자신의 감정만 앞세우고 상대방의 입장을 고려하지 않는다. • 자신의 이야기를 자세히 말하지 않아서 부모와 대화가 진행되지 않는다. • 자신의 관심분야에 대한 표현을 하지 않고 계획적인 삶이 부족하다. • 회피단어(몰라요, 생각이 안 나요, 침묵, 그냥)를 사용하고 수동적인 행동만 한다.	• 상보교류로 부모와 하루 중 대화시간 정하기 • 바쁘신 부모님에게 부드러운 말투의 전화로 안부를 묻고 문자도 보내기 • 부모와 대화 시 감정을 공감하고 친근감 있게 듣기 • 부모님의 헌신에 감사하며 배려 있는 실천 행동을 찾아 도와드리기 • 부모님에게 자신의 학교생활이나 동생과 있었던 이야기로 솔직한 감정 나누기 • 진로탐색 검사로 전문가 도움받아 계획적인 작은 실천을 하고 도움

		받기 • 진로탐색으로 부모의 지원을 받고 감사함 전하기 • 회피단어 사용을 줄이고 자기표현에 적극적인 행동하기

2) 기본적인 인생태도 개선 방안

태도 영역	현재 삶의 태도		개선해야 할 방안
II 영역	• 내담자 아버지의 비난에 무기력감을 느낀다. • 학습부분에서 성적 하락에 대한 걱정만 하고 있다. • 동생과 자신을 비교하며 자기비하를 한다.	I 영역	• 자신의 생각과 기분을 솔직하게 표현한다. • 하루에 자신의 장점을 두 개씩 적는다.
III 영역	• 자신의 노력을 부모님께서 믿어 주지 않는다고 생각을 한다. • 부모님의 호의나 관심을 의심한다.	I 영역	• 상대의 말에 공감하는 태도를 갖는다. • 타인의 장점을 찾는다. • 긍정적인 스트로크를 주고받는다.
IV 영역	• 모든 결과가 안 될 것이라고 생각을 한다. • 매사에 쉽게 포기를 한다.	I 영역	• 이룰 수 있는 것을 작은 것이라도 실천한다. • 진로목표를 세우기 위한 전문가의 도움을 받는다 • 장·단기 목표를 세운다.

7. 상담자의 총평

본 상담은 CKEO그램 검사를 포함하여 교류분석 모델로 10회기를 진행한 사례이다. 내담자는 수동 공격적 행동으로 자기표현이 어려운 경향이 있어 부모와 대화가 제대로 이루어지지 않았으며 일상생활에서도 대입진로 등의 문제에서 갈등을 겪고 있었다. 이에 부모코칭과 동시에 내담자가 자신의 모습을 자각할 수 있는 상담을 병행하였다.

내담자는 CKEO그램 검사를 통해 전반적인 심적 에너지가 적은 무기력한 자신의 모습을 발견하였으며, 이후 변화하기 위해 직접 구체적인 활성화 방안을 세우는 모습을 보였다. 현재 내담자는 인생태도를 긍정적으로 개선하기 위한 구체적 방안을 찾으면서 자신감을 얻었다. 그리고 대학진로 고민에 있어서도 스스로 고민하고 결정하려 하는 적극적인 모습을 보였다.

부모코칭에서는 부모가 어려움을 겪고 있는 자녀와의 대화에서 문제가 되는 가정 내에서의 패턴화된 교류방식을 건강한 인정자극교환으로 변화할 수 있도록 하는 것에 초점을 맞추었다.

내담자의 행동계획 세우기를 통해 긍정적 스트로크를 경험하도록 하였고 부모코칭을 통해 대화패턴에 변화를 주어 부모자녀 간의 친밀감이 향상될 수 있도록 하였다.

내담자는 부모님과 관계가 개선됨에 따라 유능성 그리고 스스로 조절하고 통제하는 자율성을 얻게 되었으며 진로의사결정에 자기 의견을 표현하고 실천할 수 있게 되었다.

CKEO그램에 의한 개인 사례분석
주제: 외상 후 생활부적응 여성의 적응

상담자: 조은숙

1. 내담자 기본정보

내담자: 수선화 / 성별: 여성 / 연령: 24세 / 학력: 대1 중퇴

1) 의뢰경위 및 주 호소문제

* 의뢰경위: 늘 우울하고 무기력한 모습으로 생활하여 언니가 상담을 의뢰하였다.
* 주 호소문제: "사람들과 잘 지내고 싶어요."

고등학교를 졸업하고 전문대학에 잠깐 다닌 후 바깥 활동을 한 지가 3년이 넘었어요. 이제는 밖을 나가기가 무섭고 사람들 만나는 게 두려워요. 다른 사람처럼 친구들과 어울리면서 평범하게 살고 싶은데 그게 안 돼요. 앞으로 무엇을 해야 할지 모르겠어요. 세상은 재미없고 사는 게 무의미해요.

2) 행동관찰

마른 체형에 긴 생머리, 화장기 없는 민낯, 핏기 없는 얼굴에 긴장한 듯 불안한 모습으로 언니와 상담실을 내방하였고 회기가 지나면서 조금씩 상담사의 표정, 움직임, 관심사 등에 반응했다. 내담자는 상담사의 이야기에 귀를 기울이는 모습을 보였고 자신의 이야기를 언제나 가지고 왔으며 그 이야기를 들어 주는 상담사에게 호의적이었다. 상담사가 내담자의 표정이나 행동, 주요 관심사에 대해 언급하면 그것을 궁금해했고, 검사에 대한 호기심이 많아 과제를 주면 꼭 해 오려고 노력하였다. 약속한 것을 지키지 못하면 상담실을 오는 것에 부담을 느낄 정도로 긴장하는 경향이 있다.

3) 내담자의 자원

자신을 알고자 하는 욕구가 있고, 사회와 소통하고자 한다. 그리고 내담자를 믿어 주는 가족이 있다.

4) 가계도

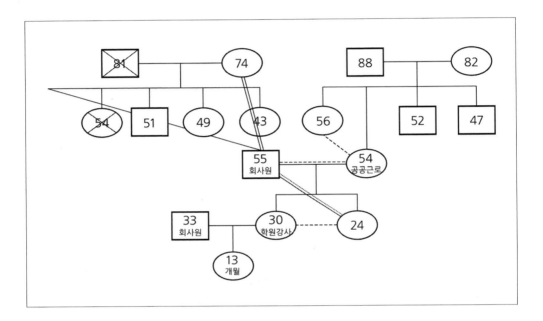

- 부(58세, 회사원, 고졸): 회사원, 말이 없고 조용한 편이며 자신이 하는 일에 충실하다. 평소 가족과 대화가 거의 없고 교회에서 장로 직분으로 활동하였다.
- 모(54세, 회사원, 고졸): 회사원, 내담자가 6세가 되면서 일을 시작하였고 지금까지 일을 조금씩 하고 있다. 딸에게 수용적이나 바쁜 생활에 가족이 함께하는 시간이 적다.
- 언니(30세, 주부, 대졸): 고 2 때 학교 담임선생님과 다투고 자퇴, 검정고시로 고등학교를 졸업하고, 모 대학 피아노 전공하였다. 피아노 학원 강사 생활을 하다 2년 전 결혼하였다. 돌이 갓 지난 딸을 키우고 주말에는 피아노 과외를 하였고, 인상이 서글서글하고 활발한 성격이다.

2. 내담자 검사 결과

〈CK-EGO그램〉

상태＼기능	CP	NP	A	FC	AC
자아상태 기능점수	28	23	30	31	33
자아상태 규준등급	5등급	8-9등급	5등급	6-7등급	5등급
자아상태 구조점수	51		60		64

구조 편향형: ©
기능 주도형: AC
심적 에너지 총량: 175(중)

〈CK-OK그램〉

상태＼태도	U-	U+	I+	I-
인생태도 점수	38	40	36	35
한국규준등급	1-2등급	3-4등급	3-4등급	3-4등급
심적 에너지의 편향	78		71	
기본적 인생태도	U- 〉U+		I+ 〉I-	
인생태도 영역 표시	I 76 〉 II 75 〉 III 74 〉 IV 73			
자타존중감	타인존중감 높음		자아존중감 높음	

〈CKEO그램 체크리스트〉

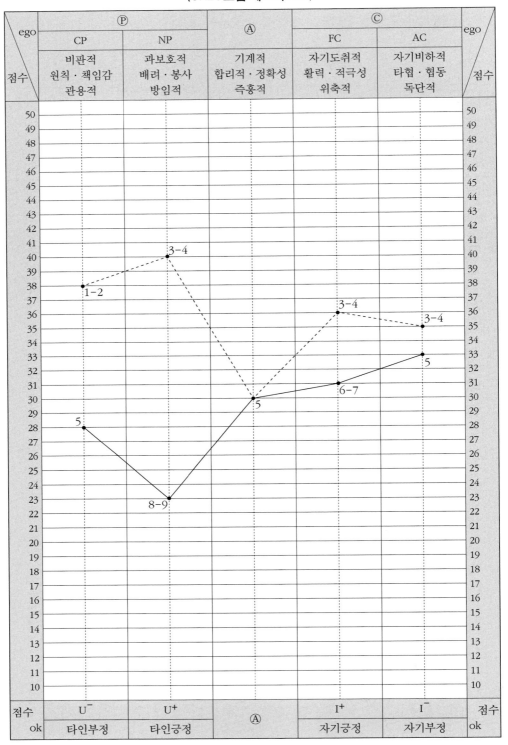

〈OK그램(기본적인 인생태도 분석도) 체크리스트〉

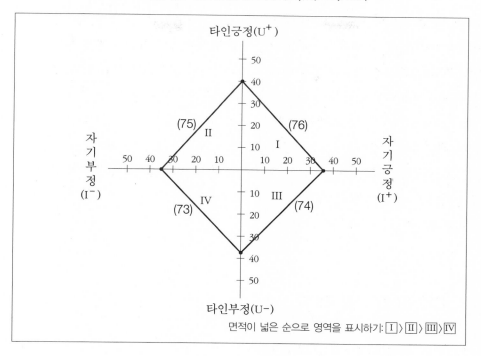

면적이 넓은 순으로 영역을 표시하기: Ⅰ 〉 Ⅱ 〉 Ⅲ 〉 Ⅳ

〈OK그램 기본 해석표〉

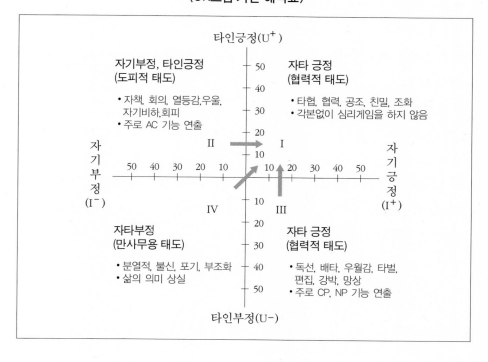

※ 사회적 수준(CK-EGO그램 자아상태 기능)

CP 5등급, NP 8-9등급, A 5등급, FC 6-7등급, AC 5등급으로 이상적이고 양심적이며 정의감이 있다. 합리적이고 객관적인 정보에 의해 이성적으로 공과 사를 구분하고 현실 판단을 하나 타인이나 상황에 대해 배려함이나 친절이 부족할 때가 많아 냉담하다. 무관심하고 따뜻함이 없어 인간관계에 갈등의 소지가 많다.

※ 심리적 수준(CK-OK그램 인생태도)

본 내담자의 인생태도 분석에 의하면 'I 76 〉 II 75 〉 III 74 〉 IV 73' 순이다. 내담자가 주로 머무는영역은 I 영역(자기긍정, 타인긍정의 협력적 태도)이나 각 영역별 점수 차이가 거의 나지 않아 심적으로 자기부정, 타인부정의 모습도 자주 사용하여 자기비하적이고 회피적인 인생태도를 취한다.

3. CK-EGO그램 해석

1) 구조 편향형과 기능 주도형

• 구조 편향형: ⓒ
• 기능 주도형: AC

내적인 성향은 본능적이다. 외적 성향은 사회적으로 자기비하적이고 타협과 협동의 모습을 보인다.

2) 심적 에너지 총량

심적 에너지 총량이 175 (중)로 일상생활에서 드러난 행동에 따르면 무기력하고 대인관계에서나 환경에 적응하는 태도가 소극적이나 자신의 존재감을 드러내고 싶어 하는 모습과 소통하고 싶어 하는 모습을 볼 수 있다.

3) 한국 연령 · 성별 CK-EGO그램 규준 등급

CP(28): 5등급, 이상적이고 양심적이며 정의감이 있다. 인간으로서 도리와 사회질서, 전통, 규범 등 원칙이나 책임감을 중요시한다. 어릴 적에 본 사춘기 언니의 반항적인 모습을 도덕적인 잣대로 평가하였고 자라면서 친구들의 어긋나고 비행적인 부적절한 행동을 평가하였으며, 친구들을 이해하지 못하고 외면하였다.

NP(23): 8-9등급, 어릴 적 체력이 약해 부모의 과보호 속에서 언니와는 다른 대우를 받으며 자랐다. 부모의 과잉보호와 내담자의 약한 체력은 학교에서 단체 기합과 같은 힘든 상황에서 열외의 혜택을 받는 상황을 만들었고, 이것은 다른 친구들에게 시기와 질투의 대상이 되었다. 무조건적인 보살핌은 스스로 뭔가를 해야 하는 필요성을 못 느끼게 만들었으며, 소소한 일상에서 할 수 있는 경험들에 방해가 되어 자립을 해치고 의존적인 모습으로 전락하였다. 또한 타인을 챙기거나 배려하는 상황의 부재는 타인의 입장에 대한 이해나 수용을 부족하게 했다.

A(30): 5등급, 합리적이고 객관적인 정보에 의해 이성적으로 공과 사를 구분하고 현실 판단을 한다. 이는 명확하고 계획적이어서 인간미가 없어 보인다. 낮은 NP 수준에서 A는 올바른 기능을 하기보다 다른 사람의 생각과 행동을 평가하는 부분에 과하게 발현되어 A가 과하게 표현된 것으로 보인다.

FC(31): 6~7등급, 어릴 적 모습은 꽤 활발했고, 적극적이었다. 그러나 초등학교 5학년 때 교실에서 친구들과 선생님 앞에서 크게 당황해 게임을 망친 후 무대공포증이 생기기 시작했고, 중 · 고등학교 시절 대인관계의 어려움으로 따돌림을 여러 번 당하면서 자신의 감정을 자유롭게 표현하지 못하고 위축되었으며 자신감이 부족해졌다. 이는 점점 타인과의 접촉을 피하게 했고 내담자는 우울한 성향을 갖게 되었다.

AC(33): 5등급, 따돌림과 대인관계의 어려움으로 자신의 AC 기능이 표면에 제대로 드러나지 않았다. 또한, 자신을 보호하고 위험에 방어하기 위한 것이 다소 고집이 세고 독단적인 모습으로 표출되어 대인관계에서 왜곡된 AC가 세워지는 경험을 하였다.

4) 역기능적 자아상태 구조

내담자는 20대 여성으로 역기능적 자아상태 구조는 아니지만, 건강한 자아상태 구조라고 보기는 어렵다.

- ⓟ 자아상태 구조는 51점으로 8-9등급, 38~57의 범위에 속한다.
- Ⓐ 자아상태 구조는 60점으로 5등급, 58~60의 범위에 속한다.
- ⓒ 자아상태 구조는 64점으로 5등급, 59~66의 범위에 속한다.

5) 역기능적 자아상태 기능

NP(8-9등급) 결핍형으로 다른 사람에게 별로 관심이 없어 담백하게 보이나 냉정하고 인정이 없다. 어릴 적 잦은 질병과 허약한 체질로 모의 과잉보호를 받고 자랐다. 말이 적고 감정 표현이 거의 없는 아버지와 사춘기 때 많은 문제를 일으키는 언니의 모습을 본 내담자는 자신이 학교생활의 어려움이 있어도 부모에게 말하지 못하고 혼자서 버티며 지냈다. 그러나 도덕적 잣대만으로 사람과 세상을 평가하며 성장했고, 그런 모습은 타인의 상황에 대한 배려가 드러나지 않아 냉정한 모습으로 비춰지고 따뜻함을 표현하는 것에 대한 어려움은 대인관계에 갈등의 소지가 되었다. 주위 사람들에게 관심을 가지려는 노력과 따뜻한 마음으로 서로 나누며 배려하고 봉사하는 태도가 필요하다.

4. CK-OK그램 해석

1) CK-OK그램의 순기능과 역기능

- U+(40) 〉 U-(38): 타인에 대한 태도에서 순기능을 보이고 있다.
- I+(36) 〉 I-(35): 자신에 대한 태도에서 순기능을 보이고 있다.

결과적으로 자타긍정으로 협력적 태도를 보인다.

2) U와 I의 심적 에너지 편향성

'U(78) 〉 I(71)'이므로 심적 에너지가 U쪽으로 편향되어 있어, 현재는 자신보다는 타인에게 더 많은 심적 에너지를 쓴다.

3) 한국 연령 · 성별 CK-OK그램 규준 등급

U- 38(1-2등급), U+ 40(3-4등급), I+ 36(3-4등급), I- 35(3-4등급)

U+, I+의 경우 한국규준등급이 5등급 이상으로 내담자는 건강한 상태이다. 내담자는 한국규준등급에서 타인부정은 매우 높은 수준, 타인긍정은 높은 수준이며 자기긍정과 자기부정이 높은 수준이다.

어릴 적 트라우마에 사로잡혀 친구와 좋은 관계를 맺으려 하기보다는 자신을 소외당한 모습으로 변화시켰고, 현재 타인을 믿지 못하고 인터넷 채팅으로 알게 된 친구들이 블로그나 페이스북에서 대화에 참여하지 않으면 소외 당하는 느낌을 받는다. 사람에 대한 집착, 주관적 우울감이 높고 자살시도 경험이 있다. 내담자는 어릴 적 과잉보호와 부모의 비일관적인 양육방식, 학교에서의 상처가 세상에 대한 두려움을 야기하고 사회적인 역할이 상실된 상태에 있으나 심리적으로는 타인에 대한 관심, 자신에 대한 관심이 높고 세상에 나아가고 싶은 욕구와 소통에 대한 욕구가 존재한다고 볼 수 있다.

4) 자아존중감과 타인존중감

U+ 40(3-4등급) 〉 U- 38(1-2등급) 〉 I+ 36(3-4등급) 〉 I- 35(3-4등급)

내담자는 타인긍정과 자기긍정이 타인부정과 자기부정보다 절댓값이 높아 타인긍정과 자기긍정으로 해석할 수 있다. 세상에 대한 관심, 타인과 자신에 대한 관심은 자신과 타인에 대한 긍정성으로 나타났다. 자기긍정은 스스로에 대해 자신이 있고, 자신의 사고방식이나 느낌을 아주 소중하게 여기는 마음상태이다. 타인긍정은 상대방을 신뢰하고, 인격이나 능력을 유연하게 인정할 줄 아는 마음상태로 내담자가 타인과 자신을 존중하는 심리적 기저를 내포하고 있다고 볼 수 있다.

5) CK-OK그램(커렐로그램) 영역

I 76 〉 II 75 〉 III 74 〉 IV 73

OK그램 체크리스트를 통해 기본적인 인생태도를 분석해 보면 내담자는 자기긍정, 타인긍정의 영역인 협력적 태도를 취하는 자타긍정성의 I영역이 가장 크게 나타났다.

Ⅰ영역: 사람들과 함께 하고자 하는 마음이 생겨나고 무엇을 선택하든 자신을 믿고 따라와 주는 부모가 있어 새삼 고마운 마음이 들고 좋다. 글을 쓰면서 주인공을 내가 생각하는 모습으로 만들 수 있어 글쓰기에 매력을 느낀다.

Ⅱ영역: 글을 쓰지만 대중의 댓글에 집착한다. 댓글이 없으면 존재감이 사라짐을 느끼고 인터넷 채팅자의 평가에 연연하고 있어 오롯이 내가 좋아하는 글을 쓰지 못하고 있다. 초등학교 시절 수업시간에 한 쟁반노래방 게임에서 크게 수치심을 느꼈고 이후 다른 사람의 평가가 두려워지고 발표공포증이 생겨나면서 위축되고 자신감도 많이 떨어졌다. 세상이 싫고 우울하고 평범하게 살 자신이 없다.

Ⅲ영역: 허약하다는 이유로 부모의 과잉보호를 받고 자란 나는 학교와 친구들에게도 관심과 사랑을 받고자하는 욕구가 강하고 부모와 선생님에게 편애 받는 것을 당연시 여긴다. 친구들의 비행적인 행동을 보면 한심하다는 생각이 들고 나와 다른 생각을 가진 사람들을 이해하기 어렵다.

Ⅳ영역: 긴 시간 친구들과 좋은 관계를 이루지 못하고, 가족과도 점점 소원해지면서 사회와 단절하고 세상과 조화롭지 못한 생활을 한다. 다른 사람을 믿지 못하고 세상과 소통도 안 된다. 지금은 세상을 멀리하게 되고 사회에 나가는 게 두렵다. 나는 점점 사회에서 잊혀 혼자 남게 되는데, 혼자인 내가 싫다. 평범하게 살고 싶지 않았지만 이제는 평범하게 사는 것이 얼마나 어려운지 알 것 같다. 사는 의미가 없고 살고 싶지 않아 자살을 생각하고 시도한 적도 두 번 있다.

5. CK-EGO그램과 CK-OK그램 상관관계

1) CK-EGO그램과 CK-OK그램 상관관계

CP ⟨ U-: 비판을 의식적으로 억제한다(10점 차).
NP ⟨ U+: 타인의 좋은 점을 잘 표현하지 못한다(17점 차).
FC ⟨ I+: 자신이 있지만 솔직하게 나타내지 않는다(5점 차).

타인의 단점과 장점을 잘 파악하나 사회적 역할로 인해 타인에 대한 비판과 평가를 외부로 표현하지 못하고 의식적으로 억제하고 있으며 타인의 좋은 점에 대해서도 잘 표현하지 못한다. 또한 타인을 지나치게 의식하여 자신을 솔직하게 드러내지 못하는 경향이 있다.

6. CKEO그램 검사결과에 따른 성장 방안

1) 자아상태 기능 활성화 방안

상태 기능촉진방안		현재 상태	활성화 방안
NP	온정적이고 관용적이어서 상대방과 따뜻한 만남의 교류를 가진다.	• 이제는 누군가를 보살펴 줘야 하는 나이임에도 불구하고 계속 보호받고자 한다.	• 자신의 방 스스로 청소하기 • 파피무어 강아지를 목욕시키고 함께 산책하기 • 24세인 자신을 위해 아르바이트를 하면서 용돈 벌기 • 언니가 바쁠 때 조카를 보살피기
		• 가족과 대화할 때 자기주장을 일방적으로 내세운다.	• 가족의 이야기를 들을 때 생각이 달라도 "그렇구나."라고 공감하고 타인의 이야기를 경청하기 • 부모님의 생각을 존중하기
		• 다른 사람을 배려하지 못한다.	• 다른 사람의 입장을 이해하기 • 가족을 위해 식사준비와 청소하기 • 일주일에 한 번 엄마 어깨 마사지해 드리기 • 전화로 감사의 마음을 전하기 • 사랑하는 사람에게 먼저 다가가는 연습하기

2) 기본적인 인생태도 개선 방안

태도 영역	현재 삶의 태도		개선해야 할 방안
II 영역	• 인터넷에서 자신의 블로그에 올라온 댓글에 집착하고 댓글이 없으면 하루 종일 불안하다. • 자신을 자책하고 비하하며 열등감에 사로잡힌 채 사회와 격리되어 우울한 삶을 산다.	I 영역	• 다른 사람들이 원하는 글을 쓰기보다 자신이 쓰고 싶은 글을 쓰면서 자신의 글에 만족감과 성취감을 경험하기 • 온라인 만남에 연연하지 않고 오프라인에서 짧은 만남이라도 가져 보기

Ⅲ영역	자신의 생각만이 옳다고 여기고, 다른 사람의 생각은 잘못 되었다고 비판한다.	Ⅰ영역	• 언니의 좋은 점을 발견하고 칭찬하기 • 다른 사람의 생각도 소중하고 의미 있게 여겨야 하는 이유에 대해 생각하기
Ⅳ영역	나만 불행하고 세상은 재미없고 무의미하다. 무엇을 해야 할지 모르겠고 더 이상 희망이 없다. 세상이 두렵다.	Ⅰ영역	• 자신이 쓰고 싶은 글과 진로를 연계할 수 있는 대학을 찾아 공부하기 • 작은 것부터 세상에 나아가는 경험 갖기(서점에서 책 보기, 마트에서 물건 사기, 강아지 산책시키기, 가족과 외식하기, 은행에서 돈 찾기 등). • 아르바이트를 통해 세상과 소통하는 경험 쌓기

7. 상담자의 총평

　내담자의 어릴 적 모습은 꽤 활발하고 적극적이었다. 초등학교 시절 좋아하는 선생님께 잘 보이고 싶었던 마음과는 달리 수업시간에 했던 게임놀이에서 선생님과 친구들에게 큰 상처를 받게 되면서 타인에 대한 부정적 감정과 심리적 불안감이 생겼고 이후 위축된 모습으로 학교생활을 하면서 점점 혼자만의 시간을 보내게 되었다. 친구와의 관계는 점점 멀어지고 대화상대도 없어졌다. 이는 학교생활의 어려움으로 다가왔고 사회공포증을 유발시켰다. 결국, 학교라는 공간에서 벗어나고 싶은 욕구가 두 번이나 대학교를 자퇴하도록 하였다. 이로 인해 내담자는 진로가 막히면서 일상생활과 사회생활에 적응하지 못하였고 무기력한 상태로 외부와 소통이 단절된 삶을 선택하게 되었다. 초등학교시절부터 성인이 되기까지 사람에게서 받은 상처는 오프라인에서 사람과 관계 맺는 것을 두려워하도록 만들었고 이는 온라인에서 관계 맺는 것에 과도하게 집착하는 현상을 낳았다. 또한 사랑을 받으려고만 할 뿐, 사랑을 어떻게 주고 나누는지에 대한 이해가 부족했고, 수용하는 부분에 서툴러 대인관계가 단절되었다. 25회기 상담을 진행하면서 CKEO그램을 통해 어릴 적 선생님과 친구들에게 받은 상처가 상당히 왜곡된 경험임을 알게 되었고, 왜곡된 상처는 스스로를 피해자 각본으로 살아가도록 하였다. 자신의 왜곡된 사고와 가치 기준으로 매사 타인을 의심했고, 이로 인해 심한 불안과 주관적 우울감이 생겼다. 또한 정서적 소외, 대인기피, 사회기피로 인해 결국 사회적 외톨이가 되어 있는 자신을 보게 되었다. 또한 내담자의 NP 심적 에너지 상태의 결핍은 타인과의 교류에서 생기는 어려움을 이해하는 데 많은 도움이 되었고, 자신의 의사소통 방식에서의 차이점을 발견하는 시간이 되었다. 상담으로 내담자는 자기를 이해하고 수용하여 자기통찰의 기회를 가질 수 있었으며 대인관계 능력을 향상시켜, 현재는 자신이 하고 싶었던 대학생활에 잘 적응하였고 아르바이트를 하며 자신의 미래를 찾아 열심히 도전하며 살고 있다.

CKEO그램에 의한 개인 사례분석
주제: 게임 과몰입 재수생의 조절능력 향상

상담자: 조은숙

1. 내담자 기본정보

내담자: 주인공 / 성별: 남성 / 연령: 20세 / 학력: 대1 중퇴

1) 의뢰경위 및 주 호소문제

* 의뢰경위: 밤낮으로 게임하는 아들로 인해 갈등을 겪고 있는 아버지가 상담자가 소속되어 있는 인터넷중독대응센터에 아들 상담을 의뢰하였다.

* 주 호소문제: "게임은 적당하게 하면서 공부도 열심히 해 대학에 가고 싶어요."
　체대에 가고 싶었는데 가지 못하게 된 후부터 게임만 하게 돼요. 머릿속은 온통 게임 생각뿐이에요. 게임하는 시간을 조절할 수 있다면 공부에도 도움이 될 거고 대학을 가서 친구들도 많이 만나고 싶어요.

2) 행동관찰

　초기 면접 시 옷차림은 깔끔하였으나 얼굴은 면도를 하지 않아 초췌해 보였고 춥지 않은 날씨에도 추운 듯 주머니에 손을 넣고 있었는데 손이 허전하여 주머니 있는 겉옷을 자주 입는 편이라고 했다. 하루 중 학원을 가는 2시간 이외에는 7~10시간 동안 게임을 한다고 했다. 대화 중 상담사의 시선을 피하고 다른 곳을 응시하였으나 질문에 성실히 대답하였다.

3) 내담자의 자원

부모님의 적극적인 상담 참여 의지가 있다. 게임으로 인해 대인관계 형성에 어려움
이 있음을 인식하고 있으며 변화하고자 하는 의지가 있다.

진로에 대한 고민을 갖고 있다.

4) 가계도

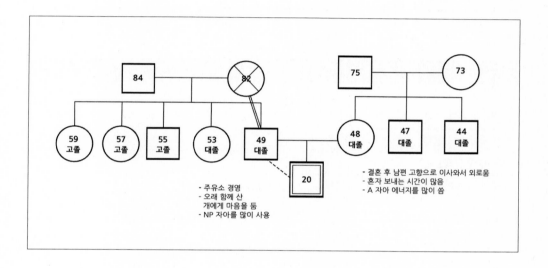

- 주유소 경영
- 오래 함께 산
  개에게 마음을 둠
- NP 자아를 많이 사용

- 결혼 후 남편 고향으로 이사와서 외로움
- 혼자 보내는 시간이 많음
- A 자아 에너지를 많이 씀

2. 내담자 검사 결과

〈CK-EGO그램〉

상태＼기능	CP	NP	A	FC	AC
자아상태 기능점수	34	36	30	34	38
자아상태 규준등급	3-4등급	5등급	6-7등급	5등급	3-4등급
자아상태 구조점수	70		60		72

구조 편향형: ⓒ
기능 주도형: AC
심적 에너지 총량: 202(중)

〈CK-OK그램〉

상태＼태도	U-	U+	I+	I-
인생태도 점수	36	32	25	30
한국규준등급	1-2등급	6-7등급	8-9등급	3-4등급
심적에너지의 편향	68		55	
기본적 인생태도	U- 〈 U+		I+ 〈 I-	
인생태도 영역 표시	IV 66 〉 II 62 〉 III 61 〉 I 57			
자타존중감	타인존중감 낮음		자아존중감 낮음	

〈CKEO그램 체크리스트〉

ego	ⓟ		ⓐ	ⓒ		ego
	CP	NP	A	FC	AC	
점수	비판적 원칙·책임감 관용적	과보호적 배려·봉사 방임적	기계적 합리적·정확성 즉흥적	자기도취적 활력·적극성 위축적	자기비하적 타협·협동 독단적	점수

| 점수
ok | U⁻
타인부정 | U⁺
타인긍정 | Ⓐ | I⁺
자기긍정 | I⁻
자기부정 | 점수
ok |

〈OK그램(기본적인 인생태도 분석도) 체크리스트〉

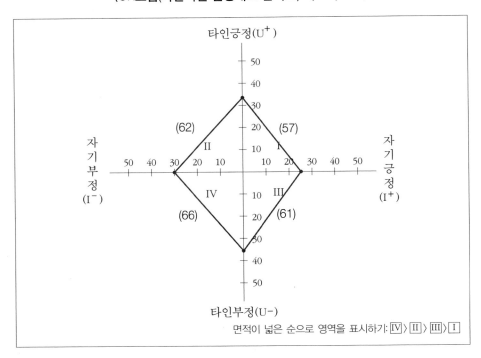

면적이 넓은 순으로 영역을 표시하기: Ⅳ 〉 Ⅱ 〉 Ⅲ 〉 Ⅰ

〈OK그램 기본 해석표〉

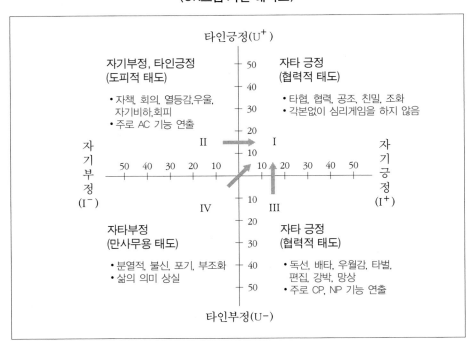

※ 사회적 수준(CK-EGO그램 자아상태 기능)

CP 3-4등급, NP 5등급, A 6-7등급, FC 5등급, AC 3-4등급으로 융통성이 부족하고 완고한 경향이 있으며 자기 탓과 남 탓을 잘하고, 현실을 무시하고 즉흥적이며 논리성이 부족하다. 타인에 대해서 과민하게 반응하며 자신의 감정을 억압하는 경향이 있다. 또한 자신의 가치와 욕구 사이에서 욕구에 치우쳐 조절능력이 떨어져 현실을 외면하려는 경향이 있다. 그러나 타인의 입장을 배려하고 도움을 주고 보호하려는 따뜻한 마음이 있다. 이러한 모습 안에는 타인에게 인정받고 싶은 욕구가 강하게 있는 반면, 자존감이 약하고 위축되어 있음을 알 수 있다.

※ 심리적 수준(CK-OK그램 인생태도)

본 내담자의 인생태도 분석에 의하면 'IV 66 〉 II 62 〉 III 61 〉 I 57' 순이다. 내담자가 주로 머무는 영역은 IV영역(자기부정, 타인부정의 만사무용 태도)으로 분열적, 불신, 포기, 부조화, 삶의 의미 상실의 태도를 취하는 경우가 많으며 타인을 기본적으로 신뢰하지 못한다. 자신의 능력이나 감정에 자신이 없고 비판적으로 받아들이는 마음의 상태와 열등감을 가지고 있다.

3. CK-EGO그램 해석

1) 구조 편향형과 기능 주도형

• 구조 편향형: C
• 기능 주도형: AC

내적으로 본능적 판단에 충실하고자 하며, 외적으로는 자기비하적이고 타협하고 협동하고자 한다.

2) 심적 에너지 총량

심적 에너지 총량이 202(중)으로, 대인관계나 환경에 적응하려는 에너지가 적절한 편이다.

3) 한국 연령 · 성별 CK-EGO그램 규준 등급

CP(34): 3-4등급, 융통성이 부족하고 완고하여 타인의 행동 등에 대해 판단하고 비판하는 경향이 있다. 내담자는 게임 레벨을 올리기 위해 혈안이 되어 있는 상황에서 함께 게임하는 팀원이 게임을 잘 못하게 되면 자신의 게임 레벨을 떨어뜨린다고 비판한다. 또한 게임레벨을 올리는데 걸림돌이 된다고 생각하면서도 게임을 잘못하는 팀원을 책임져야 한다는 생각을 하고 있으며 자신만이 게임 레벨을 올릴 수 있다는 권위의식으로 게임에 집착하게 된다.

NP(36): 5등급, 타인의 입장을 배려하며 도움을 주고 보호하려는 따뜻한 마음이 크다. 사회에 대해 온정적인 자세로, 타인을 잘 수용하며 봉사정신 또한 있다. 매번 상담이 끝날 때마다 상담사의 신발을 신발장에서 꺼내 주는 모습에서 타인을 배려하고 도와주고자 하는 내담자의 따뜻한 마음을 엿볼 수 있다.

A(30): 6-7등급, 현실을 무시하고 즉흥적으로 행동하기 때문에 타인에게 신뢰받기 어렵다. 혼자서하는 게임이 아니다 보니 팀원이 못하거나 하다가 중간에 나가면 레벨을 올릴 수 없다는 것을 알면서도 게임레벨을 올리기 위해 게임을 계속 붙잡고 손에서 놓지 못하는 행동을 볼 수 있다.

FC(34): 5등급, 적극적이며 창조적이고 자유분방하여 호기심이 왕성하다. 매사에 활력이 있어 감정표현을 잘 하고 천진난만하다. 자신의 감정을 잘 표현하고 자신이 좋아하는 것은 적극적으로 한다. 축구를 좋아해서 동네 운동장에 초등학교 아이들을 데리고 축구를 하는 모습에서 유추할 수 있다.

AC(38): 3-4등급, 타인에 대해서 과민하게 반응하며 자신의 감정을 억압하는 경향이 있다. 또한 열등감이 있고 자기비하, 자기혐오를 할 때가 많다. 학교에서 친구에게 싫은 소리를 하지 못하고 온라인 게임에서 팀원의 부탁에 거절하지 못하여 레벨을 잃는 손해를 자주 본다. 그럴 때마다 내담자는 자신의 능력을 탓하고, 아무것도 못하는 사람으로 자기를 비하하는 모습을 볼 수 있다.

4) 역기능적 자아상태 구조

내담자는 20대 초반의 남성으로, 역기능적 자아상태 구조는 아니지만, 건강한 자아상태 구조라고 보기는 어렵다.

- Ⓟ 자아상태 구조는 70점으로 3-4등급, 65~71의 범위에 속한다.
- Ⓐ 자아상태 구조는 60점으로 6-7등급, 52~62의 범위에 속한다.
- Ⓟ 자아상태 구조는 72점으로 3-4등급, 67~74의 범위에 속한다.

5) 역기능적 자아상태 기능

역기능적인 자아상태 기능에는 해당되지 않으나, 내담자는 '사람은 완전해야 한다.'는 기준을 갖고 있다. 지방대를 다니거나 게임도 못하는 사람을 무능력한 존재로 여기는 경향이 있다. 이것은 3-4등급인 CP의 역기능적인 모습을 담고 있는 것으로 여겨진다. 친구를 지나치게 의식하고 친구의 말 한마디에 깊은 상처를 받아, 반복해서 게임에 의존하는 모습, 그런 자신을 또 비하하고 후회를 계속하는 모습은 3-4등급의 AC가 역기능적으로 나타났다고 여겨진다. 더불어 현재 중요한 것이 무엇인지, 우선순위를 어디에 두어야 할지 모르면서 시간을 무계획적으로 허비하는 모습은 조금 낮은 6-7등급인 A 모습이라고 볼 수 있다.

4. CK-OK그램 해석

1) CK-OK그램의 순기능과 역기능

- U+(32) 〈 U-(36): 타인에 대한 태도는 역기능을 보이고 있다.
- I+(25) 〈 I-(30): 자신에 대한 태도는 역기능을 보이고 있다.
결과적으로 자타 부정으로 만사무용의 태도를 보인다.

2) U와 I의 심적 에너지 편향성

'U(68) 〉 I(55)'이므로 심적 에너지가 U쪽으로 편향되어 있어, 자신보다는 타인에게 더 많은 심적 에너지를 가지고 있다. 내담자가 축구와 게임을 잘하고 싶은 이유는 '다른 사람에게 잘한다는 소리를듣고 싶다.'라고 말하는 부분에서 타인 위주의 삶을 살고 있고, 타인에게 인정받고 싶은 욕구가 강하다고 해석되어진다.

3) 한국 연령 · 성별 CK-OK그램 규준 등급

U- 36(1-2등급), U+ 32(6-7등급), I+ 25(8-9등급), I- 30(3-4등급)

U+, I+의 경우 한국등급이 5등급 이상이면 건강한 상태이나, 내담자는 한국규준등급에서 타인긍정은 낮은 수준, 타인부정은 매우 높은 수준이며, 자기긍정은 매우 낮은 수준, 자기부정은 높은 수준으로 보이고 있어 불건강한 상태로 해석할 수 있다.

임신 7개월에 1.89kg의 미숙아로 태어나 어렸을 때부터 병치레를 많이 했다. 초등 시절 키도 작고 체력이 아주 약했다. 중학교 시절에는 여드름이 많이 나서 피부가 진료를 받았다. 그런 자신의 외모에 대한 약점을 건드리는 친구들로부터 타인에 대한 부정적 감정을 느꼈고, 그 약점이 오랫동안 자신의 콤플렉스가 되어 자기긍정성이 최하위수준으로 나타난 것으로 보인다.

4) 자아존중감과 타인존중감

U- 36(1-2등급) 〉 U+ 32(6-7등급), I+ 25(8-9등급) 〈 I- 30(3-4등급)

내담자는 U+의 등급이 6-7등급으로 타인존중감이 낮다. 뿐만 아니라 자아존중감 I+도 8-9등급으로 아주 낮은 상태를 보이고 있다.

이는 자기열등감이 크고 긍정적 스트로크를 받지 못하고 부정적 스트로크를 계속 받은 상황에서 자 · 타 낮은 자아존중감의 인생태도를 형성하였으리라 짐작한다.

5) CK-OK그램(커렐로그램) 영역

IV 66 〉 II 62 〉 III 61 〉 I 57

기본적인 태도의 경향성에 머무는 영역은 IV영역이 가장 크게 나타났다. 이는 주로 내담자가 IV영역에 주로 머무르고 있음을 나타낸다. 이것은 내담자가 자기부정, 타인부정의 태도를 보이며, 삶의 의미를 상실한 삶의 포기와 현실의 부조화에 의한 분열적인 인생태도를 드러내는 것으로 볼 수 있다.

IV 영역: 축구를 잘한다는 말을 듣고 체대를 지원하고 싶었으나 이후 기초체력이 여학생보다도 못하는 것 같다는 말을 듣고 크게 좌절하였다. 친구들에게 게임을 잘 한다는 소리를 듣고 싶어 학교도 가지 않고 게임에 몰두했으나 그것마저 기대에 미치지 못했다. 이것은 내담자를 슬프게 했고 이제는 새로운 것에 도전할 자신감을 잃게 만들었다. 무언가를 새로이 할 자신이 없으며 희망도 없어 아무것도 하고 싶지 않다.

Ⅱ영역: 특별하게 잘 하는 것이 없고, 축구나 게임을 못한다는 반복되는 부정적 피드백으로 공부에 대한 자신감도 없는 상태이고, 열심히 해도 안 될 것 같다는 생각이 들어 최선을 다하지 못한다. 쓸모없는 존재라는 자기비하적 태도가 강하게 드러나게 된다.

Ⅲ영역: 게임으로 레벨을 올리면 친구들이 자신을 인정해 줄 것이라는 생각이 강하다. 게임에서 누군가 도와 달라고 하면 무시하지 않고 잘 도와주는 모습이 보인다. 나는 잘 도와준다. 손을 내민 사람을 게임 못한다고 팀에서 뺄 수는 없다. 내가 많은 시간을 게임에 투자하면 그만큼의 성과를 낼 것이라는 기대로 게임에 임한다. 하다 보면 레벨이 언젠가는 올라갈 것이다. 그래서 더 많은 시간 게임을 해야 한다. 공부는 할 수 있으나 공부보다는 게임으로 인정받고 싶고 공부는 중요하지 않다.

Ⅰ영역: 친구들과 어울리는 것을 회피하지 않고 좋아한다. 아이들에게 축구를 가르쳐 주고 함께 뛰어놀고 신나게 축구를 하고 나면 뭔가 힘이 생기고 마음이 흐뭇하다. 학교 운동장에서 놀고 있는 아이들을 데리고 축구를 하면 아이들이 나를 잘 따르고 즐거워한다. 나는 아이들과 함께 뛰어놀고 싶다.

5. CK-EGO그램과 CK-OK그램 상관관계

1) CK-EGO그램과 CK-OK그램 상관관계

NP 〉 U+: 역할상 정답고 친절한 행동을 취하고 있다(4점 차).

FC 〉 I+: 허세를 부리는 타입이고 생각보다 표현을 잘하는 경향이 있다(19점 차).

AC 〉 I-: 자신을 내세우지 않고 상대와 더불어 어울리고 있는 경향, 기본적인 태도보다 더 상대에게 맞추려고 한다(8점 차).

생각보다 다정다감하고 호기심이 왕성하며 표현력이 풍부하나(FC 〉 I+), 자신을 내세우기보다 상대와 어울리고 맞추려는 경향이 있다(AC 〉 I-). 역할상 정답고 친절한 행동을 취할 때가 많고 자신의 역할 때문에 타인을 질책하는 언동은 하지 못하나(NP 〉 U+), 마음으로는 타인을 부정적으로 보고 있다(U- 〉 U+).

6. CKEO그램 검사결과에 따른 성장 방안

1) 자아상태 기능 활성화 방안

기능 촉진방안 \ 상태		현재 상태	활성화 방안
A	현실 지향적 태도(합리적, 이성적, 정확성, 객관적)를 더 취한다.	• 온라인 게임에서 자기조절이 안 된다.	• 매일 인터넷 사용일지 기록하고 평가하기 • 게임을 하되 즐기면서 할 수 있는 방법과 최소 시간 정하기 • 일일계획표를 주단위로 작성하여 실천하기
		• 사이버 모임에 집착한다.	• 오프라인에서 할 수 있는 동아리 모임 활동하기 • 가족과 함께 시간 보내기 • 매일 강아지 호삐와 산책하기
		• 인정받고 싶은 욕구를 잘못 해석하여 좋지 않은 결과를 초래한다.	• 하루 공부 양을 시간대로 나누어 계획하고 실천한 것에 대해 자신을 칭찬해 주기 • 친구는 게임 속이 아닌 오프라인에서 만나기
		• 해 볼 만한 가치가 있는 것에도 도전하지 못한다.	• 시간을 투자한 만큼 성적이 올라간 과목에 자신감을 갖고 성취경험 이어 가기 • 사람마다 갖고 있는 잠재능력을 이해하고, 자신이 잘 할 수 있는 것에 집중하기 • 자신이 하고 싶은 일과 중요한 일에 우선 순위 정하기

2) 기본적인 인생태도 개선 방안

영역 \ 태도	현재 삶의 태도		개선해야 할 방안
II영역	• '조금만 하면 성적은 올라갈 것이다.'라는 비합리적인 자만이 자신을 오히려 해치는 상황이다. 팀 대항 게임에서 팀원 선택에 대한 신중한 고려보다 팀원이 못한 것을 자신이 만회할 거라는 비합리적인 신념으로 올바르지 못한 선택을 하고, 이를	I영역	• 자신이 할 수 있는 것과 없는 것을 분명히 하여 자신이 할 수 있는 것에 집중하기

II 영역	통해 타인에게 자신의 능력을 보여주고자 하는 욕구가 크다.		
III영역	• 타인에게 받는 부정적 스트로크로 진정한 자기가 없다.	I 영역	• 열등감을 극복할 수 있는 대체 방안으로 자기암시와 자신이 잘 할 수 있는 것에 자신감과 확신을 갖고 도전하기
IV영역	• 많은 시간과 노력을 투자해 게임을 하지만 뒤늦게 한 사람보다 레벨을 올리지 못한 자괴감과 허망함에 빠져 있다. 그런 것을 알면서도 계속 집착하는 자신의 인생은 점점 더 나빠지고 있다고 생각한다.	I 영역	• 추리소설을 좋아하고 관심 있었던 것을 살려 상담 관련 전공을 하여 범죄심리학 프로파일러에 도전하기

7. 상담자의 총평

이 사례 내담자는 상담을 통해 자신의 진로를 찾았고 무엇을 해야 하는지(입시준비)에 대해 통찰할 수 있었다. 내담자 주인공은 초등학교 때부터 친구들과의 관계에서 생기는 어색함이나 불편함으로 자신의 생각이나 감정을 표현하기보다 스스로를 억제하고 감정도 억압하면서 자기를 비하하고 열등감에 빠졌다. 그러면서 혼자 있는 시간이 많아졌다. 그럴 때마다 게임을 하게 되고 게임하는 시간이 길어지면서 학교에서 친구들과 어울리기 더 어려워졌다. 이런 생활은 게임의 의존성을 높이고 갈등상황이 생기면 게임으로 도피하게 만들었다. 상담을 통해 내담자는 AC 심적 에너지 상태에 머물러 있는 자신을 알게 되었고 인터넷 중독의 위험성을 깨닫게 되었다. 내담자에게 게임이 아닌 현실에 부합하는 바람직한 방향으로 나아가기 위해 A 심적 에너지를 활성화하여 스스로의 행동을 조절하는 능력을 키우도록 했다. 일상생활에서 하고 싶은 일과 중요한 일의 우선순위를 정하고, 작은 것부터 실천하여 성취감을 경험하도록 하였다. 대인관계 향상을 위한 역할훈련을 통해 자신의 존재에 대한 긍정성을 높일 수 있도록 하였다. 상담사는 CKEO그램을 통해 상담의 목표와 방향을 명확하게 설정할 수 있었고 좀 더 자신감을 갖고 내담자를 지지하고 촉진하는 데 많은 도움이 되었다.

CKEO그램에 의한 개인사례 분석
주제:관계개선을 원하는 직장인

상담자: 주민경

1. 내담자 기본정보

내담자: 심오한 / 성별: 남 / 연령: 27 / 학력: 대졸

1) 의뢰경위 및 주 호소문제

* 의뢰경위: 내담자는 실버타운 주임으로 2년차이며 독단적 성격으로 업무능력이 떨어져 동료들로부터 따돌림을 당하고 있다. 그로인해 이직을 고민 하다 상담에 참여하게 되었다.

* 주 호소문제: 동료들과 좋은 관계를 유지하고 싶다.
잦은 실수로 인해 자신을 쓸모없고 한심한 사람이라고 생각한다. 열심히 업무를 하려고 하나 정확하게 업무처리를 못해서 상사들로부터 잦은 질책을 받고 있으며, 정해진 규칙을 지키는 것과 주어진 시간 안에 정확하게 업무를 해결하는 것이 너무 어려워 이직을 하고 싶다며 호소하였다.

2) 행동관찰

중간 정도의 키에 마른 체구로 얼굴은 까무잡잡하며 담배를 즐겨 피운다. 늘 슬리퍼를 신고 다니며 타인과의 대화 시에 눈을 바로 보지 못하고 말끝을 흐린다. 크게 웃지 못하고 비웃듯이 웃으며 허공을 자주 본다. 혼잣말을 많이 한다.

3) 내담자의 자원

내담자는 사람들과의 관계를 개선하려는 의지를 가지고 있으며, 힘든 업무도 솔선해서 하려고 한다. 그러므로 자신을 이해하려는 심리검사에 관심을 많이 보이고 있다. 책과 영화를 보는 것으로 여가를 즐기며, 취미생활로 암벽타기를 좋아한다.

4) 가계도

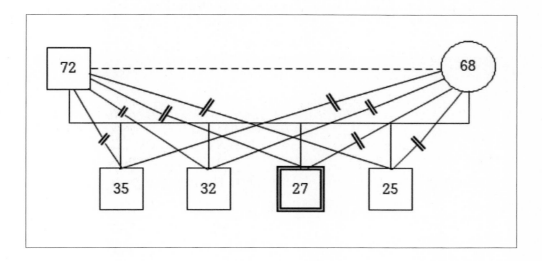

부(72세, 초졸): 알코올 중독 문제가 있으며, 한평생 직업을 가진 적이 없다. 자녀들과 서로 왕래를 하지 않는다.

모(68세, 초졸): 남편이 알콜중독이며 직업이 없어 가사노동과 시장에서 장사를 병행하며 자녀를 돌보아 왔다.

2. 내담자 검사 결과

〈CK-EGO그램〉

상태＼기능	CP	NP	A	FC	AC	
자아상태 기능점수	21	37	33	45	31	구조 편향형: ⓒ
자아상태 규준등급	8-9등급	3-4등급	5등급	1-2등급	5등급	기능 주도형: FC
자아상태 구조점수	58		66		76	심적 에너지 총량: 200(중)

〈CK-OK그램〉

상태＼태도	U-	U+	I+	I-
인생태도 점수	17	39	49	18
한국규준등급	8-9등급	3-4등급	1-2등급	8-9등급
심적 에너지의 편향	57		67	
기본적 인생태도	U- 〈 U+		I+ 〈 I-	
인생태도 영역 표시	I 88 〉 III 66 〉 II 57 〉 IV35			
자타존중감	타인존중감 높음		자아존중감 높음	

〈CKEO그램 체크리스트〉

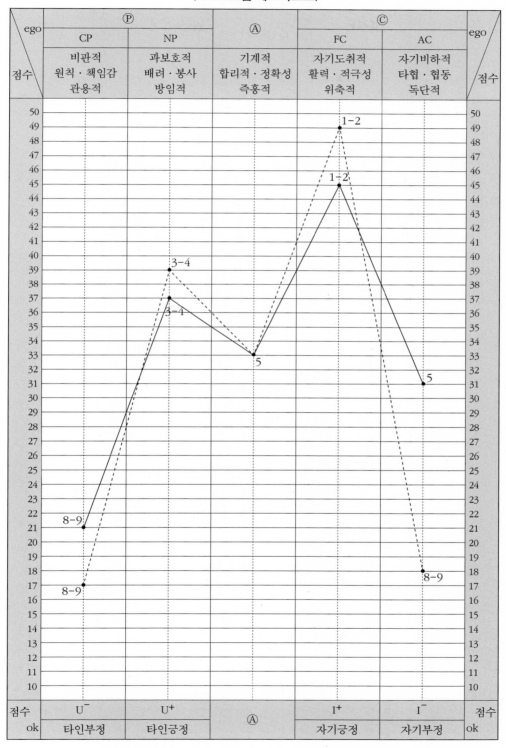

〈OK그램(기본적인 인생태도 분석도) 체크리스트〉

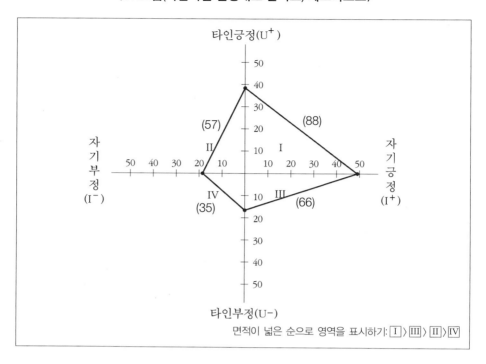

〈OK그램 기본 해석표〉

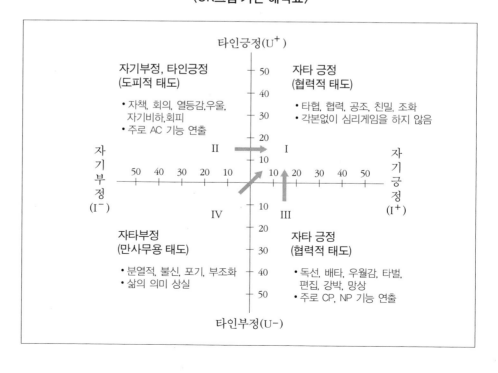

※ 사회적 수준(CK-EGO그램 자아상태 기능) 상호관계

내담자의 자아상태 기능은 FC 우위형으로 자아도취적이고, 자기중심적이어서 경솔한 행동이나 실수를 하기 쉽다. 분위기에 따라 충동적이어서 자기 절제가 잘 안 되는 경향이 있다. CP결핍으로 사회의 관습이나 책임감, 원칙 등을 경시하는 경향이 있다. 무절제하고 주관이 없으며 소극적이어서 생활에 질서가 없다는 말을 듣는다.

※ 심리적 수준(CK-OK그램 인생태도) 상호관계

내담자의 인생태도 분석에 의하면 'I 88 〉 III 66 〉 II 57 〉 IV 35'순이다. 내담자가 주로 머무는 영역은 I 영역(자기긍정, 타인긍정)으로 협력적 태도를 취한다. 각본 없이 심리게임을 하지 않는 경향을 보인다.

3. CK-EGO그램 해석

1) 구조 편향형과 기능 주도형

• 구조 편향형: ⓒ
• 기능 주도형: FC

내담자는 내적으로는 본능적, 직관적 성향이 강하며 외적인 성향은 자기도취적이고 활력 있고 자신감이 있는 경향을 보여 주고 있다. 합리적이고 객관적이다.

사무실에서의 업무와 관련된 문제에 사적인 감정이 개입되지 않도록 노력하며, 융통성 있는 거짓말을 인정하지 못해 손해 보는 경우도 있다고 한다.

2) 심적 에너지 총량

심적 에너지 총량은 200(중)에 해당한다.
대인관계에서나 환경에 적응하는 태도가 적극적이다.

3) 한국 연령 · 성별 CK-EGO그램 규준 등급

CP(21): 8-9등급, 사회의 관습이나 의리, 책임감, 원칙 등을 경시하는 경향이 있다.

무절제하고 주관이 없으며 소극적이어서 생활에 질서가 없다는 말을 많이 듣는다. 성격은 좋은데 눈치도 없고 융통성이 없어 보인다는 말을 가끔 듣는다. 끈기 있는 몰입도가 부족하고 우유부단함과 모호성이 있다

NP(37): 3-4등급으로 명랑하고 낙관적이며 남을 잘 챙긴다. 타인의 입장을 배려하며 도움을 주고 보호하려는 따뜻한 마음이 크다. 사회에는 온정적이고 봉사정신이 있어 수용적이다. 대인관계에 있어서도 말을 잘 들어 주고 피해를 주지 않으려고 하는 모습이 있으며, 타인과의 관계에서는 부탁하는 일에 대해 크게 어렵지 않은 경우 대부분 수용적인 모습을 보인다.

A(33): 5등급으로 합리적이고 객관적인 정보에 의해 이성적으로 공과 사를 구분하고 현실을 판단한다. 명확하고 계획적이어서 인간관계에 부딪힘이 많다. 신속하거나 매사에 계획적이고 이성적이지는 않으나 공과 사를 구분하여 처리하고자 하는 노력을 많이 하고 있다.

FC(45): 1-2등급으로 자아도취적이고 자기중심적이어서 경솔한 행동이나 실수를 하기 쉽다. 활력 있고 적극적이기 때문에 분위기에 따라 충동적이어서 자기절제를 못하는 경향이 있다. 그래서 고집스러운 것처럼 보이고 타협을 할 줄 모르는 사람으로 보인다. 인정을 받지 못하면 독단적이고 타협을 할 줄 모르는 사람이 되고 스트레스 상황에서는 불평불만이 많아진다.

AC(31): 5등급으로 기본적 태도는 독단적이다. 그렇지만 타인의 의견을 존중하고 자기통제를 잘하며 적응적이다. 타인과 관계에 있어서 타협과 협동으로 대인관계를 원만하게 이끈다. 스트레스 상황에서는 남의 눈치를 많이 보며, 자신에 대해 소극적인 표현을 하기도 한다. 주변 사람들에게 싫은 말과 행동을 하지 않고 과격하게 행동하지 않는다. 타인의 의견을 존중하는 태도를 보인다.

4) 역기능적 자아상태 구조: 없음

내담자는 20대 후반의 남성으로 역기증적 자아상태는 아니다.

- ⓟ 자아 상태구조는 58점으로 6-7등급, 54~61 범위에 속한다.
- ⓐ 자아 상태구조는 66점으로 5등급, 64~66 범위에 속한다.
- ⓒ 자아 상태구조는 76점으로 3-4등급, 71~80 범위에 속한다.

5) 역기능적 자아상태 기능

이 내담자는 CP(8-9등급) 결핍형, FC(1-2등급) 과잉형이다. 먼저, CP 결핍형으로 가치 판단력, 규칙, 책임감이 상당히 결여되어 있고 감정표현이 부족하다. 어떤 상황에서는 태도가 불분명하고 관용적이며 무절제하다. 낮은 CP 기능으로 직장에서 업무를 제시간에 처리하지 못하고 시간을 어김으로 인해 상사의 지적을 많이 받곤 한다. 분명한 자신의 태도와 엄격한 원칙을 지키려는 자세가 필요하다. 그리고 FC 과잉형으로 감정적이고 즉흥적이며 타인을 배려하지 않고 자기도취적인 성향이 강하며 남의 주의를 끌고 싶어 한다. 상황에 따라서 일관성이 없이 자기 생각대로 행동하기 때문에 타인으로부터 신뢰받지 못할 때가 있다. 어떤 상황이든 스스로 통제하고 객관적이며 공정한 태도를 갖는 것이 필요하다.

어릴 적 성장환경에서 엄격하고 권위적일 뿐만 아니라 알코올 중독을 가지고 있고 폭력적이었던 아버지와의 관계가 좋지 않은 집안 환경으로 인해 CP가 낮은 것으로 보이며 약속을 잘 지키지 못하지만 지키려고 노력을 많이 하는 편이다.

4. CK-OK그램 해석

1) CK-OK그램의 순기능과 역기능

U+(39) 〉 U-(17): 타인에 대한 태도는 순기능을 보이고 있다.
I+(49) 〉 I-(18): 자신에 대한 태도도 순기능을 보이고 있다.
결과적으로 자신과 타인에 대해서도 높은 존중의 태도를 가지고 있음을 시사한다.

2) U와 I의 심적 에너지 편향성

'U(56) 〈 I(67)'이므로 심적 에너지가 I쪽으로 편향되어 있어, 타인보다는 자신에게 더 많은 심적 에너지를 쓰며, 타인보다는 자신에 대해 더 많은 관심과 인식을 한다고 볼 수 있다.

3) 한국 연령 · 성별 CK-OK그램 규준 등급

U- 17(8-9등급), U+ 39 (3-4등급), I+ 49 (1-2등급), I- 18 (8-9등급)

U+와 I+의 경우 건강한 상태는 5등급 이상이므로 내담자는 건강한 상태이고 I-와 U-는 등급이 낮을수록 건강한 상태이므로 이내담자의 인생태도는 바람직한 상태임을 알 수 있다.

4) 자아존중감과 타인존중감

U+ 39 〉 U- 17, I+ 49 〉 I- 18

내담자는 U+ 전국등급이 5등급 이상이면서 U+의 절댓값이 U-값보다 높아 타인존중감이 높은 것으로 해석할 수 있으며, I+ 전국등급이 5등급 이상이고 I+ 절댓값이 I-값보다 높아 자아존중감은 높은 것으로 해석할 수 있다

그러므로 자아존중감 및 타인존중감이 높은 것으로 해석할 수 있다.

5) CK-OK그램(커렐로그램) 영역

I 88 〉 III 66 〉 II 57 〉 IV 35

기본적인 태도의 경향성에 머무는 영역은 I영역이 가장 크게 나타나, 이는 내담자가 I영역에 머무르고 있음을 나타낸다. 즉, 내담자가 자기긍정 타인긍정의 태도를 보이고 있음을 알 수 있다.

5. CK-EGO그램과 CK-OK그램 상관관계

1) CK-EGO그램과 CK-OK그램 상관관계(3점 차 이상의 경우)

CP 〉 U-: 역할상 일부러 엄격하게 행동한다.

다른 사람의 잘못된 행동에 대해 굳이 지적하거나 갈등을 일으킬 필요는 없다는 생각을 한다. 그러나 인생태도보다는 좀 더 엄격하게 하려는 경향은 있다.

FC 〈 I+: 자기 자신을 잘 표현하지만 실제 상황에서는 자기 자신을 억제한다.

AC 〉 I-: 자신을 내세우지 않고 상대와 더불어 어울리고 있는 타입이다.

내담자는 사회적 수준과 심리적 수준의 차이가 거의 나지 않는다. 타인과의 관계에서 자기가 주목받지 못하면 자신감을 잃게 되고 무기력해지며 자신의 감정을 억제하는 것으로 보인다. 타인과의 관계에서는 타인에게 맞추어 주려고 하며 남의 눈치를 많이 보는 타입이다.

6. CKEO그램 검사결과에 따른 성장 방안

1) 자아상태 기능 활성화 방안

CP(8-9등급)를 활성화하여 자신에 대한 규칙적이고 책임감 있는 모습과 질서를 생활화하여 삶의 균형을 잡을 수 있도록 한다.

기능 촉진방안 \ 상태		현재 상태	활성화 방안
CP	자·타에게 더 엄격	• 규칙을 지키지 못했을 때 상사로부터 야단을 맞고 자책과 불평불만을 하게 되며 남의 탓으로 돌린다. • 약속시간을 잘 지키지 못한다.	• 책임 있는 행동하기 • 하루일과표를 작성하여 완성된 일 체크하기 • 결정한 일은 완수하기 • 약속시간을 휴대폰 알림서비스에 미리 설정해 놓기

		• 계획적인 생활이 어렵다.	• 아침에 일찍 일어나기(규칙적인 생활) • 목표를 세워서 운동을 열심히 하기 • 클라이밍(암벽)에 결석하지 않기

2) 기본적인 인생태도 개선 방안

태도 영역	현재 삶의 태도		개선해야 할 방안
II영역	• 도피적 태도는 주로 스트레스를 받는 상황이 오거나 어떤 일을 결정할 때, 자신이 없는 경우 열등감을 갖고 회피할 때가 있다.	I영역	• 자신의 표현을 확실하게 하고 대화와 타협을 위해 노력한다.
III영역	• 배타적 태도는 너무 자신감이 넘치므로 남을 불신하고 남에게 군림하려는 성향이 있다.	I영역	• 남을 존중하려는 태도를 갖고 깊이 있게 생각하고 행동한다.
IV영역	• 만사무용의 태도는 자신과 타인에게 확신을 갖지 못하고 무기력한 모습을 보인다.	I영역	• 자신도 타인도 모두 소중한 존재임을 인식한다. • 하루에 한 번씩 거울을 보며 자신을 칭찬한다. • 1주일에 한 번씩 가족들을 칭찬한다.

7. 상담자의 총평

　　내담자는 27세로 독단적 성격을 가지고 있어 직장의 동료들로부터 따돌림을 받아 어려움을 겪고 있는 사례이다. 내담자의 심적 에너지 총량은 중으로 활동량은 적지 않으나 특히 CP 결핍형으로 내담자는 주변 사람들과의 관계가 회복되기를 원하며 일에 있어 효율성을 추구하는 데 어려움을 가지고 있다. 다른 사람과의 관계회복을 위해서 책임감 있게 행동하는 것과 자기도취적 행동의 자제와 타인을 배려하는 마음을 갖는 것을 CKEO그램 검사를 통해 이해하게 되었다. 또 규칙을 지키지 않으면 다른 사람들이 힘들어지는 것을 알고 어떤 일을 하더라도 자신감을 가지고 꼼꼼하게 체크하여 타인에게 피해를 주지 않으려고 노력하며, 일일계획표를 만들어 하루의 일과를 체크하고 있다. 규칙을 잘 지키기 위해 계획표를 만들고 그것을 철저히 지키려고 노력하고 있으며, FC 과잉형으로 어떤 상황에서든 스스로를 통제해야 하는 것과 객관적이며 공정한 태도를 가져야 한다는 것을 알게 되는 계기가 되었다.

CKEO그램에 의한 개인 사례분석
주제: 있는 그대로 인정받고 싶은 오십구살 직장인
상담자: 한윤옥

1. 내담자 기본정보

내담자: 자유인 / 성별: 여 / 연령: 59세 / 학력: 대졸

1) 의뢰경위 및 주 호소문제

* 의뢰경위: 내담자는 유치원 부원장으로 근무하고 있는 여성으로, 직장에서 업무능력이 떨어지고, 자책으로 인해 삶의 의욕이 없어, 자신이 현재 어떤 상태인지 알고 싶어 스스로 상담에 참여하여 진행되었다.

* 주 호소문제: "잘하지 못해도 비난받고 싶지 않아요."
자주 실수를 하는 내가 너무 한심하고 싫어진다. 특히, 학부형의 전화를 받는 것이 두렵고 교사와 원장에게 실수한 것이 부끄럽다. 경제적인 이유로 직장을 다녀야 하는데, 실수했던 문제로 그만두게 될 것 같아 잠을 잘 수가 없다. 장시간 출퇴근을 하느라 피곤한데도, 도대체 신경이 쓰여서 잠을 잘 수가 없다.

2) 행동관찰

키는 작은 편이며, 머리는 짧은 커트형이다. 담백하고 검소한 옷차림으로, 주로 정장 옷에 음식(간식)이 많이 든 큰 가방을 메고 다닌다. 어투는 매우 확신에 찬 어투를 사용한다. 차분하게 대화하고, 신앙에 관계된 대화를 주로 하려고 한다. 이야기를 할 때 어깨를 움츠리고 가까이 접근하며, '여기 앉아도 될까요?'라고 말하는 것으로 보아 많이 위축되어 보인다. 조심스럽게 행동하며, 주변에 대하여 자주 살핀다. '저는 괜찮

아요. 여기 편한 대로 하세요.'라는 말을 자주한다.

3) 내담자의 자원

내담자는 많은 것을 배우려는 의지가 있고, 자신을 드러내는 것이 발전의 기회라고 생각한다. 검사도 흥미가 많아 적극적으로 참여한다. 주변의 형제자매들이 풍족하여 내담자의 여행경비 등이 필요한 경우, 경제적 지원이 가능하다. 직장의 근무시간이 탄력적이라 시간 사용이 용이하다.

4) 가계도

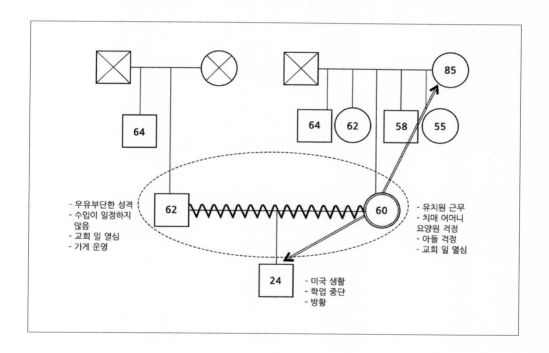

2. 내담자 검사 결과

〈CK-EGO그램〉

상태＼기능	CP	NP	A	FC	AC	
자아상태 기능점수	30	35	37	25	28	구조 편향형: Ⓐ
자아상태 규준등급	6-7등급	6-7등급	3-4등급	6-7등급	6-7등급	기능 주도형: A
자아상태 구조점수	65		74		53	심적 에너지 총량: 192(중)

〈CK-OK그램〉

상태＼태도	U-	U+	I+	I-
인생태도 점수	27	32	29	27
한국규준등급	6-7등급	6-7등급	8-9등급	5등급
심적 에너지의 편향	59		56	
기본적 인생태도	U- 〈 U+		I+ 〉 I-	
인생태도 영역 표시	I 61 〉 II 59 〉 III 56 〉 IV 54			
자타존중감	타인존중감 낮음		자아존중감 매우 낮음	

〈CKEO그램 체크리스트〉

ego 점수	ⓟ		Ⓐ	ⓒ		ego 점수
	CP	NP		FC	AC	
	비판적 원칙·책임감 관용적	과보호적 배려·봉사 방임적	기계적 합리적·정확성 즉흥적	자기도취적 활력·적극성 위축적	자기비하적 타협·협동 독단적	

점수	U⁻	U⁺	Ⓐ	I⁺	I⁻	점수
ok	타인부정	타인긍정		자기긍정	자기부정	ok

〈OK그램(기본적인 인생태도 분석도) 체크리스트〉

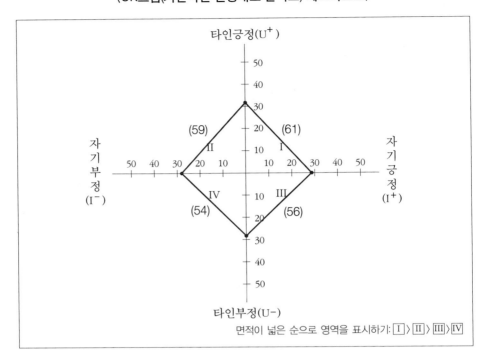

면적이 넓은 순으로 영역을 표시하기: Ⅰ 〉 Ⅱ 〉 Ⅲ 〉 Ⅳ

〈OK그램 기본 해석표〉

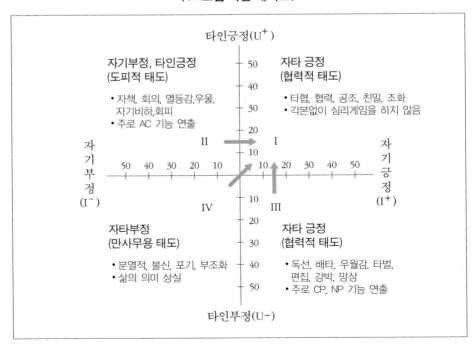

※ 사회적 수준(CK-EGO그램 자아상태 기능)

A(3-4등급) 기능 주도로 시간배분을 잘하고, 계획을 세워 생활한다. 철저하게 이해타산적이며, 객관적인 정보를 근거로 대화하고 업무를 추진한다. 가끔은 세상을 초월한 듯한 태도를 보여 준다.

※ 심리적 수준(CK-OK그램 인생태도)

본 내담자의 인생태도 분석에 의하면, 'I 61 〉 II 59 〉III 56 〉IV 54' 순이다. 내담자가 주로 머무는 영역은 I영역(자기긍정, 타인긍정의 협력적 태도)으로 각본 없이 심리게임을 하지 않으며, 타협, 협력, 공존, 친밀, 조화의 태도로 생활한다.

3. CK-EGO그램 해석

1) 구조 편향형과 기능 주도형

• 구조 편향형: Ⓐ
• 기능 주도형: A

내적인 성향은 현실적인 판단을 하려는 경향이 강하고, 외적 성향은 일에 있어서 계획적으로 행동한다. 정보를 저장하고 모으는 일에 시간을 많이 보내며, 많은 정보를 제공하고 인정받기를 기대한다.

2) 심적 에너지 총량

심적 에너지의 총량은 192(중)이다.

3) 한국 연령 · 성별 CK-EGO그램 규준 등급

CP(30): 6-7등급, 사회질서, 사회정의감에 대하여 이야기하기도 하지만, 관용적일 때가 많다. '그럴 수도 있지요.'라고 타인의 행동에 대해 너그러운 태도를 보이지만, 자신이 경험한 부분에 대해서는 쉽게 생각이 바뀌지 않는 완고함을 보인다.

NP(35): 6-7등급, 타인에게 도움을 주기보다는 스스로 해야 된다는 태도로 일을 분담하여 빠른 시간 안에 하도록 재촉하는 것으로 보아 타인을 배려하지 못하고 냉담할 때가 많다.

A(37): 3-4등급, 하루 일과가 계획적이고 시간을 배분하여 생활한다. 다른 주변의 상황이 바쁘더라도 자신의 퇴근시간을 지키는 편이다. 분담된 일을 위주로 끝내고 타인을 돌아보지 않는 것으로 보아 인간 중심보다는 업무 중심적이다.

FC(25): 6-7등급, 강한 모습을 보여 주려고 하는 편이다. '나는 괜찮아요' '난 아무렇지도 않아요.' 하는 문장을 자주 사용하여 감정을 잘 표현하지 않고 위축되어 있으며, 자신감이 부족하다. 침착하고 차분하여 생기가 없어 보일 때가 많다.

AC (28): 6-7등급, 협력하는 일보다는 혼자 일을 하려고 한다. 공동의 일을 하기보다는 자신의 업무를 혼자 조용히 하는 편이다. 업무를 나누는 것을 선택하며, 타협하는 것을 어려워하여 갈등의 소지가 있다.

4) 역기능적 자아상태 구조

내담자는 50대 후반 여성으로, 역기능적 자아상태 구조는 아니다.
- ⓟ 자아상태 구조는 65점으로 6-7등급, 58~66의 범위에 속한다.
- ⓐ 자아상태 구조는 74점으로 3-4등급, 74~80의 범위에 속한다.
- ⓒ 자아상태 구조는 53점으로 6-7등급, 51~60의 범위에 속한다.

5) 역기능적 자아상태 기능

CP, NP, A, FC, AC의 자아상태 기능이 8-9등급은 없으며, 역기능적 자아상태를 보이지는 않는다. 하루 일과를 입으로 되뇌이며 생활하며, 연수 및 자기계발 활동에 매우 적극적으로 참여한다. 알고 있는 것을 가르쳐 주고 싶어 하며, 많은 정보를 모으며 생활한다. 손해 분석을 통하여, 자신의 이익을 추구하며 생활한다. 남편과 자식 문제에 대하여 서로 타협하기 어려워하며, 자신의 즐거움을 위하기보다는 교회 일에 헌신해야 한다고 생각한다. 이는 A 자아를 주도적으로 활성화하여 생활하는 모습을 보이고 있다. 이성적이고 합리적이지 않을 때 어려워하며, 자신의 감정을 잘 드러내지 않고 생활한다.

4. CK-OK그램 해석

1) CK-OK그램의 순기능과 역기능

- U+ (32) 〉 U- (27): 타인긍정이 타인부정보다 크므로 순기능이다.
- I+ (29) 〉 I- (27): 자기긍정이 자기부정보다 크므로 순기능이다.

결과적으로 자기긍정, 타인긍정으로 나타난다.

2) U와 I의 심적 에너지 편향성

'U(59) 〉 I(56)'이므로 심적 에너지가 U쪽으로 편향되어 있어, 자신보다는 타인에게 많은 심적 에너지를 쓴다. 자신보다는 타인에 대해 민감하고 타인의 말과 행동에 많은 영향을 받을 수 있다.

3) 한국 연령·성별 CK-OK그램 규준 등급

U+ 32(6-7등급), U- 27(6-7등급), I+ 29(8-9등급), I- 27(5등급)

U+, I+의 경우 건강한 상태는 5등급 이상이어야 하나 내담자는 한국규준등급에서 타인부정과 타인긍정은 양호한 편이다. 자기부정은 낮은 수준이고, 자기긍정은 매우 낮은 수준이다. 낮은 자기긍정성은 실수를 반복하고 있는 자신에 대한 자책감과 주변에서 자신의 위치와 노년기에서 오는 불안감이 영향을 미친 것으로 보인다.

4) 자아존중감과 타인존중감

U+ 32(6-7등급) 〉 U- 27(6-7등급), I+ 29(8-9등급) 〉 I- 27(5등급)

U+, I+ 등급이 한국규준등급이 5등급 이상이면서, U+과 I+의 절댓값이 U-, I-의 절댓값보다 높을 때 자아존중감이 높다고 해석할 수 있으나, 내담자는 자아존중감과 타인존중감이 낮은 것으로 보인다.

내담자는 어릴 적 아버지에 대한 반감으로 시작된 것으로 강하게 행동하는 심리적 방어가 작용한 것으로 추측된다. 아버지에게 인정받지 못한 생활과 어릴 적 자신의 힘으로 어렵게 생활하고 학교를 다닌 경험이 자신과 타인에 대한 존중보다는 비난이 자리 잡은 것으로 보인다.

5) CK-OK그램(커렐로그램) 영역

Ⅰ 61 〉 Ⅱ 59 〉 Ⅲ 56 〉 Ⅳ 54

기본적인 태도의 경향성에 머무는 영역은 Ⅰ영역이 가장 크게 나타났다.

이는 내담자가 Ⅰ영역에 주로 머무르고 있음을 나타낸다. 하지만 그 영역과 다른 영역의 점수 차이가 크지 않아 긍정성이 높은 수준은 아니다.

Ⅰ영역: 자타긍정(협력적 태도)으로, 사람의 성향과 장점을 잘 파악한다. 또한 형제자매와 함께 잘 어울리며 어머님에게 매우 잘하는 딸이다. 그리고 전도를 잘 한다. 주변 사람들은 내담자가 재주가 뛰어나다고 생각한다.

Ⅱ영역: 자기부정, 타인긍정(도피적 태도)으로, 어릴 적 이야기는 하고 싶지 않다. 나는 부족한 것이 많은 사람인, 주변의 다른 사람들은 인기가 많은 것 같다.

Ⅲ영역: 자기긍정, 타인부정(배타적 태도)으로 문서가 잘못된 것은 내 잘못이 아니라 상대방이 잘 이해하지 못하는 것이다. 쓸데없는 절차를 거치는 행정절차는 대한민국이 잘못된 것이다. 전에 다른 곳에서 근무할 때는 이렇지 않았다. 전에 있던 곳에서 다시 일을 해 달라고 해서 고민 중이다.

Ⅳ영역: 자타부정(만사무용태도)으로 자신감이 없다. 나는 병이 들었다. 이제 아무것도 잘 못할 것 같다. 교회를 바꾸어야 될 것 같고, 남편은 형에게 피해만 입는다. 남편은 무능하다. 우리 가족은 너무 힘들다.

5. CK-EGO그램과 CK-OK그램 상관관계

1) CK-EGO그램과 CK-OK그램 상관관계(3점 차 이상의 경우)

CP 〉 U−: 심리적 수준보다 사회적 수준이 높은 것은 교사로서의 가치관 등이 작용했을 가능성이 보인다. 따라서 교사로서 가르치고 지시하며 규칙이나 사회정의, 질서에 대한 옳고 그름을 강조할 수 있으며, 특히 연령대(59세)로 보아 사회질서를 강조하는 시대적 상황에 노출된 것으로 보인다.

NP 〉 U+: 유아교육현장의 특성상 어린 유아를 보호하고 양육해야 하는 일이 사회적수준에 작용한 것으로 보인다.

FC 〈 I+: 좋고 싫음을 솔직하게 나타내지 않고 억제하여 생활한다. 특히 연령(59세)이 높은 본인은 무엇이든 알고 있어야 한다는 생각이 많고, 종교 생활로 인한 즐거운 생활보다는 검소하고 차분한 생활을 위주로 하였다. 놀기보다는 교육이나 연수를 해야 된다고 생각하며, 자신이 속한 직장 동료들이 함께 연수에 참여해 주기를 기대한다. 어릴 적부터 스스로 경제적 문제를 해결하며 학교를 다녀서인지, 강해야 한다는 심리적부담감이 작용한 것으로 보인다.

6. CKEO그램 검사결과에 따른 성장 방안

1) 자아상태 기능 활성화 방안

기능 촉진방안 상태		현재 상태	활성화 방안
FC	자신의 감정과 느낌을 솔직하게 표현하기	• 실수할까 두려워 조심스럽게 행동하고 활력이 떨어져 있다. 위축되고 소극적이게 된다.	• 실수는 할 수 있다고 생각하기 • 자책하지 않고 자신을 위로하기
		• 힘들다거나 모른다고 말하면 무능하다고 할 것 같다. 타인에게 강하고 완벽한 생활을 보여 주어야 할 것 같다.	• 자신에게 보상을 주는 시간을 갖기 • 잘 할 수 없는 일에 대하여 솔직하게 말하고 도움받기 • 노년기 삶에 대하여 이해하는 시간을 갖기(여행과 맛집 탐방, 친구 만나기)

2) 기본적인 인생태도 개선 방안

태도 영역	현재 삶의 태도		개선해야 할 방안
II영역	• 잘못을 지적받으면 '왜 여기서 근무하고 있는가?' 라는 질문을 던지며 자책하게 된다.	I영역	• 예전과 달라지는 업무방식을 다 알 수 없다는 것을 자연스럽게 인정하기 • 웹으로 처리해야 하는 업무방식에 잘 적응하지 못한다고 자책하지 않기
III영역	• 일은 나누어 분담하여 빠르게 처리하는 게 맞다. 따라서 힘들어도 자신의 일은 자신이 알아서 해야 한다. 주변 사람은 일을 잘 분담하지 못하고 헤매는 것 같을 때 짜증이 난다.	I영역	• 사람들의 업무처리 속도나 능력이 각기 다를 수 있음을 인정하기 • 업무 특성상(유치원) 혼자 할 수 없는 일이 있음을 이해하기
IV영역	• 아무도 없는 곳으로 가서 살고 싶다. 이제 나는 별로 쓸모가 없는 것 같다. 이런 나를 주변 사람들이 이해하지 못하는 것 같다.	I영역	• 자신의 힘든 점에 대하여 대화를 통하여 개선하기

7. 상담자의 총평

내담자는 경제적으로 남편과 아들에게 의지할 수 없고, 자신이 어느 정도 해결해야 하는 상황에서, 59세의 나이로 시대적으로 달라진 업무방식에 잘 적응하지 못하여 어려움을 겪고 자책을 하게 된 사례이다. A 자아기능 주도형으로 업무처리가 정확해야 하는데, 자신의 업무 방식으로 인정받았던 과거에 대한 집착으로 실수를 하게 되고, 그 실수로 피해를 입는 교사가 발생하는 것을 감당하기 어려워했다. 이러한 실수로 직장을 그만두게 될까 두려워 잠에 들지 못하는 날이 많았고, 자신이 치매에 걸려서 그럴 수밖에 없다는 생각으로 합리화하였다. FC가 활성화되지 못하여 위축되고 자기 감정을 솔직하게 표현하지 못하여 조직 내 관계를 원만히 이루지 못하는 어려움이 있었다.

CKEO그램 검사지와 상담을 통하여 자신에 대하여 이해하게 되었다. 특히, FC가 부족하여 자신의 상태를 솔직하게 표현하지 못하고, 위축되고 자책하는 삶의 태도를 가지고 있었다는 것을 알게 되었다. 따라서 개선방안으로 FC 기능을 촉진시켜, 자신의 감정과 느낌을 솔직하게 표현하기로 계획을 세웠다. 사람은 누구나 실수를 할 수 있다는 것을 인정하고 실수했을 때 솔직하게 도움을 요청하기로 했으며, 원장에게 가장 힘든 점인 장거리 출퇴근에 대해 솔직히 의논하여 시간을 조정하였다. 그 결과 시간의 여유를 갖게 되어 여행을 하기 시작하였고, 요양원에 계시는 어머님을 자주 보러 가는 등 시간을 종교와 직장에만 매달렸던 생활에서 벗어나고 있다. 특히, 시대에 따른 업무방식의 변화를 인정하고, 잘 할 수 있는 업무를 중심적으로 배려받아 주 호소문제인 "잘 하지 못해도 비난받고 싶지 않아요."를 해결하고 있는 중이다. 계속적으로 내담자가 자신을 존중하고 긍정적인 노년기 삶을 살아가기를 기대한다.

CKEO그램에 의한 개인 사례분석
주제: 자신에 대한 인식이 필요한 어린이집 교사

상담자: 한윤옥

1. 내담자 기본정보

내담자: 스텔라 / 성별: 여 / 연령: 47세 / 학력: 고졸

1) 의뢰경위 및 주 호소문제

* 의뢰경위: 내담자는 어린이집 교사로 영아반에서 근무하고 있다. 어린이들과 상호작용 하는 과정에서 매우 업무 중심적인 태도를 보이며, 공감을 형성하지 못해 원장의 권유로 상담에 응하게 되어 진행하였다.

* 주 호소 문제: "주변의 시선과 오해가 억울해요."
교사로서 훈육을 했을 뿐인데 그것이 학대로 인식되는 것이 너무 억울하다. 동료교사와 원장이 오해하고 있는 것 같은데 이것을 납득시키기 어렵다. 경제적인 문제로 직장을 그만둘 수도 없고, 억울한 마음에 화가 난다. 또한 왜 상담을 받아야하는지 잘 이해하지 못하겠다. 영아가 잠을 자지 않아 이불과 영아를 복도로 내보낸 것은 훈육이다. 그것을 이해하지 않고 제지한 동료교사, 원장 등이 밉다. 아이를 복도로 내보낸 것이 학대라면 대한민국 모두가 학대하고 있을 것이라고 생각한다. 난 교구도 잘 만들고, 일도 미루지 않는 성격이다. 오히려 난 칭찬받아야 하는데, 정말 억울하다.

2) 행동관찰

키가 큰 편이지만, 여성스러운 얼굴형과 목소리를 지니고 있다. 첫 대면 시 약간 긴장한 듯한 눈빛을 보였으며, 떨리는 목소리였지만 자신의 입장을 잘 이야기하는 편이

었다. 손을 앞으로 모은 채 어깨를 움츠리고 자리에 앉았으며, 두 손을 자주 꽉 잡아 경직된 모습을 보였다. 얼굴은 붉게 상기되는 편이었고, 따지는 듯한 어투("그게 왜요?")를 주로 사용했다.

3) 내담자의 자원

늦은 나이에도 전문학사 과정을 통하여 전문적인 지식을 획득하려는 의지가 강하다. 그리고 손재주가 좋아 만들기를 통하여 주변 지인에게 인정받고 있다(퀼트 및 교구 만들기). 적극적으로 도움을 주려는 동료교사와 원장 등이 있으며, 원장은 상담을 받을 수 있도록 시간과 기타 여건을 지원하고 있다.

4) 가계도

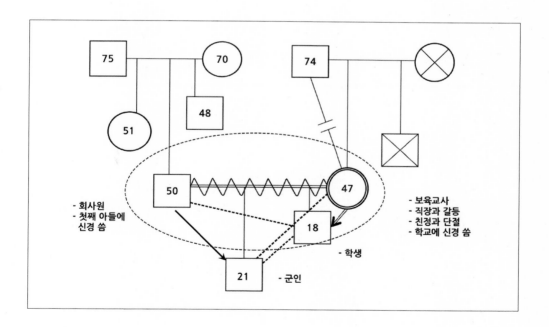

2. 내담자 검사 결과

〈CK-EGO그램〉

상태＼기능	CP	NP	A	FC	AC	구조 편향형: Ⓐ
자아상태 기능점수	33	39	42	29	34	기능 주도형: A
자아상태 규준등급	3-4등급	3-4등급	1-2등급	6-7등급	3-4등급	심적 에너지 총량:
자아상태 구조점수	72		84		63	219(대)

〈CK-OK그램〉

상태＼태도	U-	U+	I+	I-
인생태도 점수	23	37	38	20
한국규준등급	6-7등급	5등급	3-4등급	8-9등급
심적 에너지의 편향	60		58	
기본적 인생태도	U- 〈 U+		I+ 〉 I-	
인생태도 영역 표시	I 75 〉 III 61 〉 II 57 〉 IV 43			
자타존중감	타인존중감 높음		자아존중감 높음	

〈CKEO그램 체크리스트〉

ego	⑰		⒜	ⓒ		ego
	CP	NP		FC	AC	
점수	비판적 원칙·책임감 관용적	과보호적 배려·봉사 방임적	기계적 합리적·정확성 즉흥적	자기도취적 활력·적극성 위축적	자기비하적 타협·협동 독단적	점수

점수						점수
50						50
49						49
48						48
47						47
46						46
45						45
44						44
43						43
42			1-2			42
41						41
40						40
39		3-4				39
38				3-4		38
37		5				37
36						36
35						35
34					3-4	34
33	3-4					33
32						32
31						31
30						30
29				6-7		29
28						28
27						27
26						26
25						25
24						24
23	6-7					23
22						22
21						21
20					8-9	20
19						19
18						18
17						17
16						16
15						15
14						14
13						13
12						12
11						11
10						10

점수	U⁻	U⁺	⒜	I⁺	I⁻	점수
ok	타인부정	타인긍정		자기긍정	자기부정	ok

〈OK그램(기본적인 인생태도 분석도) 체크리스트〉

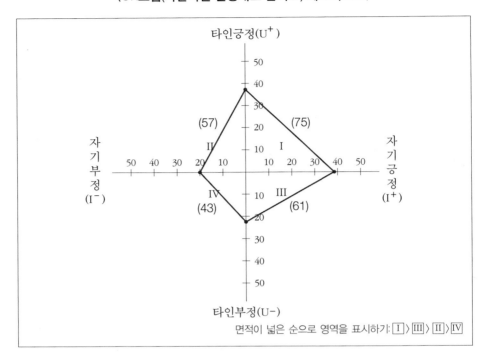

면적이 넓은 순으로 영역을 표시하기: Ⅰ 〉Ⅲ〉Ⅱ〉Ⅳ

〈OK그램 기본 해석표〉

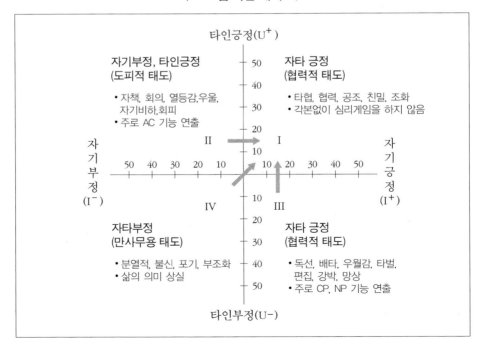

※ 사회적 수준(CK-EGO그램 자아상태 기능)

A(1-2등급) 기능 주도형으로 철저하게 이해 타산적이며, 인간 중심보다는 일 중심적이며, 자신의 감정과 타인의 감정을 경시하는 경향을 보인다. 계산적이고 타인의 감정을 이해하기보다 자신의 입장으로 이야기를 하기 때문에 냉정한 느낌을 준다. 또한 지시적이며 자신의 규칙과 가치관에 다른 사람을 맞추려고 하며 마음에 여유가 없다.

※ 심리적 수준(CK-OK그램 인생태도)

본 내담자의 인생태도 분석에 의하면, 'I 75 〉 III 61 〉 II 57 〉 IV 43' 순이다. 내담자가 주로 머무는 영역은, I영역(자기긍정, 타인긍정의 협력적 태도)으로 각본 없이 심리게임을 하지 않으며, 타협, 협력, 공존, 친밀, 조화의 태도로 생활한다.

3. CK-EGO그램 해석

1) 구조 편향형과 기능 주도형

구조 편향형: Ⓐ

기능 주도형: A

외적 성향은 일에 있어서 합리적으로 행동하고 정확하게 처리한다. 타인의 잘못에 대하여 냉정하고 이성적으로 대하여 갈등의 소지가 있다. 명확하고 계획적으로 행동한다. 하지만 자신의 논리에 맞지 않으면 끝까지 수긍하지 못하고 상대방을 설득하려고 한다.

2) 심적 에너지 총량

심적 에너지 총량이 219(대)이다(168-218까지 중으로 중과는 1점 차이가 나지만 기준 대로 해석함). 이는 속해 있는 환경에서 인정받고 싶어 무엇이든 열심히 하려고 하는 경향이 반영된 것으로 보인다. 적극적인 태도로 업무를 빠르게 처리하려고 하여 항상 바쁘고 업무가 많다고 생각한다. 일이 잘 안되었을 때 타인을 비난하는 모습도 보인다.

3) 한국연령·성별 CK-EGO그램 규준 등급

CP(33): 3-4등급, 사회질서, 책임감을 중요시하며 지시적이다. 완고한 경향을 보이며 타인의 행동에 대해 판단하고 비판한다.

NP(39): 3-4등급, 타인에게 도움을 주려고 하며 온정적으로 타인에게 잘 보이려고 한다. 선물을 주어 인정을 받기를 원한다.

A(42): 1-2등급, 이해 타산적이며 인간 중심보다는 일 중심의 태도를 취하여 무미건조한 느낌을 준다. 이익이 될 만한 것은 합리적인 타당한 이유를 만들고, 이익이 되지 못하거나 자신에게 부정적인 피드백은 회피 한다. 사람들과의 관계에서도 일 중심적으로 합리성과 손익을 먼저 따지는 성향이 강하다.

FC(29): 6-7등급, 자유로이 자신의 감정을 표현하지 못하여 위축되어 있으며, 자신감이 부족하다. 적극적으로 희로애락이 잘 드러내지 않으며 사람들과 관계에서 폐쇄적이고 위축되어 보인다.

AC(34): 3-4등급, 조직에서 협동으로 적용하며, 잘 참고, 감정을 억압하고 자신을 잘 통제한다. 조용히 순응을 하다가도 어느 순간 참지 못할 때 감정을 조절하기 어렵다. 타협을 잘 하지 못하고 단절을 통하여 자신을 보호하려 한다. 회피하고 자신을 비하하는 성향을 보인다.

4) 역기능적 자아상태 구조

내담자는 40대 후반 여성으로, 자아상태 역기능은 없다.
- ⑫ 자아상태 구조는 72점으로 3-4등급, 71~78의 범위에 속한다.
- Ⓐ 자아상태 구조는 84점으로 1-2등급, 80~100의 범위에 속한다.
- ⓒ 자아상태 구조는 63점으로 3-4등급, 67~75의 범위에 속한다.

5) 역기능적 자아상태 기능

CP, NP, A, FC, AC의 자아상태 기능이 8-9등급은 없으며, 역기능적 자아상태를 보이지는 않는다. A 자아상태는 과잉이며, 에너지 활성상태가 높은 편이다. 이해 타산적이며 인간 중심보다는 일 중심의 태도를 취하여 타인의 감정을 이해하거나 공감하기 어려워하고, 여유가 없다. 어린이집 업무를 어린 아이들의 감정에 맞추기보다는 하루에 해내야 하는 업무에 맞추어 규칙을 강요한다. 사람들과의 관계에서도 일 중심적으로 합리성과 손익을 먼저 따지는 성향이 강하다. 자신에게 도움이 안 된다고 생각된다면 관계를 끊어 버린다. 자신의 즐거움을 억제하며 생활한다.

4. CK-OK그램 해석

1) CK-OK그램의 순기능과 역기능

- U+ 〉 U−: 타인긍정이 타인부정보다 크므로 순기능이다.
- I+ 〉 I−: 자기긍정이 자기부정보다 크므로 순기능이다.

결과적으로 자기긍정, 타인긍정으로 나타난다.

2) U와 I의 심적 에너지 편향성

'U(60) 〉 I(58)'로 심적 에너지가 U쪽으로 편향되어 자신보다는 타인에게 많은 심적 에너지를 쓴다. 자신보다는 타인에 대해 민감하고 타인의 말과 행동에 많은 영향을 받을 수 있다.

3) 한국 연령·성별 CK-OK그램 규준 등급

U+ 37(5등급), U− 23(6-7등급), I+ 38(3-4등급), I− 20(8-9등급)

U+, I+의 경우 건강한 상태는 5등급 이상이어야 한다. 내담자는 한국규준등급에서 타인긍정과 자기긍정은 건강한 수준이다.

4) 자아존중감과 타인존중감

U+ 37(5등급) 〉 U− 23(6-7등급), I+ 38(3-4등급) 〉 I− 20(8-9등급)

U+, I+ 등급이 한국등급기준인 5등급 이상이면서, U+, I+의 절댓값이 U−, I− 절대값

보다 높을 때 자아존중감이 높다고 해석할 수 있다. 내담자는 U+, I+ 등급이 한국등급 기준인 5등급 이상이면서, U+, I+의 절댓값이 U-, I-의 절댓값보다 높으므로 자아존 중감과 타인존중감이 높은 상태이다.

5) CK-OK그램(커렐로그램) 영역

I 75 〉 III 61 〉 II 57 〉 IV 43

기본적인 태도의 경향성에 머무는 영역은 I영역이 가장 크게 나타났다. 이는 내담자가 I영역에 주로 머무르고 있음을 나타낸다.

I영역: 자타긍정(협력적 태도)으로, 손재주가 좋고 일처리가 빠르다. 학부모들에게도 인정받고 있다. 직접 만든 교구나 인형 등을 선물해서 사람들이 좋아할 때 함께 즐거워 하며 유능감을 느낀다. 동료교사는 컴퓨터를 잘하고 똑똑하여 종종 칭찬을 하게 된다.

II영역: 자기부정, 타인긍정(도피적 태도)으로 과거에 사업에 실패한 경험과 많이 배우지 못했다는 생각을 가지고 있어 남들에게 무시당한다고 여긴다.

III영역: 자기긍정, 타인부정(배타적태도)으로 상담을 받을 이유가 없다고 생각하며, 상담에 사용하는 검사지를 별로 믿을 수 없다. 다른 사람이 나에 대하여 잘 모르면서 오해를 하고 있다. 일이 잘못되는 것은 내 잘못이 아니다.

IV영역: 자타부정(만사무용태도)으로 문제를 해결하고 싶지 않다. 그냥 관계를 끊어버리고 싶다. 나는 되는 일이 없는 것 같다. 직장도 그만두고 싶은데, 돈 때문에 참고 있는 자신이 너무 한심하고 싫다. 동료들도 도움이 안된다.

5. CK-EGO그램과 CK-OK그램 상관관계

1) CK-EGO그램과 CK-OK그램 상관관계(3점 차 이상의 경우)

CP 〉 U-: 심리적 수준보다 사회적 수준이 상당히 높은 것은, 교사로서의 가치관 등이 작용했을 가능성이 보인다. 따라서 교사로서 가르치고 지시하며 규칙이나 책임감을 스스로 강조하고 있을 것으로 판단된다. 교육현장 특성상 늘 올바른 것을 가르치고 스스로 그런 모습을 완벽히 보여야 한다는 강박이 있을 수 있다고 여겨진다.

FC 〈 I+: 심리적 에너지는 높지만 감정을 표현하지 않고 억제하며 생활한다. 업무에 대해 어렵게 생각하고 힘들어하지만, 잘 표현하지 않고, 나서서 이야기를 하지 않는다. 특히 크게 웃거나 동료와 쉽게 놀러 가지 않는다. 일을 먼저 해야 한다고 말하며, 스스로 놀이를 즐기지 않는다. 친구들과 수다 떠는 것은 시간이 아깝다고 생각한다. 자신이 나서면 손해 본다는 생각에 자신이 직접 해결하려고 하기보다는 주변 동료에게 시키는 경향이 있다. 어머니와 8년간의 단절로 인한 상처와 어린이집 운영의 실패가 자신감을 위축시키고 폐쇄적인 성향을 더 높이도록 한 원인으로 작용한 것으로 보인다.

AC 〉 I-: 기본적인 태도보다 더 상대에게 맞추려고 한다. 하지만 자신과 맞지 않다고 판단하거나 억울하다고 생각하면 관계를 개선하려는 노력보다는 관계를 단절하고 정리한 후 자신은 괜찮다고 한다. 속마음은 고집이 세고 쉽게 타협하지 않는다. 타인의 충고를 받아들이기 어려워한다. 자기표현의 욕구는 강하지만, 잘 표현하지 않는 현실을 택하여 생활하고 있다. 속마음과 겉마음의 큰 차이를 보이는 것으로 조사되어 내담자는 내면적 갈등을 자주 경험할 것으로 보인다.

6. CKEO그램 검사결과에 따른 성장 방안

1) 자아상태 기능 활성화 방안

기능 촉진방안	상태	현재 상태	활성화 방안
FC	자연스러운 감정을 표현하고, 즐거움을 찾기 및 관계회복	• 상황에서 감정보다는 업무를 먼저 본다.	• 영아와 어른의 차이 알기 • 어린이집 업무의 본질 재정립하기(영아 중심으로) • 스킨십을 통한 교류 및 타인의 감정 공감하기
		• 자신의 즐거움이 없다.	• 자신이 정말 하고 싶었던 일 찾아 도전하기 • 자신 칭찬하기 스티커 붙이기 • 큰 소리로 하루 한 번 웃기에 도전하기
		• 단절된 관계를 회복하려는 의지가 없다.	• 회복 인형 만들기 • 엄마에게 편지 쓰고 보내기 • 해결되지 않은 감정 털어 내기

2) 기본적인 인생태도 개선 방안

태도 영역	현재 삶의 태도		개선해야 할 방안
II 영역	• 상대방에게 자신의 잘못을 지적받으면 상대하지 않고 회피하려고 한다.	I 영역	• 자신이 완벽하지 않아도 된다는 것을 인정하기 회피하지 않고 솔직하게 대화하기
III영역	• 배타적인 태도로 조직에서 자신의 위치를 수용하지 못하고 끼어들고, 배려하지 못하고 불만을 말하거나 흉을 본다. 또한 상대방을 설득하려고 한다.	I 영역	• 나이에 상관없이 조직의 상하역할 이해하기 • 타인을 설득하기보다 의견을 수용하고 조직을 이해하기
IV영역	• 부정적인 상황에서는 상대방을 불신하고 자기비하를 한다. 문제를 해결하려고 하지 않고 쉽게 포기해 버린다.	I 영역	• 관계를 회복하는 의지 갖고 노력하기

7. 상담자의 총평

내담자는 심적 에너지 총량이 219로 에너지가 높은 편이다. 일상에 있어서 몸을 바쁘게 움직여 열심히 일하려고 한다. CP가 3-4등급으로 타인에게 관심을 많이 가지고 있으나 자신의 원칙에 맞지 않으면 비판하는 태도를 보인다. 또한 교사로서 책임감, 원칙 등을 과하게 요구하여 감정을 수용하지 못하는 경우가 발생하였다.

A가 과잉으로 자신의 잘못을 지적받으면 과하게 화를 내며, 나중에 여유를 갖고 대화하기보다는 그 즉시 논리적으로 설명하여 주기를 원한다. 타인이 다른 가치관을 가지고 이야기해도 자신의 가치관과 맞지 않으면 관계를 단절하고 대화조차 시도하려고 하지 않는 모습을 보였다. 또한 FC가 낮아 자신의 내적 상태에 대해서 타인에게 솔직하게 이야기하고 싶어 하지 않으며, 성격은 바뀔 수 없다고 말한다. AC가 3-4등급으로 조직생활에 필요한 협력과 공존을 해 나가고 있지만 자신의 논리에 맞지 않을 경우 극단적인 방법으로 문제를 해결하려고 한다. 어머니와의 다툼으로 8년을 단절하여 지내다가 어머님이 돌아가셨고, 그것에 대하여 아무렇지도 않다고 자신의 솔직한 감정을 외면하였다. 스트레스를 받으면 남의 탓으로 돌리며, 자신의 학력에 자격지심을 가

지고 있다. 또한 자신이 나이가 많고 전에 어린이집을 운영하던 원장이었던 틀을 벗어 버리지 못하고, 조직 속에서 자신의 위치를 잘 인식하지 못하는 점이 있었다. 자신이 도움이 필요할 때 과한 선물을 통하여 관계를 유지하는 것으로, 타인관계에 있어서 솔직하지 못한 심리게임을 하는 경우가 많았다.

내담자는 CKEO그램 검사지와 상담을 통하여 자신에 대하여 깊이 이해하게 되었다. 상담의 목표를 업무 중심보다는 인간관계에 초점을 두고 먼저 FC 기능을 높이는 것으로 세우는 것에 동의하였다. 솔직하고 자유로우며, 즐거움을 먼저 찾으며, A 과잉을 낮추는 것이었다. 특히, 어린이집 업무의 본질과 학대에 대하여 내담자의 논리를 바꾸는 활동을 통하여 주 호소문제인 "주변의 시선과 오해가 억울해요"를 해결하였다. 업무를 퇴근 후까지 연장하던 것을 멈추고 동료들과 만남을 가졌다. 관계회복은 돌아가신 엄마에게 편지를 쓰는 것으로 시작하였으며, 원장과 날마다 스킨십을 한 후 퇴근하도록 하였다. 꾸준한 상담을 통하여 스킨십과 영아에 대한 인식이 많이 개선되었다.

계속적으로 자신과 타인에게 스트로크를 주어 긍정적인 생활을 하고, 타인의 의견을 수용할 줄 알며, 관계를 단절하지 않고 자신의 감정을 솔직히 표현하고, 자신의 즐거움을 찾아가는 삶을 살기를 기대한다.

CKEO그램에 의한 개인 사례분석
주제: 남편과 소통을 원하는 40대 직장여성

상담자: 현은희

1. 내담자 기본정보

내담: 가을미인 / 성별: 여자 / 연령: 42세 / 학력: 대졸

1) 의뢰경위 및 주 호소문제

* 의뢰경위: 대학 졸업 후 병원에서 근무했다. 금년 4월부터는 직장을 옮겨 대학 내 건강증진센터에서 근무하게 되었는데, 최근 과도한 피곤함과 무기력함으로 삶의 의미를 찾기가 힘들어 상담을 의뢰하게 되었다.

* 주 호소문제: "남편과 소통이 안 되어서 답답하고 한숨만 나와요."
몇 년 전부터 남편의 사업이 잘 풀리지 않고 기울기 시작했다. 함께 이 문제를 해결하기 위해 분위기를 만들어 대화를 시도했으나 남편은 '신경 쓰지 마, 잘 될 거야.'라고 말하며 대화에서 아무런 소득 없이 이야기를 무마하는 경우가 다반사였다. 시간은 계속해서 흐름에도 불구하고 이렇게 남편과 소통 없이 사는 것은 내담자가 의미 없는 삶을 살고 있는 것처럼 느끼게 만들었다.

2) 행동관찰

큰 키에 통통한 몸매, 하얀 피부를 가졌으며 조용한 분위기에 침착한 모습을 보였다. 상담 초반에는 대화를 이어 나가는 것이 어려웠으나, 시간이 흐르면서 상담에 적응하여 상세히 이야기했다. 가끔 어두운 표정을 지었는데, 특히 남편 이야기를 할 때는 목소리 톤을 애써 강하게 하려는 모습을 보였다.

3) 내담자의 자원

침착하고 책임감이 강하며 자신의 힘든 부분을 해결하고자 하는 욕구가 있다.

4) 가계도

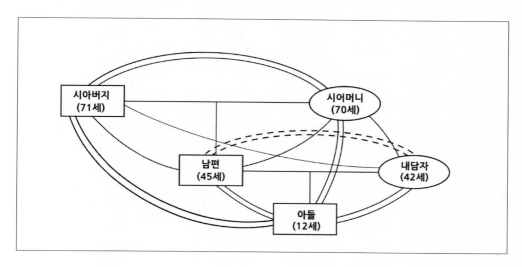

5) 생태도

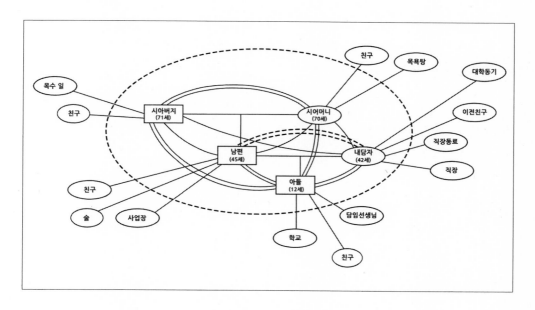

2. 내담자 검사 결과

〈CK-EGO그램〉

상태＼기능	CP	NP	A	FC	AC	
자아상태 기능점수	29	31	28	29	30	구조 편향: P
자아상태 규준등급	6-7등급	6-7등급	8-9등급	6-7등급	6-7등급	기능 주도: NP
자아상태 구조점수	60		56		59	심적 에너지 총량: 175(중)

〈CK-OK그램〉

상태＼태도	U-	U+	I+	I-
인생태도 점수	27	33	26	29
한국규준등급	6-7등급	6-7등급	8-9등급	5등급
심적 에너지의 편향	60		55	
기본적 인생태도	U- 〈 U+		I+ 〈 I-	
인생태도 영역 표시	II 62〉 I 59 〉 IV 56〉 III 53			
자타존중감	타인존중감 다소 낮음		자아존중감 매우 낮음	

〈CKEO그램 체크리스트〉

ego 점수	ⓟ		⒜	ⓒ		ego 점수
	CP	NP		FC	AC	
	비판적 원칙·책임감 관용적	과보호적 배려·봉사 방임적	기계적 합리적·정확성 즉흥적	자기도취적 활력·적극성 위축적	자기비하적 타협·협동 독단적	
50						50
49						49
48						48
47						47
46						46
45						45
44						44
43						43
42						42
41						41
40						40
39						39
38						38
37						37
36						36
35						35
34						34
33		6-7				33
32						32
31		6-7				31
30					6-7	30
29	6-7			6-7	5	29
28			8-9			28
27	6-7					27
26				8-9		26
25						25
24						24
23						23
22						22
21						21
20						20
19						19
18						18
17						17
16						16
15						15
14						14
13						13
12						12
11						11
10						10
점수 ok	U^- 타인부정	U^+ 타인긍정	⒜	I^+ 자기긍정	I^- 자기부정	점수 ok

〈OK그램(기본적인 인생태도 분석도) 체크리스트〉

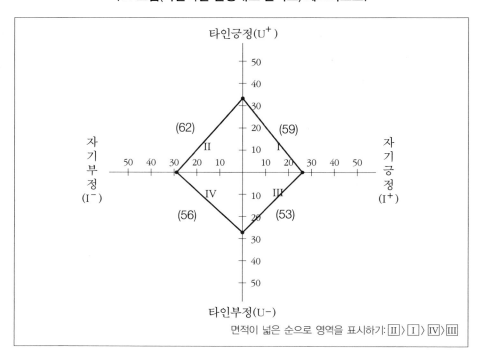

〈OK그램 기본 해석표〉

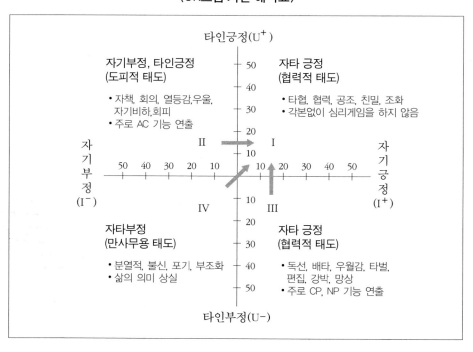

※ 사회적 수준(CK-EGO그램 자아상태 기능)

CP, FC, NP, AC가 6-7등급, A가 8-9등급으로 타인의 입장을 배려하고 도움을 주어 보호하려는 따뜻한 마음이 커 남편의 사업이 어려운 상황에서도 남편의 말을 따르며 기다려 주고자 하는 모습을 보인다. 그러나 자유로이 자신의 감정을 표현하지 못하는데, 이는 남편에게 '잘 될 거야.'라고 말하면서도 자신의 불안한 속마음을 솔직하게 말하지 못하는 모습에서 알 수 있다.

※ 심리적 수준(CK-OK그램 인생태도)

본 내담자의 인생태도 분석에 의하면 'II 62 〉 I 59 〉 IV 56 〉 III 53' 순이다. 내담자가 주로 머무는 영역은 II영역(자기부정, 타인긍정의 도피적 태도)이다. 따라서 자기부정, 타인긍정으로 도피적 태도를 나타내며 대부분의 상황에서 자책하고 회피하는 태도를 가지며, 타인에 대해서 부정성보다는 긍정성이 더 크게 나타나고 자신에 대해서는 긍정성이 낮다.

3. CK-EGO그램 해석

1) 구조 편향형과 기능 주도형

• 구조편향형: Ⓟ
• 기능주도형: NP

내적으로는 가치 판단적이며, 외적으로는 배려, 봉사, 챙김, 돌봄의 기능을 주로 나타낸다. 내담자는 남편의 생각이 바뀌어야 한다고 판단함에도 불구하고, 남편의 주장(고집)에 적극적인 반응(고치려는 노력)을 보이지 않는다.

2) 심적 에너지 총량

심적 에너지 총량은 175(중)로 대인관계나 자신의 생활 속에서 무난하게 지낼 수 있다.

3) 한국 연령 · 성별 CK-EGO그램 규준 등급

CP(29): 6-7등급, 인간으로서의 도리와 사회질서, 전통, 규범, 책임감, 원칙 등을 중요시하지 않는 경향이 있다. 사람들에게 비판적인 표현을 하지 않고 가급적이면 싫은 소리 듣지 않으려고 지나쳐 버리는 경향이 있다.

NP(31): 6-7등급, 타인이나 상황에 대해 배려함이나 친절이 부족할 때가 많아 냉담하다. 가까이 지내는 사람이 많기는 하지만 깊이 오래 사귀지 않는 편이다.

A(28): 8-9등급, 현실을 무시하고 즉흥적이며 합리적이거나 이성적이지 못하다. A기능이 상당히 낮은 상태로 나왔다. 분별력이나 현실 판단력, 정확성이 떨어진 상태이다. 이것은 어려운 현실은 일단 지나가고 보는 생활패턴에서 나타난다.

FC(29): 6-7등급, 감정표현을 잘 안하는 편이고 갈등이나 문제상황 속에서 위축되고 자신감이 없다. 남편 사업이 안 좋은 상황임에도 해결해야 한다는 자신의 생각을 적극적으로 표현하지 않고 넘어가는 경향이 있다.

AC(30): 6-7등급, 고집이 센 편이고 독단적이어서 타협할 줄 모르는 사람이다. 자기 일은 자기가 알아서 하면 된다고 생각한다.

4) 역기능적 자아상태 구조

내담자는 40대 중반 직장여성으로, 역기능적 자아상태 구조는 아니다.
- ⓟ 자아상태 구조는 60점으로 6-7등급, 57~65의 범위에 속한다.
- Ⓐ 자아상태 구조는 56점으로 8-9등급, 58~66의 범위에 속한다.
- Ⓒ 자아상태 구조는 59점으로 6-7등급, 52~60의 범위에 속한다.

5) 역기능적 자아상태 기능

A 자아상태는 8-9등급으로 현실을 무시하고 즉흥적이며 논리성이 부족하다. 합리적이거나 이성적이지 못하여 신뢰받기 어려우며 시간이 지나면 해결될 것이라 생각하는 우유부단한 경향이 있어 분별력이 떨어지고 합리적으로 판단하지 못한다. 또한 자신의 의견을 선뜻 얘기하지 못하며 다른 사람이 먼저 의견을 제시한 경우, 본인의 의견과 차이가 있더라도 그냥 지나친다. 계획적인 생활을 하는 것과 일어난 일에 대

한 분별력을 기르는 것이 필요하다. 또한 자신의 존재감과 소중함을 알도록 할 필요가 있다.

4. CK-OK그램 해석

1) CK-OK그램의 순기능과 역기능

U+ 〉 U-: 타인긍정이 타인부정보다 크므로 타인에 대해서는 순기능이다.
I+ 〈 I-: 자기부정이 자기긍정보다 크므로 자신에 대해서는 역기능이다.
결과적으로 자기부정, 타인긍정으로 나타난다.

2) U와 I의 심적 에너지 편향성

'U(60) 〉 I(55)'이므로 U쪽으로 심적 에너지가 편향되어 있어 자신보다 타인에 대해 더 많은 심적 에너지를 쓰기 때문에 주변 사람들의 피드백이나 행동에 많은 영향을 받을 수 있다.

3) 한국 연령·성별 CK-OK그램 규준 등급

U- 27(6-7등급), U+ 33(6-7등급), I+ 26(8-9등급), I- 29(5등급)
U+, I+의 경우 건강한 상태는 5등급 이상이어야 하나, 내담자는 한국규준등급에서 타인긍정, 타인부정이 낮은 수준이고, 자기긍정도 낮은 수준이며 자기부정은 중간 수준이다.
대부분의 상황에서 주장을 망설이다가 타인이 먼저 의견 주장을 하는 경우 그 결정에 따른다. 그러나 드러내지 못한 타인과 자신의 의견 차이에서 내적 갈등을 겪는다.

4) 자아존중감과 타인존중감

U− 27(6-7등급) 〈 U+ 33(6-7등급), I+ 26(8-9등급) 〈 I− 29(5등급)

자아존중감은 I+ 등급이 5등급 이상이고 I+ 절대값이 I− 절대값보다 높아야 자아존중감이 높다. 그런 의미에서 이 내담자는 자아존중감이 매우 낮다고 볼 수 있다. 타인존중감은 역시 U+ 등급이 5등급 이상이고 U+ 절댓값이 U− 절댓값보다 높아야 타인존중감이 높다고 할 수 있는데, 내담자의 경우 타인존중감 또한 낮은 편이다. 그러므로 자신과 타인에 대해 긍정적이지 못해, 불평하고 원망하는 경향이 있다.

5) CK-OK그램(커렐로그램)영역

II 62 〉 I 59 〉 IV 56 〉 III 53

기본적인 태도의 경향성에 머무는 영역은 II영역이 가장 크게 나타나는데, 이것은 내담자가 II영역에 주로 머무르고 있음을 나타낸다. 즉, 자기부정, 타인긍정으로 도피적 태도를 취하는 경향을 보인다.

5. CK-EGO그램과 CK-OK그램 상관관계

FC 〉 I+: 허세를 잘 부리며 생각보다 표현을 잘 한다. 내담자는 말수가 적고 조용해 보이지만 대화가 진행될수록 솔직하게 이야기하는 모습을 보인다.

6. CKEO그램 검사결과에 따른 성장 방안

1) 자아상태 기능 활성화 방안

기능 촉진방안 / 상태	현재 상태	활성화 방안
A 정확한 입장 표명하기	• 상황판단이 어렵고 매사에 즉흥적이다. • 자신의 주장을 망설이다가 타인이 먼저 의견 주장을 하면 그 결정을 따른다.	• 현재 처한 상황을 정확하게 인지하기 위해 상황을 노트에 적으면서 재점검하기 • 해야 할 일을 메모하고 점검하며 계획적인 생활을 하고, 오늘 할 일을 내일로 미루지 않기 • 실수를 하게 되더라도 자신의 생각을 적극적으로 표현하기

2) 기본적인 인생태도 개선방안

영역 / 태도	현재 삶의 태도		개선해야 할 방안
II 영역	• 남편의 사업이 기울어 격려와 위로만을 건넬 뿐이다. 정작 자신이 뭔가 해보고 싶다는 마음과는 달리 직접 다른 일을 한다는 것에 두려움을 가지고 있다.	I 영역	• 남편에게 하루 1회 이상 긍정 스트로크 하기 • 선호하는 취미활동을 통해 자신감 갖기 • 자기주장을 일관성 있게 표현한다.
III영역	• 남편이 이전과 달리 사업이 잘 되지 않는 현실을 인지하고 다른 일을 찾기를 바라지만 말을 듣지 않아 답답하고 한숨이 나온다.	I 영역	• 남편의 긍정적인 부분에 대해 인정하기 • 가장으로서 책임감 있는 남편을 지지하기 • 남편 입장에 대해 역지사지하기 • 남편과의 갈등상황에서 타협점 찾기
IV영역	• 자기주장만 고집하는 남편도 답답하지만 확실하게 주장하지 못하는 자신도 한심하고 답답하다.	I 영역	• 어려운 상황에서도 문제를 해결하려는 남편에게 고마움 표현하기 • 주 1회 남편과 티타임 갖기 • 남편과 대화 시 끝까지 듣고, 자기 느낌을 표현하기

7. 상담자의 총평

　남편과 소통의 어려움이 있는 내담자는 이것을 남편 탓으로 여기며 답답해하였으나 CKEO그램 검사를 통해 낮은 A, FC 자아기능으로 인해 적절치 못한 현실 판단과 서툰 자기표현 방식이 남편과의 소통문제를 가져왔음을 자각하게 되었다. 뿐만 아니라 A 자아상태 활성화 방안을 상담자와 함께 모색하는 과정을 통해 자신의 성격에 대한 통찰이 가능해졌으며 남편에 대한 원망보다 스스로 삶의 주도성을 갖게 되는 계기가 되었다. 내담자는 남편에 대한 긍정적 스트로크를 시도하였고, 이로 인해 부부 간 대화의 시간이 늘어나면서 민감한 문제도 다루게 되어 삶의 의미를 찾게 되었다고 한다.

　또한, 내담자는 자신이 중요한 발언권을 포기해 버리는 경향이 있다는 것을 알았다. 비현실적이고 계획성이 없으며 판단력이 부족하여 즉흥적이고 행동에 일관성이 없어 자신이 신뢰를 받기 어려운 타입이라는 것도 이해하게 되었다. 이러한 성격 때문에 남편과의 관계에서도 자주 보이지 않는 갈등이 발생한다는 것도 알게 되었다. CKEO그램 검사를 통해 내담자는 자신의 존재감과 소중함을 인식하고 자기주도적인 인생을 살아야겠다는 것을 자각하는 계기가 되었다.

CKEO그램에 의한 개인 사례분석
주제: 자유롭고 싶고, 인정받고 싶은 여중생

상담자: 홍은영

1. 내담자 기본정보

내담자: 무지개 / 성별: 여자 / 연령: 14세 / 학력: 중2

1) 의뢰경위 및 주 호소문제

* 의뢰경위: 청소년상담복지센터 청소년의 전화 헬프콜 1388을 통해 어머니에 의해 의뢰 되었다.

* 주 호소문제: "엄마와 잘 지내고 싶어요."

나름대로 열심히 공부하며 노력하고 있는데 그런 모습을 엄마는 지지해 주지 않고, 성적이 오르지 않으면 무조건 노력하지 않았다고 하는 엄마가 야속해요. 엄마가 화를 내면 어떻게 해야 할지 잘 모르겠고 답답해서 손목을 그었어요. 그래도 엄마와 잘 지낼 수 있으면 좋겠어요. 엄마가 나를 위해 많이 애쓰시고 있다는 걸 잘 알고 있어요. 공부를 잘 해서 엄마가 좋아하시는 모습을 보고 싶어요.

2) 행동관찰

155센티미터 정도의 키에 호감이 가는 갸름한 얼굴형과 피부는 흰 편이며 까만 단발 머리의 여중생이다. 다소곳하고 모범적인 태도가 인상적이며, 초기면접 시 말수가 적고 비자발적인 태도를 보였으나 어머니와의 관계에 대해 봇물 터지듯 이야기를 쏟아 놓으며 흐느껴 울었다.

3) 내담자의 자원

진지하고 자신의 어려움을 해결하고자 하는 의지가 있으며, 자기이해에 대한 호기심이 높아 심리검사에 대한 기대가 있다. 어머니의 적극적인 상담참여로 인해 가족상담이 가능하다.

4) 가계도

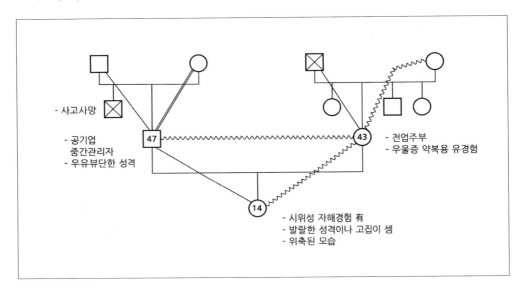

- 사고사망

- 공기업 중간관리자
- 우유부단한 성격

47

43

- 전업주부
- 우울증 약복용 유경험

14

- 시위성 자해경험 有
- 발랄한 성격이나 고집이 셈
- 위축된 모습

2. 내담자 검사 결과

〈CK-EGO그램〉

상태 \ 기능	CP	NP	A	FC	AC	
자아상태 기능점수	21	26	23	29	25	구조 편향형: ⓒ
자아상태 규준등급	8-9등급	8-9등급	8-9등급	6-7등급	8-9등급	기능 주도형: FC
자아상태 구조점수	47		46	54		심적 에너지 총량: 147(소)

〈CK-OK그램〉

상태 \ 태도	U-	U+	I+	I-
인생태도 점수	23	30	19	25
한국규준등급	6-7등급	8-9등급	8-9등급	6-7등급
심적에너지의 편향	53		44	
기본적 인생태도	U- 〈 U+		I+ 〈 I-	
인생태도 영역 표시	II 55 〉 I 49 〉 IV 48 〉 III 42			
자타존중감	타인존중감 낮음		자아존중감 낮음	

〈CKEO그램 체크리스트〉

ego	ⓅP		ⒶA	ⒸC		ego
	CP	NP		FC	AC	
점수	비판적 원칙 · 책임감 관용적	과보호적 배려 · 봉사 방임적	기계적 합리적 · 정확성 즉흥적	자기도취적 활력 · 적극성 위축적	자기비하적 타협 · 협동 독단적	점수

점수	CP	NP	ⒶA	FC	AC	점수
50						50
49						49
48						48
47						47
46						46
45						45
44						44
43						43
42						42
41						41
40						40
39						39
38						38
37						37
36						36
35						35
34						34
33						33
32						32
31						31
30		8-9				30
29				6-7		29
28						28
27						27
26		8-9				26
25					8-9	25
24					6-7	24
23	6-7		8-9			23
22						22
21	8-9					21
20						20
19				8-9		19
18						18
17						17
16						16
15						15
14						14
13						13
12						12
11						11
10						10

| 점수
ok | U⁻
타인부정 | U⁺
타인긍정 | ⒶA | I⁺
자기긍정 | I⁻
자기부정 | 점수
ok |

〈OK그램(기본적인 인생태도 분석도) 체크리스트〉

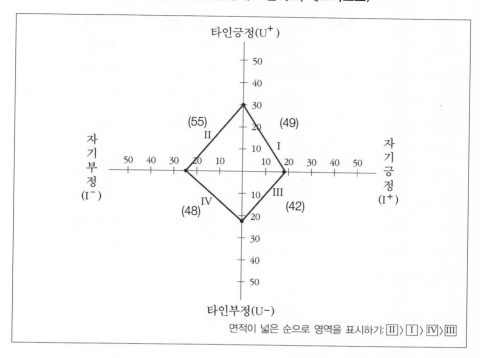

면적이 넓은 순으로 영역을 표시하기: Ⅱ > Ⅰ > Ⅳ > Ⅲ

〈OK그램 기본 해석표〉

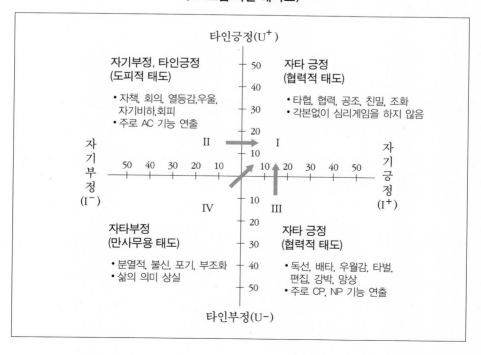

※ 사회적 수준(CK-EGO그램 자아상태 기능)

　CP, NP, A, AC 모두 8-9등급으로 현실을 무시하고, 즉흥적으로 행동하고 책임감이 부족하며 자기중심적으로 행동하는 경향으로 인해 대인관계의 어려움을 초래하고 있다. 또한, 타인에 대한 배려나 보살핌이 부족하여 냉정해 보일 수 있어 친밀한 관계에서 갈등이 심화되고 있다. 심리적 에너지량이 낮아 무기력하고 위축되어 있다. 그러나 자율적인 환경에서는 FC 기능을 사용하고 있어 밝고 활력 있는 모습을 드러낸다.

※ 심리적 수준(CK-OK그램 인생태도)

　본 내담자의 인생태도 분석에 의하면 'Ⅱ 55 〉Ⅰ 49 〉Ⅳ 48 〉Ⅲ 42' 순이다. 내담자가 주로 머무는 영역은 Ⅱ영역(자기부정, 타인긍정의 도피적 태도)으로 AC 기능을 연출하며, 자책하거나 자기비하적인 태도를 취하는 경우가 많다. 이러한 태도로 인해 열등감, 우울감을 가지기 쉽다. 상황을 회피하고자 임기응변을 사용하나 결과가 좋지 않게 되어 좌절을 경험하곤 한다.

3. CK-EGO그램 해석

1) 구조 편향형과 기능 주도형

- 구조 편향형: ⓒ
- 기능 주도형: FC

　내적으로 본능적 판단에 충실하고자 하며, 외적으로는 편안하고 수용적인 분위기에서는 활력 있고, 자신의 감정표현을 할 수 있으나 위축되는 상황에서는 회피적이고 생기를 잃을 수 있다. 현재 자아상태는 자신의 내면의 에너지를 충분히 발현하지 못하고 있는 것으로 보인다.

2) 심적 에너지 총량

　심적 에너지 총량은 147(소)로 갈등상황이나 문제상황에서 소극적인 해결능력을 보일 수 있으며, 상황대처 능력이 낮고, 방어적이거나 회피적인 반응을 나타낼 수 있다.

3) 한국 연령·성별 CK-EGO그램 규준 등급

CP(21): 8-9등급, 사회의 관습이나 의리, 책임감, 원칙 등을 경시하는 경향이 있다. 무절제하고 주관이 없으며 소극적이고 생활에 질서가 없다는 말을 듣는다.

NP(26): 8-9등급, 타인이나 상황에 대해 배려함이나 친절이 부족할 때가 많아 냉담하다. 무관심하고 따뜻함이 없어 인간관계에 갈등의 소지가 있다.

A (23): 8-9등급, 현실을 무시하고 즉흥적이며 논리성이 부족하다. 합리적이거나 이성적이지 못하다. 즉흥적으로 행동하기 때문에 타인에게 신뢰받기 어렵다

FC(29): 6-7등급, 자유분방하며 호기심이 있고, 감정표현을 잘 할 수 있으나 갈등이나 문제상황 속에서 위축되고 자신감이 없다.

AC(25): 8-9등급, 고집이 세고 독단적이어서 타협할 줄 모르며, 자신의 불평불만을 참지 못하고 직설적으로 표현하여 인간관계에서 부딪침이 많다.

4) 역기능적 자아상태 구조

내담자는 10대, 여자청소년으로, 역기능적 자아상태 구조는 아니지만, 건강한 자아상태 구조라고 보기도 어렵다.

- ⓟ 자아상태 구조는 47점으로 8-9등급, 20~51의 범위에 속한다.
- Ⓐ 자아상태 구조는 46점으로 8-9등급, 20~48의 범위에 속한다.
- ⓒ 자아상태 구조는 54점으로 6-7등급, 54~61의 범위에 속한다.

5) 역기능적 자아상태 기능

CP, NP, A, AC의 자아상태 기능이 8-9등급으로 역기능적이다. 친구들과 지낼 때는 명랑하고 쾌활하며, 학습이나 집안에서의 역할에 대해 책임감이 낮은 편이다. 낮은 CP 기능은 약속을 잘 지키지 못해 어머니의 신뢰를 얻지 못하여 어머니와 잦은 마찰을 일으킨다. 타인에게는 완벽함을 요구하지만 자신의 행동에 대해서는 느슨한 규칙을 적용한다. 낮은 A 기능은 정해진 규칙보다는 상황에 따라 행동하여 타인의 신뢰를 얻지 못한다. 또한, 낮은 AC 기능은 자기중심적인 생각과 행동으로 타인에 대한 비판으로 이어져 관계적 어려움을 초래하게 한다.

4. CK-OK그램 해석

1) CK-OK그램의 순기능과 역기능

- U+>U-: 타인긍정이 타인부정보다 크므로 순기능이다.
- I+< I-: 자기부정이 자기긍정보다 크므로 역기능이다.
결과적으로 자기부정, 타인긍정으로 나타난다.

2) U와 I의 심적 에너지 편향성

'U(53) 〉 I(44)'이므로 U쪽으로 심적 에너지가 편향되어 있어 자신보다 타인에 대해 더 많은 심적 에너지를 사용하며, 주변 사람들의 피드백이나 행동에 많은 영향을 받을 수 있다.

3) 한국 연령 · 성별 CK-OK그램 규준 등급

U- 23(6-7등급), U+ 30(8-9등급), I+ 19(8-9등급), I- 25(6-7등급)
U+, I+의 경우 건강한 상태는 5등급 이상이어야 하나 내담자는 한국규준등급에서 타인부정은 양호하나 타인긍정은 매우 낮은 수준이며, 자기긍정은 매우 낮은 수준이나 자기부정은 양호한 수준이다.
학업성적의 부진으로 인해 자기긍정성이 낮으며, 내담자의 강점보다 학업성적으로 자신을 평가하는 어머니에 대한 부정적 태도는 일반적 타인에 대한 이미지를 형성하고 있다. 생활 속에서 사소한 불만족스러움에도 쉽게 짜증을 내고, 핑계 대는 반응을 보이고 있어 대인관계에서 악순환이 반복되고 있다.

4) 자아존중감과 타인존중감

U- 23(6-7등급) 〈 U+ 30(8-9등급), I+ 19(8-9등급) 〈 I- 25(6-7등급)
U+, I+의 한국규준등급이 5등급 이상이면서 U+와 I+의 절댓값이 U-와 I-의 값보

다 더 높을 때 자아존중감 및 타인존중감이 높은 것으로 해석할 수 있으나 내담자는 자아존중감이 낮을 뿐만 아니라 타인존중감도 낮은 상태를 보이고 있다. 이로 인하여 일상생활에서 자신과 타인 모두에 대해 긍정 스트로크를 하지 않는 경향을 보인다. 긍정 스트로크를 주지 않기 때문에 받지 못하는 현실에서 내담자는 타인에 대해 불평하고, 타인에 대한 원망을 하고 있다.

5) CK-OK그램(커렐로그램) 영역

II 55 〉 I 49 〉 IV 48 〉 III 42

기본적인 인생태도의 경향성에 머무는 영역은 II영역이 가장 크게 나타났다.

이는 내담자가 II영역에 주로 머무르고 있음을 나타낸다. 즉, 자기부정 타인긍정으로 도피적 태도를 취하는 경향이 강하게 나타난다.

5. CK-EGO그램과 CK-OK그램 상관관계

1) CK-EGO그램과 CK-OK그램 상관관계(3점 차 이상의 경우)

NP 〈 U+: 타인의 좋은 점은 인정하고 있으나 행동으로 표현하지 못 할 수 있다.

FC 〉 I+: 허세를 잘 부리거나 생각보다 표현을 잘 할 수 있다.

내담자가 가지고 있는 기본적인 태도보다 사회적 행동에 있어 보다 적극적으로 표현되고 있다. 어머니의 당위적인 가치관(공부를 잘하고, 똑똑해야 성공을 한다)의 영향으로 자신을 과장하여 보다 똑똑한 아이로 평가받기를 원하며, 낮은 성적을 높게 과장하여 어머니에게 말함으로써 인정받고자 하지만 결국 거짓말로 들통이 나게 되는 상황이 반복되어 야단을 맞는다. 인정욕구로 인해 드러나는 외현적인 행동(FC 기능)이 기본적인 심리적 태도와 차이를 보이고 있다.

6. CKEO그램 검사결과에 따른 성장 방안

1) 자아상태 기능 활성화 방안

기능 촉진방안 　　상태		현재 상태	활성화 방안
CP	약속 지키기 책임감 갖기	• 어머니와 합의하여 약속을 하지만 지켜지지 않아 어머니와의 갈등이 심화되고 그로 인해 관계를 해치는 잦은 말다툼이 생긴다. • 맏이로서의 기대역할과 달리 맏이로서의 권리를 주장함으로 동생과의 갈등이 있다	• 실천 가능한 규칙 정하기 • 생활 일과표 작성에 따라 실천하기 • 간단하고 작은 실천의 성공경험을 통해 자신감 갖기 • 가족회의 결과 실천하기 • 맏이로서의 할 수 있는 역할을 맡기 • 일기쓰기를 통한 자기 점검하기

2) 기본적인 인생태도 개선 방안

태도 영역	현재 삶의 태도		개선해야 할 방안
II 영역	• 어머니와의 약속, 규칙에 합의하고도 지키지 못했을 때 어머니께 야단을 맞고, 스스로 자책하게 되어 우울해진다. • 아무것도 할 수 없을 것 같은 느낌이 들어 스스로를 비난하게 된다.	I영역	• 이행할 수 있는 약속으로 합의하기 • 규칙이나 약속을 어긴 경우 계약의 부과조항 만들기 • 자신에게 스스로 긍정 스트로크 하기
III영역	• 어머니가 도와주지 않아서 못했다는 핑계를 대며, 화를 내고 짜증을 낸다. 잘하고자 하는 마음보다 결과가 미흡하며, 노력하고 있는데 야단치는 어머니가 야속하다.	I영역	• 어른의 훈육에 수용하는 태도 갖기 • 집안일로 힘든 어머니의 입장에 서 보기 • 일기쓰기로 일상점검하기 • 가족회의에서 자기 의견 표현하기
IV영역	• 성적이 기대했던 것보다 나오지 않을 때, 어머니께 야단맞고 방에 혼자 있을 때는 외롭고 답답해서 손목에 자해를 하게 된다.	I영역	• 노력하고 있는 자신에 대해 긍정 스트로크 하기 • 답답하게 느껴질 때 대안행동으로 운동하기 • 진로목표를 세우기 위한 전문가 도움받기 • 생애 장단기 목표 수립하기

7. 상담자의 총평

청소년 내담자는 공부계획과 생활계획을 세우고 어머니와 잘 지킬 것을 약속하였지만 잘 지키지 못했으며, 자기중심적이고 공감능력 부족으로 인해 모-자녀 관계의 어려움을 가지고 있다. 또한 타인의 감정을 이해하는 능력이 미흡하여 어머니와 소통을 원하지만 짜증과 말다툼으로 이어졌다. 성실하고 계획적인 어머니의 생활양식과 상반되는 내담자는 답답함과 소외감을 느껴 자신에 대해 자기비하적인 자책행위로 손목을 긋는 자해행동을 반복하였다. CKEO그램을 통해 자신의 심적 에너지를 이해하고 합의된 개선 방안을 실천하면서 어머니와의 관계가 개선되었다. 어머니 상담을 통해 자녀의 CP 기능을 활성화시키는 개선 방안을 돕도록 하였으며, NP를 활용하는 시범을 보이도록 하였다. 체크리스트를 만들고 실천목록을 수행한 경우 어머니는 자녀에게 긍정적 스트로크를 줄 수 있도록 구체적인 부모교육도 병행하였다. 잘하고 싶은 마음만 앞섰던 내담자가 자신의 작은 성공경험을 통해 자신감을 얻게 되었으며 어머니에게 긍정적 스트로크를 드리면서 관계가 더욱 개선되었다. 가정에서 어머니에 대한 긍정적 태도는 친구관계에 영향을 주어 학교적응에 선순환적 영향을 주었다.

6장

커플 사례

CKEO그램에 의한 커플(부부) 사례분석
주제: 가정폭력 위기 부부의 소통

상담자: 노정자

1. 내담자 기본정보

성명: 선녀(아내) / 성별: 여 / 연령: 45세 / 학력: 고졸
성명: 나무꾼(남편) 성별: 남 / 연령: 49세 / 학력: 고졸
관계: 부부(결혼 07년)

1) 의뢰경위 및 주 호소문제

* 의뢰경위: 가정폭력 피해자인 부인이 112에 신고하여 ○○시 경찰서에서 본 가정
폭력 상담소로 의뢰하여 부부 상담을 진행하였다.

* 주 호소 문제
선녀: "남편이 폭력을 하지 않고 자기표현을 잘했으면 좋겠어요."
남편과 성격 차이로 갈등이 많았다. 갈등상황이 되면 남편은 술을 먹고 물건을 던지
거나 내 뺨을 때리고 발로 차는 등 폭력을 행사했다. 폭력으로 뼈를 다쳐서 병원을 다
녀온 적도 있다. 자녀들을 양육하며 부업을 하고 있는데 스트레스로 동네 언니들과 술
을 마시는 횟수가 많아지면서 남편과 심각한 폭력상황이 반복되었다. 남편은 말이 없
는 사람인데 자기표현을 잘하면 좋겠다.

나무꾼: "아내가 술을 과하게 먹어서 화가 나고 술을 조절하면 좋겠다."
아내는 술을 입에 대면 끝까지 간다. 술을 마신 날은 직장으로 전화해서 너 때문이
라며 계속 잔소리를 한다. 퇴근 후 집에 들어오면 애들 안 챙기고 술 취한 상태로 자고

있는 모습에 화가 난다. 참다가 본인도 술을 먹고 집안 살림을 부수기도 하고 아내에게 신체적 폭력도 했다. 아내가 술을 조절해서 먹었으면 좋겠다.

2) 행동관찰

선녀: 체격이 큰 편이며 눈을 깜박이는 행동을 자주 한다. 빨간색 립스틱을 자주 바르고 오고, 목소리가 큰 편이다. 상담 중 남편이 말할 때 중간에 끼어들기를 한다.

나무꾼: 체격이 왜소한 편이며 눈을 잘 마주치지 않는 경향성이 있다. 상담자의 질문에 대답을 하기까지 시간이 걸린다. 부인이 말할 때 고개를 숙이고 있다.

3) 내담자의 자원

선녀: 타인의 눈치를 보지 않고 자신의 감정을 잘 표현하며, 밝고 상냥한 성격, 이웃과 잘 어울리며 가정 살림을 깔끔하게 잘한다.

나무꾼: 진솔하며, 안정감이 있고 차분하다. 술을 먹지 않았을 때는 생각하고 행동하는 편이며, 직장생활을 성실히 하고 상담약속 시간을 잘 지킨다.

4) 가계도

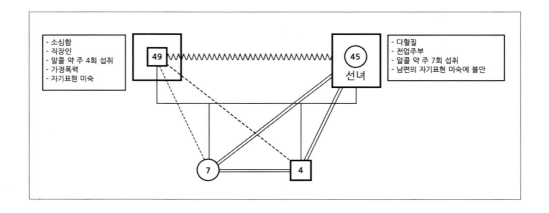

2. 내담자 검사 결과

〈CK-EO그램〉

선녀	CP	NP	A	FC	AC	
자아상태 기능점수	37	39	31	44	27	구조 편향: Ⓟ
자아상태 규준등급	3-4등급	3-4등급	6-7등급	1-2등급	6-7등급	기능 주도: PC
자아상태 구조점수	76		62		71	심적 에너지 총량: 209(중)

나무꾼	CP	NP	A	FC	AC	
자아상태 기능점수	28	36	33	32	34	구조 편향: Ⓐ
자아상태 규준등급	6-7등급	5등급	5등급	5등급	3-4등급	기능 주도: NP
자아상태 구조점수	64		66		66	심적 에너지 총량: 196(중)

〈CK-OK그램〉

선녀	U-	U+	I+	I-
인생태도 점수	30	36	36	23
한국규준등급	5등급	5등급	5등급	6-7등급
심적 에너지의 편향	66		59	
기본적 인생태도	U- 〈 U+		I+ 〉I-	
인생태도 영역 표시	I 72 〉III 66 〉II 59 〉IV 53			
자타존중감	타인존중감 높음		자아 존중감 높음	

나무꾼	U-	U+	I+	I-
인생태도 점수	31	37	31	34
한국규준등급	5등급	3-4등급	6-7등급	1-2등급
심적 에너지의 편향	68		65	
기본적 인생태도	U- 〈 U+		I+ 〈 I-	
인생태도 영역 표시	II 71〉 I 68 〉IV 65 〉III 62			
자타존중감	타인존중감 높음		자아존중감 낮음	

〈CKEO그램 체크리스트〉

선녀(아내)

ego 점수	ⓅCP 비판적 원칙·책임감 관용적	NP 과보호적 배려·봉사 방임적	Ⓐ 기계적 합리적·정확성 즉흥적	ⓒFC 자기도취적 활력·적극성 위축적	AC 자기비하적 타협·협동 독단적	ego 점수
50						50
49						49
48						48
47						47
46						46
45						45
44				1-2		44
43						43
42						42
41						41
40						40
39		3-4				39
38						38
37	3-4					37
36		5		5		36
35						35
34						34
33						33
32						32
31			6-7			31
30	5					30
29						29
28						28
27					6-7	27
26						26
25						25
24						24
23					6-7	23
22						22
21						21
20						20
19						19
18						18
17						17
16						16
15						15
14						14
13						13
12						12
11						11
10						10

점수 ok	U⁻ 타인부정	U⁺ 타인긍정	Ⓐ	I⁺ 자기긍정	I⁻ 자기부정	점수 ok

나무꾼(남편)

ego	ⓟ		ⓐ	ⓒ		ego
	CP	NP		FC	AC	
점수	비판적 원칙·책임감 관용적	과보호적 배려·봉사 방임적	기계적 합리적·정확성 즉흥적	자기도취적 활력·적극성 위축적	자기비하적 타협·협동 독단적	점수

점수	U⁻	U⁺	Ⓐ	I⁺	I⁻	점수
ok	타인부정	타인긍정		자기긍정	자기부정	ok

〈OK그램(기본적인 인생태도 분석도) 체크리스트〉

선녀(아내)

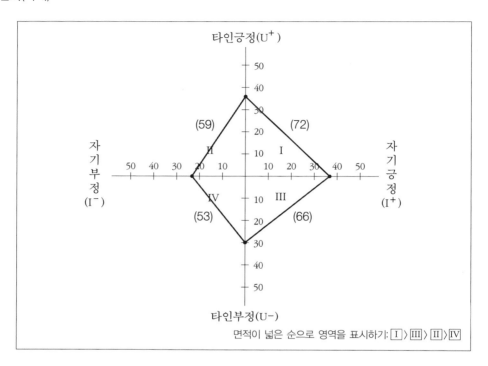

〈OK그램 기본 해석표〉

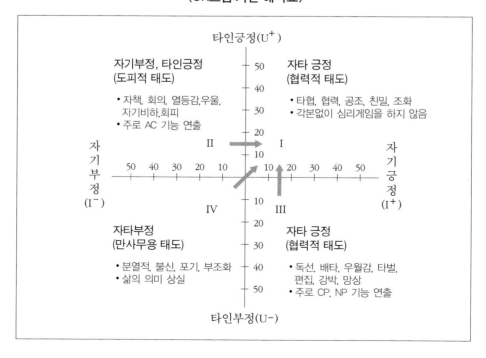

나무꾼(남편)

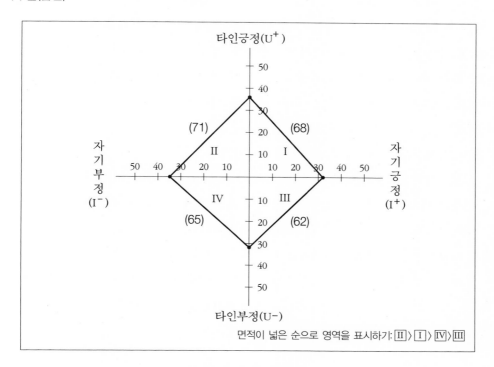

<OK그램 기본 해석표>

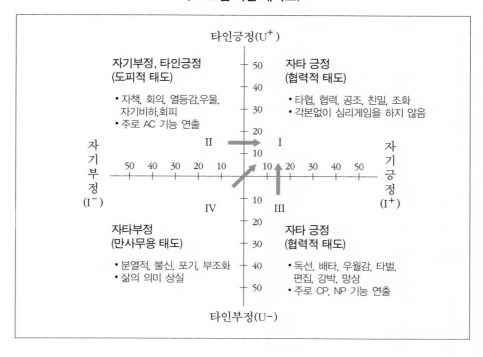

※ 사회적 수준(CK-EGO그램 자아상태 기능) 상호관계

선녀는 갈등 상황에서 자신이 옳다고 생각하는 일이면 나무꾼에게 질문을 하거나 확인하지 않는다. A가 낮은 편이라 나무꾼에게 즉흥적 감정적인 목소리로 대화를 시작하고 가르치려는 태도로 지나치게 간섭한다. 이런 상황이 되면 나무꾼은 선녀의 눈치를 보며 싸우기 싫어서 침묵하고 자신의 생각을 표현하지 못한다. 부부의 반복되는 패턴으로 선녀는 오해하는 일이 많아지고 그런 일이 생길 때마다 부부는 술을 먹고 억압된 감정을 가정폭력으로 표출하는 상태이다.

※ 심리적수준(CK-OK그램 인생태도) 상호관계

선녀는 자기긍정, 타인긍정의 인생태도(I영역)를 보이고 있어서 부부관계가 좋을 때는 협력적 태도를 보이지만 갈등상황이 발생하면 III영역을 주로 사용한다. 선녀는 자기주장이 강해(나무꾼은 자기주장이 약함) 나무꾼이 원인 제공을 했다고 비난하면 나무꾼은 자기부정, 타인긍정 인생태도로 침묵한다. 이런 태도에 선녀는 더 강하게 행동하여 동네 친구들과 밤새 술을 먹고 들어와 나무꾼에게 배타적 태도를 보인다. 반면, 나무꾼은 도피적 태도(II영역)를 보이며 자기부정 타인긍정의 인생태도로 자기주장을 못하며 갈등상황 시 열등감으로 자책하거나 회피하려는 태도를 보인다.

3. CK-EGO그램 해석

1) 구조 편향형과 기능 주도형

선녀
• 구조 편향형: Ⓟ
• 기능 주도형: FC

내적인 성향은 가치판단적이다. 외적 성향은 자기도취적, 활력, 신바람을 추구하며 나무꾼의 답답하고 소심하고 눈치보는 성향에 화가 나서 술을 마시며 동네 친구들과 어울려 과하게 행동한다.

나무꾼
• 구조 편향형: Ⓐ

• 기능 주도형: NP

내적인 성향은 현실판단적이다. 외적 성향은 과보호적·배려·봉사를 추구하나 아내의 눈치를 보거나 갈등이 싫어서 하고 싶은 말을 참고 넘어간다. 자기주장이 강하고 급한 성격의 선녀가 강한 어투로 말을 자르는 경우에는 심리적으로 위축되어 참다가 스트레스로 인해 술을 먹으면 폭력이 반복된다.

2) 심적 에너지 총량

선녀: 심적 에너지의 총량 209점(중)
나무꾼: 심적 에너지의 총량 196점(중)

부부의 심적 에너지의 총량을 살펴보면 '중'이지만 나무꾼이 선녀에 비해 심적 에너지가 낮다.

3) 한국 연령·성별 CK-EGO그램 규준 등급

선녀

CP(37): 3-4등급, 원칙을 중요하게 여기며 완고한 경향이 있어 타인의 행동 등에 대해 잘 판단하고 비판하는 경향이 있을 수 있다. 이웃이나 가족과의 관계에서 긍정적일 때는 집안일과 자녀양육 등을 반듯하게 하지만 자신이 옳다고 생각하는 일이면 남편에게 강요하는 편이며 목소리를 높여 가르치려는 태도를 보인다. 남편은 아내의 목소리가 크면 입을 닫는다. 그런 남편에게 화가 나서 술을 더 먹는 경우가 많다.

NP(39): 3-4등급, 타인의 입장을 배려하고 도움을 주고 보호하려는 따뜻한 마음이 크다. 남편과 스킨십을 하거나 대화하는 시간을 좋아하고 인정이 많다. 하지만 본인 마음에 들지 않으면 남편이나 자녀에게 지나치게 간섭하고 때로는 될 대로 되라는 식으로 행동한다.

A(31): 6-7등급, 현실을 무시하고 즉흥적이며 논리성이 부족하여 감정적으로 행동한다. 합리적이거나 이성적이지 못하다. 즉흥적으로 행동하기 때문에 남편에게 신뢰받기 어렵다.

FC(44): 1-2등급, 자아도취적이고 자기중심적인 경솔한 행동이나 실수를 하며 분위기에 따라 어린 자녀들을 돌보지 않고 동네 친구들과 나이트클럽에 가서 밤새 놀다 들어오기도 한다. 이처럼 자기 기분에 따라 충동적으로 행동하고 자기 절제가 잘 안 되는 경향이 있다.

AC(27): 6-7등급, 고집이 세고 독단적이어서 타협할 줄 모르는 편이다. 자신의 불평불만을 참지 못하고 직설적으로 남편에게 표현하여 남편과 갈등이 많다.

나무꾼

CP(28): 6-7등급, 주관이 없으며 소극적이어서 생활에 질서가 없다는 말들 듣는다. 정당하지 않은 아내의 비난에도 침묵하며 자신의 생각을 소극적으로 표현하여 아내에게 오해를 받는 편이다.

NP(36): 5등급, 직장에서 동료들의 입장을 배려하고 도움을 주고 보호하려는 따뜻한 마음이 크다. 아내가 편안하게 들어 주고 부드럽게 대할 때는 본인도 눈치를 보지 않고 자신의 감정까지 표현하는 편이다.

A (33): 5등급, 직장이나 가정에서 합리적이고 객관적인 정보에 의해 이성적으로 공과 사를 구분하여 현실 판단을 한다. 무슨 일을 하든 계획적으로 생각하고 행동하나 술을 먹으면 이성을 잃고 억압된 감정을 표출하여 폭력이 발생된다.

FC(32): 5등급, 자유로운 분위기에서는 호기심도 있고 감정표현을 잘 할 수 있으나 아내와 갈등이나 문제상황 속에서는 위축되고 자신감이 없는 태도를 보인다.

AC(34): 3-4등급, 아내의 말투와 태도에 대해 과민하게 눈치를 보며 감정을 억압한다. 반복적으로 감정을 억압하고 열등감, 자기비하를 할 때는 만사무용적 태도가 된다.

4) 역기능적 자아상태 구조

선녀는 아내로서, 역기능적 자아상태 구조는 없다.
- ⓟ 자아상태 구조는 76점으로 3-4등급, 71~78의 범위에 속한다.
- ⓐ 자아상태 구조는 62점으로 6-7등급, 58~66의 범위에 속한다.
- ⓒ 자아상태 구조는 71점으로 3-4등급, 67~75의 범위에 속한다.

나무꾼은 남편으로서, 역기능적 자아상태 구조는 없다.
- ⓟ 자아상태 구조는 61점으로 6-7등급, 58~64의 범위에 속한다.
- ⓐ 자아상태 구조는 66점으로 5등급, 66~68의 범위에 속한다.
- ⓒ 자아상태 구조는 66점으로 3-4등급, 65~71의 범위에 속한다.

선녀와 나무꾼 부부의 역기능적 자아상태 구조는 없다.

5) 역기능적 자아상태 기능

선녀: FC의 자아상태 기능이 1-2등급으로 역기능적이다. 밝고 명랑한 대인관계를 갖고 생활하지만 남편의 답답하고 소심하고 침묵하는 상황은 견디기 어렵다. 그런 상황을 피하고 싶어 언니들과 어울려 끝까지 술을 먹고 밤새워 놀다 집에 들어오곤 한다. 이런 일이 반복되면 남편도 술을 먹고 들어와 가정폭력이 반복적으로 발생한다.

나무꾼: 없음

4. CK-OK그램 해석

1) CK-OK그램의 순기능과 역기능

선녀: 타인(남편)에 대한 태도는 'U-(30) 〈 U+(36)'로 타인(남편)에 대해서 순기능을 보이고 있다.
자신에 대한 태도는 'I+(36) 〉 I-(23)'로 자신에 대해 순기능을 보이고 있다.
자타 긍정으로 협력적 태도를 보인다.

나무꾼: 타인(아내)에 대한 태도는 'U-(31) 〈 U+(37)'로 타인(아내)에 대해서 순기능을 보이고 있다.
자신에 대한 태도는 'I+(31) 〈 I-(34)'로 자신에 대해 역기능을 보이고 있다.
자기부정, 타인긍정의 도피적 태도를 보인다.

2) U와 I의 심적 에너지 편향성

선녀: 'U(66) 〉 I(59)'이므로 심적 에너지가 U쪽으로 편향되어 있어, 자신보다는 타인(나무꾼)에게 더 많은 심적 에너지를 쓰며 남편의 태도나 행동에 따라 기분이 좌우된다.

나무꾼: 'U(68) 〉 I(65)'이므로 심적 에너지가 U쪽으로 편향되어 있어, 자신보다는 타인(선녀)에게 더 많은 심적 에너지를 쓴다.

3) 한국 연령·성별 CK-OK그램 규준 등급

선녀: U- 30(5등급), U+ 35 (5등급), I+ 36(5등급), I- 23 (6-7등급)
U-와 I-는 5와 6-7등급으로 자신과 타인에 대한 부정성은 평균, 평균 이하 정도이다. U+와 I+는 5등급으로 타인과 자신에 대한 긍정성은 평균 정도이다. 자아존중감과 타인존중감이 높다.

나무꾼: U- 31(5등급), U+ 37(3-4등급), I+ 31(6-7등급), I- 34(1-2등급)
U+와 I+가 3-4등급, 6-7 등급으로 타인긍정성은 평균 이상, 자신에 대한 긍정성은 평균 이하이다. U-와 I-는 5등급, 1-2등급으로 자신에 대한 부정성은 매우 높다. 타인존중감은 높고, 자아존중감은 매우 낮다.

4) 자아존중감과 타인존중감

선녀: U- 30(5등급) 〈 U+ 36(5등급), I+ 36(5등급) 〈 I- 23(6-7등급)
U+ 와 I+ 의 한국규준등급이 5등급 이상이면서 U+와 I+의 절댓값이 U-와 I-의 절댓값보다 더 높을 때 자아존중감 및 타인존중감이 높은 것으로 해석할 수 있다.

나무꾼: U- 31(6-7등급) 〈 U+ 37(5등급), I+ 31(6-7등급) 〈 I- 34(1-2등급)
U+ 한국규준등급이 5등급 이상으로 타인존중감은 높은 편이나 I+는 한국규준등급 5등급 이하로 자아존중감이 낮은 상태를 보이고 있다.

5) CK-OK그램(커렐로그램) 영역 커플관계

선녀: I 72 〉 III 66 〉 II 59 〉 IV 53

I영역: 남편이 말하지 않아도 퇴근 후 아이들 동화책 읽어 주고 집안일 도와주면 나를 사랑하는구나 생각이 들어 행복하다. 2교대 근무로 퇴근이 늦은 남편이 내가 좋아하는 빵을 사들고 퇴근하면 가족을 생각하는 마음이 느껴져서 기분이 좋아져서 그다음 날 맛있는 반찬을 해 준다. 가끔 회식으로 늦어 질 때는 문자나 전화로 상황을 설명해 주면 존중받는 것 같아 마음이 편안하다.

III영역: 남편은 기분이 나쁘면 얼굴에 그대로 나타난다. 내가 말을 걸어도 대답을 안 한다. 그럴 때마다 또 불만이 있구나 생각하면 답답하고 스트레스가 쌓여서 동네 언니들과 술을 마시며 끝까지 간다. 주로 그런 상황에는 나이트클럽에서 놀다 새벽에 들어온다. 이런 날은 남편과 가정폭력이 발생하곤 한다. 이럴 때마다 내가 기분 안 좋아서 술을 먹은 거야. 당신 때문이야라며 합리화를 한다. 그런 일이 자주 발생하여 살이 10kg 정도 증가한 것도 남편 때문이고, 체중 증가로 몸이 아픈 것도 남편 때문이라고 남편을 공격적으로 비난한다.

II영역: 20대 초반에 동거로 초혼에 실패하여 혼자 지내다 현재 남편과 재혼했다. 그 남자를 선택한 것이 인생의 큰 실수이며 그 계기로 인생이 꼬이게 되었다고 자책한다. 지금 불행한 결혼생활도 내가 잘못 선택한 것이라며 남자 복이 없다고 자책한다.

IV영역: 가정폭력으로 살림 부서지고, 병원 가고, 경찰차가 출동하고 아이들은 울부짖고, 피 흘리고 집안이 엉망일 때면 이혼하여 이 고통 속에서 벗어나자고 결심한다.

나무꾼: II 71 〉 I 68 〉 IV 65 〉 III 62

II영역: 아내가 당신 때문에 내가 이렇게 살이 찐 거고……. 몸도 아픈 거고 불행하다고 비난하면 내 잘못이라는 자책감에 마음이 무거워서 술을 먹게 된다. 술을 먹으면 직장으로 끝없이 전화해서 너 때문이라며 계속 잔소리를 하면 그런 자신이 창피해서 화가 난다. 또한 아내는 목소리가 크고 말을 잘한다. 그런 아내에게 실수할까 봐, 싸움이 생길까 봐 두려워서 입을 닫고 눈치 보며 말을 하지 않는다. 말을 안 하면 답답하다고 다그치고 우리 집은 남자 여자 역할이 바뀌었다며 비난하면 한없이 내 자신이 못난이처럼 느껴진다. 아내가 초혼이 꼬여서 내 인생이 이렇게 됐다며 자신을 자책할 때면, 그래서 나를 만난 거잖아……. 미안해……. 내가 더 노력할게, 내가 더 잘할게라며 아내를 다독인다.

Ⅰ영역: 아내가 사람들과 함께 어울리고 처음 본 사람들과도 유쾌하게 지내는 것이 보기 좋다. 어떤 모임이든 아내가 주도적으로 이끌어 가며 주위 사람들은 아내의 유쾌한 성격에 호감을 갖는다. 나는 그렇게 못하지만 그런 아내가 부럽기도 하고 자랑스럽다. 특히, 시댁식구들의 애경사를 알아서 챙길 때면 정말 고맙다. 하루도 결근하지 않고 성실하게 일하는 나를 위해 아내가 맛있는 반찬과 따뜻한 밥상을 차려 줄 때면 가장으로서 대접받는 것 같아서 기분이 좋다.

Ⅳ영역: 가정폭력으로 경찰을 부르면 모든 것을 정리하고 싶다. 내가 또 실수를 했다는 자책감에 힘이 빠지고 모든 것을 포기 하고 싶다. 신고한 아내를 탓하기보다는 참지 못한 자신이 한심스러워 이혼을 생각하고 혼자 살고 싶어진다. 아이들이 어리니 양육비를 주고 혼자 살아야 하나 고민한다.

Ⅲ영역: 밖에서 힘들게 일하고 들어왔는데 아내는 기분 좋은 일이 생겼다고 동네 언니들과 술을 먹고 흐트러진 모습으로 자고 있을 때 그런 아내가 이해가 안 간다. 힘들다고 술 마시고 기분 좋다고 술 마시고 핑계도 많다고 생각한다. 늦게까지 일을 열심히 하고 온 남편을 무시하는 태도라는 생각이 든다. 술을 지나치게 마시고 절제하지 못하는 아내가 한없이 미워지고 일하고 온 남편을 위해 따뜻하게 맞이하는 아내, 적당히 술을 먹고 자제하는 아내면 좋겠다.

5. CK-EGO그램과 CK-OK그램 상관관계

1) CK-EGO그램과 CK-OK그램 상관관계에 따른 커플관계

선녀

CP 〉U-: 심리적 수준보다 역할상 일부러 엄격하게 행동을 나타내 보인다(7점 차).

소심하고 결정을 못하는 남편 대신 역할상 가장 역할을 한다. 아이들이나 남편에게 주로 규칙과 원칙을 제시하는 편이다. 남편이 물건을 부수거나 신체적 폭력을 가하면 즉각 경찰에 신고하고 자녀들에게도 그런 상황이 발생하면 112에 신고하도록 가르친다. 막내아들이 부부간에 큰 소리가 나면 엄마 경찰 불러라고 말할 정도로 익숙한 상황이 되었다.

FC 〉 I+: 허세를 잘 부리거나 생각보다 표현을 잘한다(8점 차).

애교 있고 밝은 표정으로 사람들과 잘 어울린다. 남들에게는 주도적으로 표현도 잘하고 놀기도 잘한다. 하지만 남편의 표정만 봐도 기분을 읽을 수 있다. 경직된 표정과 위축된 모습에 말하고 싶지 않고 자꾸 지적을 하게 된다. 가장으로서 자신감과 주도적인 행동을 원하지만 늘 자신이 그런 역할을 해야 하는 것이 싫어서 남편과 동행하는 것이 부담스럽다.

나무꾼:

CP 〈 U-: 비판을 의식적으로 억제한다(3점 차).

하고 싶은 말이 있어도 갈등이 싫어서 회피한다. 아내의 목소리가 커지면 말문이 막히고 위축된다. 내가 뭘 잘못했지라는 생각이 들어 불안하다. 참는 것이 익숙하다. 평소에는 거의 말을 하지 않는다. 힘든 일과를 마치면 거의 매일 소량이라도 술을 마시고 잠을 잔다. 기분이 안 좋은 날 과음하면 억압했던 감정들이 올라와 가정폭력이 발생한다. 그런 상황을 후회하지만 반복적으로 발생한다.

6. CKEO그램 검사결과에 따른 커플관계 성장 방안

1) 자아상태 기능 커플관계 활성화 방안

선녀

기능 촉진방안	상태	현재 상태	커플 대상에서 활성화 방안
A	현실지향적 태도를 더 취한다.	• 감정이 힘들면 남편을 비난하거나 지적하는 역할을 한다. 불행의 원인이 남편 때문이라며 스트레스를 풀기 위해 앞으로 일은 생각하지 않고 끝까지 술을 마신다.	• 문제소유를 분명히 하여 현실 판단하기 • 자신의 감정을 나 전달법으로 말하기 • 불행도 나의 선택임을 인정하기 • 운동 등 취미생활을 통해 스트레스 해소하기

AC	타인에게 더 관대하게 대한다.	• 자신의 독단적인 주장만이 옳다고 생각하여 남편의 실수나 말을 듣지 않고 스스로 판단하여 꼭 잘못을 알려 주어야 한다. • 남편의 감정을 고려치 않고 하고 싶은 말을 다한다. • 남편이 말할 때까지 경청하지 못하고 본인이 답을 제시한다.	• 내 주장이 옳지 않을 수도 있다고 생각하기 • 남편의 실수를 지적하기보다 장점을 찾아 격려하기 • 남편 입장에서 생각하고 기다리기 • 남편이 말하도록 충분히 기다리기

나무꾼

기능 촉진방안 \ 상태		현재 상태	커플 대상에서 활성화 방안
CP	소극적으로 행동한다.	• 직업적인 일을 제외하고 대부분 소극적이다. • 아내가 잔소리를 해야 집안에서 가사나 자녀 돌봄을 한다. • 타인에게 다가가지 못하고 주저하고 말이 없고 위축되어 있다.	• 자신감을 갖고 적극적으로 행동하기 • 주도적으로 집안일에 규칙을 지키기 • 타인에게 안부인사 먼저 하기

2) 기본적인 인생태도 커플관계 개선 방안

선녀

태도 영역	현재 삶의 태도		커플 대상에게 개선해야 할 방안
III영역	• 남편은 기분이 나쁘면 얼굴에 그대로 나타난다. 말을 걸어도 대답을 안 한다. 그럴 때 마다 또 불만이 있구나 생각하면 답답하고 스트레스가 쌓여서 동네 언니들과 술을 마시며 끝까지 간다. 주로 그런 상황에는 나이트클럽에서 놀다 새벽에 들어온다. 이럴 때마다 내가 기분 안 좋아서 술을 먹은 거야 당신 때문이야라며 합리화를 한다. 그런 일로 체중이 증가한 것도, 몸이 아픈 것도 남편 때문이라고 남편을 공격적으로 비난한다.	I영역	• 남편의 표정을 보고 판단하지 말고 무슨 일이 있는지 부드럽게 질문하기 • 화가 나면 호흡을 하고 자기감정조절을 하도록 하기 • 스트레스를 술로 풀지 말고 다른 방법을 모색하기 • 결과를 생각하고 행동하도록 하기 • 남편을 비난하기 전에 나에게는 어떤 원인이 있는지 잘 생각해 보기

영역	현재 삶의 태도	영역	커플 대상에게 개선해야 할 방안
II영역	• 20대 초반에 동거로 초혼에 실패하여 혼자 지내다 현재 남편과 재혼했다. 그 남자를 선택한 것이 인생의 큰 실수이며 그 계기로 인생이 꼬이게 되었다고 자책한다. 지금 불행한 결혼생활도 내가 잘못 선택한 것이라며 남자 복이 없다고 자책한다.	I영역	• 모든 것은 나의 선택이고 그에 따른 책임이 따른다는 것을 자각하고 신중하게 선택하도록 하기 • 행복도 불행도 나의 선택임을 알게 하기 • 자신이 소중한 존재임을 인식하기
IV영역	• 가정폭력으로 살림이 부서지고, 병원 가고, 경찰차가 출동하고 아이들은 울부짖고, 피 흘리고 집안이 엉망일 때면 이혼하여 이 고통 속에서 벗어나자고 결심한다.	I영역	• 폭력에서 벗어나기 위해 대화방법을 개선하여 대화로 문제를 해결하기 • 아이들이 부부폭력 상황을 목격하면 정서적 불안을 경험하여 건강하게 성장하지 못하므로 부부관계 개선을 위해 노력하고 자녀가 건강하게 성장하도록 부모역할을 배우기

나무꾼

태도 영역	현재 삶의 태도	영역	커플 대상에게 개선해야 할 방안
II영역	• 아내가 당신 때문에 내가 이렇게 살이 찐 거고, 몸도 아픈 거고, 불행하다고 비난하면 내 잘못이라는 자책감에 마음이 무거워서 술을 먹게 된다. 술을 먹으면 직장으로 끝없이 전화해서 너 때문이라며 계속 잔소리를 하면 그런 자신이 창피하고 화가 난다. 또한 아내는 목소리가 크고 말을 잘한다. 그런 아내에게 실수할까봐, 싸움이 생길까 봐 두려워서 입을 닫고 눈치 보며 말을 하지 않는다. 말을 안 하면 답답하다고 다그치고 우리 집은 남자 여자 역할이 바꿨다며 비난하면 한없이 내 자신이 못난이처럼 느껴진다.	I영역	• 아내의 비난을 그대로 받지 말고 정말 그런지 생각해 보고 문제 소유를 가리는 행동을 해 보기 • 아내의 비난에 자책하기보다 문제 해결을 위한 대책을 세워 보고 아내의 마음을 읽기 • 아내와 알코올 치료를 받기 • 눈치를 보지 말고 나 전달법으로 표현하기
IV영역	• 가정폭력으로 경찰을 부르면 모든 것을 정리하고 싶다. 내가 또 실수를 했다는 자책감에 힘이 빠지고 모든 것을 포기하고 싶다. 신고한 아내를 탓하기보다는 실수하고 참지 못한 자	I영역	• 가정폭력에 대해 진심으로 사과하기 • 경찰출동으로 더 큰 일을 막았고 위기를 기회로 만들 수 있다고 긍정적으로 생각하기 • 자신의 잘못이라고 인정되면 행동 교

IV영역	신이 한심스러워 이혼을 결심하고 혼자 살고 싶어진다. 아이들이 어리니 양육비를 주고 혼자 살아야 하나 고민한다.	I영역	정을 위해 어떤 노력을 해야 되는지 정보를 찾고 필요시 지원을 요청하기
III영역	• 밖에서 힘들게 일하고 들어왔는데 아내는 기분 좋은 일이 생겼다고 이웃 아줌마들과 술을 먹고 흐트러진 모습으로 자고 있을 때 그런 아내가 이해가 안 간다. 힘들다고 술 마시고, 기분 좋다고 술 마시고 핑계도 많다고 생각한다. 늦게까지 일하고 온 남편을 무시하는 태도라는 생각에 술을 지나치게 먹고 절제하지 못하는 아내가 한없이 미워진다. 열심히 일하고 들어온 남편을 위해 따뜻하게 맞이하는 아내, 적당히 술을 먹고 자제하는 아내이면 좋겠다.	I영역	• 이해가 되지 않는 아내의 행동에 대한 대화를 통해 속마음을 들어 보기 • 아내의 음주 습관과 태도에 대해 진지하게 생각하고 대처방법을 찾아보기 • 아내가 원하는 것이 무엇인지 어떤 상처로 힘들어 하는지 생각하여 내가 먼저 따뜻하게 다가가며 먼저 존중과 배려의 태도를 보이기

7. 커플상담자의 총평

선녀는 CKEO그램 검사를 하기 전에는 나무꾼의 폭력은 어떤 경우라도 용납할 수 없고 모든 책임이 나무꾼에게 있다고 주장했다. 선녀의 주 호소문제는 나무꾼이 폭력을 하지 않고 자기표현을 잘하길 원했다. 선녀는 본 검사를 통해 FC 기능과잉으로 스트레스가 생기면 결과를 생각하지 않고 감정을 따라 술 마시고 새벽까지 나이트클럽에서 놀았으며, CP 기능 과잉으로 남편을 지적하고 2교대 업무로 피곤한 남편에게 집안일과 자녀 돌봄을 강요하고, 자신의 방식을 따라 주지 않으면 비난했고, AC 기능결핍으로 독단적으로 자기주장을 하였다. 또한 A기능결핍으로 현실판단력이 부족하여 현실상황을 고려하지 않고 충동적이고 즉흥적으로 행동한 것을 알게 되었다. 그동안 나무꾼은 말이 없고 소심한 사람이라고 생각하며 자신이 원인 제공했다는 것을 자각한 후 나무꾼의 말을 경청하고 생각하고 말하는 태도를 보였다.

반면, 나무꾼의 주 호소문제는 선녀가 술을 조절하기를 원했다. CKEO그램 검사를 하기 전에는 선녀의 행동을 이해할 수 없었다. 선녀가 자기 멋대로의 행동과 원칙을 강요하며 지적하면 모든 것이 나무꾼의 잘못처럼 여겨져서 늘 나무꾼은 작아지고 위축되었다. 하지만 본 검사를 통해 선녀를 이해하게 되었고 나무꾼은 NP 기능 주도형 이지만 선녀의 지적과 비난에 위축되어 마음을 표현하지 못했으나 지금은 선녀가 끝까지 경청하는 자세로 노력하며 NP 기능을 사용하여 마음을 전달한다. 또한 AC 기능 과잉으로 선녀의 눈치를 보고 기회를 놓치면 말을 못하고 지나치는 습관이 있다는 것을 알고 선녀에게 하고 싶은 말을 그때그때 하기로 약속했다. 무엇보다 나무꾼은 자아존중감이 낮아서 선녀의 지적에 자신을 자책하며 마음이 힘들면 술을 마신 후 가정폭력이 발생하는 경향성을 알게 되어 선녀의 지적을 객관적으로 판단하여 분리하도록 했다.

상담회기가 진행되면서 부부는 결핍된 자아기능을 촉진하기 위해 서로 노력하였으며 서로 대화하는 시간이 많아졌다. 술을 마시고 싶으면 부부가 집에서 기분 좋게 마시면서 적절하게 조절하고 있다고 했고 상담기간 동안 폭력은 발생하지 않았다. 부부의 표정이 밝아지면서 웃는 일이 많아졌고 자녀들의 그림도 밝아졌다고 한다.

CKEO그램에 의한 커플(부부) 사례분석
주제: 은퇴자와 만학도 부부의 위기 극복

상담자 : 백은숙

1. 내담자 기본정보

성명: 은퇴자(남편) / 성별: 남 / 연령: 60세 / 학력: 전문대졸
성명: 만학도(아내) / 성별: 여 / 연령: 51세 / 학력: 대학원졸
관계: 부부

1) 의뢰경위 및 주 호소문제

* 의뢰경위: 행복한 제2의 인생을 위해 준비하던 만학도는 은퇴자의 갑작스러운 퇴직과 경제적 지원 단절, 학업중단의 요구로 인해 부부갈등을 겪게 됨으로써 이 위기를 바람직한 방향으로 극복하고자 상담을 의뢰하였다.

* 주 호소문제
은퇴자: "만학도가 일과 공부 중심에서 벗어나 건강을 챙기면서 평범하게 살면 좋겠어요."

은퇴자는 모회사의 임원으로 근무하던 중 일 년 전, 갑자기 회사를 퇴직하게 되었다. 은퇴자는 자신이 퇴직함에도 불구하고 무관심한 만학도가 서운하고, 계속되는 일과 공부로 인해 자신은 선의의 피해자라고 생각하고 있었다. 은퇴자는 전형적인 가부장적 사고와 보수적인 성격의 소유자였지만 만학도가 새로 시작한 일과 배움에는 비교적 수용적인 태도를 갖고 있었다. 평상시에는 만학도가 원하는 모든 요구를 들어주고 식사준비, 빨래, 쇼핑도 직접 하며 집안일을 도와주지만 화가 나면 참지 못하고 화가 풀릴 때까지 과격한 언어표현과 행동을 하였다. 퇴직 후에는 화를 내는 횟수가 빈번해졌다. 은퇴자는 만학도가 집에서 살림만 하기를 바랬으나 만학도의 요구에 따라

노후대책 차원으로 대학원 입학을 허락하였다. 하지만 석사 졸업 이후에도 박사과정 입학, 다양한 학회활동과 배움 활동, 이로 인한 과도한 생활비 지출과 끊임없는 행사로 인한 부부모임 불참, 주일예배 불참 등 일상생활에 지장을 줄 정도로 활동영역을 확대 하고 있는 것에 대한 불만을 호소하고 있었다. 은퇴자가 바라는 것은 퇴직 후 변화된 환경을 수용하고 일과 공부 중심에서 벗어나 가족과 함께 여가를 즐기면서 남들처럼 평범하게 살고 싶은 것이다.

만학도: "학업을 마치고 새로운 일을 시작하기까지 은퇴자가 재취업을 할 것과 과 격한 언어표현과 행동을 자제하면 좋겠어요."

만학도는 공립유치원 임용고사를 패스한 후 공립유치원에서 7년간 교사로 있었고 교육행정관을 꿈꾸며 열심히 일했지만 자녀 양육을 위해 과감하게 자신의 일을 포기 하였다. 퇴직 후 자녀 교육을 위해 가정어린이집을 운영하였으며, 이후 시동생이 운영 하는 입시미술학원과 초등 방과 후 및 299명 규모의 어린이집 운영을 돕던 중 유치원 운영제안으로 대학졸업 후 10여 년 만에 대학원공부를 시작하게 되었다. 만학도는 준 비시간을 단축하는 것만이 최선의 방법이라고 생각하며 철저한 계획하에 모든 일을 진행하고 있었다. 하지만 계획이 변경되어 박사과정에 입학하게 되었으며 박사논문 심사를 앞둔 시점에서 은퇴자의 갑작스러운 퇴직은 수용하기 힘들었다. 특히, 경제활 동을 최소한으로 줄일 수밖에 없었던 만학도의 형편에서 경제적 지원 단절, 부정적 사 고와 언어, 학업 중단 압력 등은 스트레스로 작용하게 되었다. 은퇴자는 만학도가 학 업을 포기하기를 원했지만 만학도는 학업을 그만두기보다는 계획대로 빠른 시일 내에 졸업하는 것만이 자신과 은퇴자를 위한 방법이라고 생각하고 있었다. 이러한 문제로 인한 잦은 다툼이 불편한 만학도는 남편과 부딪치는 것을 피하고 논문에 집중하기 위 해 강의가 있는 날 외에는 학교도서관에서 24시간 상주하였다. 평상시 건강이 좋지 않 았던 만학도는 스트레스로 인해 간염 재발증상이 보인 이후로는 논문준비 외에는 모 든 상황을 무시해 버리는 것이 자신의 건강을 지키기 위한 방법이라고 생각하고 있었 다. 만학도는 공부 자체의 어려움보다도 공부의 중단을 요구하며 화가 났을 때는 다시 는 안볼 사람처럼 화를 내며 과격한 언어표현까지 서슴지 않는 은퇴자의 행동, 친정 부 모에게까지 경제적 지원을 전가하는 무책임한 행동에 분노하고 있었다. 만학도는 모 든 것을 은퇴자와 상의해서 진행해 온 일이었기 때문에 은퇴자의 책임감 없는 행동과 대책 없는 현실상황에 더 서운함을 갖고 있었다. 만학도가 바라는 것은 학업을 마치는 것과 제2의 일을 시작하기까지 은퇴자가 재취업을 하는 것, 그리고 어떠한 상황에서도 과격한 언어와 행동을 자제하는 것이다.

2) 행동관찰

은퇴자: 키가 크고 날씬한 체구에 정장 차림으로 단정한 외모와 도시적인 이미지의 호남형이며 안경을 착용하고 있다. 성격이 급하고 목소리가 크며 자기주장이 강하다.

만학도: 단정한 정장 차림이며 작은 체구에 화려한 이미지를 갖고 있다. 말수는 적은 편이나 단호한 말투를 사용하고 있다. 건강문제와 수면부족으로 인해 안색은 피곤해 보이지만 내색하지 않으려고 노력하며 항상 웃고 있다.

3) 내담자의 자원

은퇴자: 프레젠테이션 및 영업능력이 뛰어나고, 매사에 적극적이다. 정직하고 성실하며 활발하다. 노래 부르기를 즐겨하여 인기가 많다. 요리를 즐겨하며 주위 사람들을 잘 챙기고 사교성이 많다.

만학도: 맡은 일은 책임을 다하며 주의집중력이 강하고 신중하여 한번 한다고 생각한 것은 끝까지 한다. 문제 상황이 발생하면 더 침착하게 대처하며 긍정적인 측면으로 해결하려고 노력한다. 손해를 보더라도 정직하게 살아야 한다는 생각을 가지고 생활하며 항상 웃는다.

4) 가계도

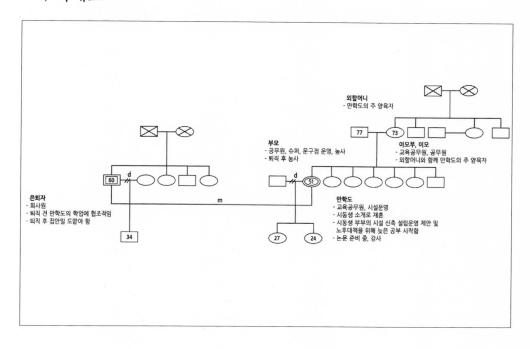

2. 내담자 검사 결과

〈CK-EGO그램〉

은퇴자	CP	NP	A	FC	AC	구조 편향형: Ⓟ
자아상태 기능점수	37	28	31	35	28	기능 주도형: cp
자아상태 규준등급	3-4등급	8-9등급	6-7등급	5등급	6-7등급	심적 에너지 총량:
자아상태 구조점수	65		62		63	190(중)
만학도	CP	NP	A	FC	AC	구조 편향형: Ⓐ
자아상태 기능점수	29	31	41	30	23	기능 주도형: A
자아상태 규준등급	6-7등급	6-7등급	1-2등급	6-7등급	8-9등급	심적 에너지 총량:
자아상태 구조점수	60		82		53	195(중)

〈CK-OK그램〉

은퇴자	U-	U+	I+	I-
인생태도 점수	30	37	38	29
한국규준등급	5등급	5등급	3-4등급	5등급
심적 에너지의 편향	67		67	
기본적 인생태도	U- 〈 U+		I+ 〉I-	
인생태도 영역 표시	I 75 〉III 68 〉II 66 〉IV 59			
자타존중감	타인존중감 높음		자아존중감 높음	

만학도	U-	U+	I+	I-
인생태도 점수	20	35	39	21
한국규준등급	8-9등급	6-7등급	3-4등급	8-9등급
심적 에너지의 편향	55		60	
기본적인 인생태도	U- 〈 U+		I+ 〉 I-	
인생태도 영역 표시	I 74 〉 III 59 〉 II 56 〉 IV 41			
자타존중감	타인존중감 높음		자아존중감 높음	

<h3 align="center">〈OK그램(기본적인 인생태도 분석도) 체크리스트〉</h3>

은퇴자

ego 점수	ⓟ		ⓐ	ⓒ		ego 점수
	CP 비판적 원칙·책임감 관용적	NP 과보호적 배려·봉사 방임적	ⓐ 기계적 합리적·정확성 즉흥적	FC 자기도취적 활력·적극성 위축적	AC 자기비하적 타협·협동 독단적	

점수 ok	U⁻ 타인부정	U⁺ 타인긍정	ⓐ	I⁺ 자기긍정	I⁻ 자기부정	점수 ok

만학도

ego 점수	Ⓟ		Ⓐ	Ⓒ		ego 점수
	CP	NP	Ⓐ	FC	AC	
	비판적 원칙·책임감 관용적	과보호적 배려·봉사 방임적	기계적 합리적·정확성 즉흥적	자기도취적 활력·적극성 위축적	자기비하적 타협·협동 독단적	

50						50
49						49
48						48
47						47
46						46
45						45
44						44
43						43
42						42
41			1-2			41
40						40
39				3-4		39
38						38
37						37
36						36
35		6-7				35
34						34
33						33
32						32
31		6-7				31
30				6-7		30
29	6-7					29
28						28
27						27
26						26
25						25
24					8-9	24
23					8-9	23
22						22
21					8-9	21
20	8-9					20
19						19
18						18
17						17
16						16
15						15
14						14
13						13
12						12
11						11
10						10

| 점수
ok | U⁻
타인부정 | U⁺
타인긍정 | Ⓐ | I⁺
자기긍정 | I⁻
자기부정 | 점수
ok |

〈OK그램(기본적인 인생태도 분석도) 체크리스트〉

은퇴자

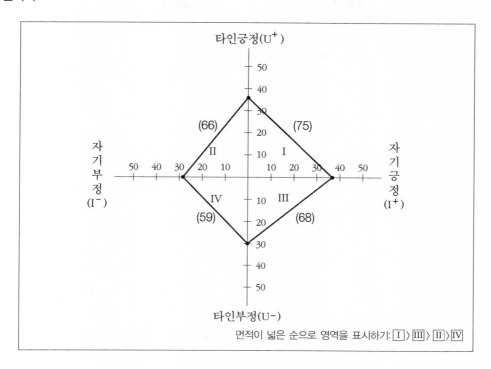

면적이 넓은 순으로 영역을 표시하기: Ⅰ 〉 Ⅲ 〉 Ⅱ 〉 Ⅳ

〈OK그램 기본 해석표〉

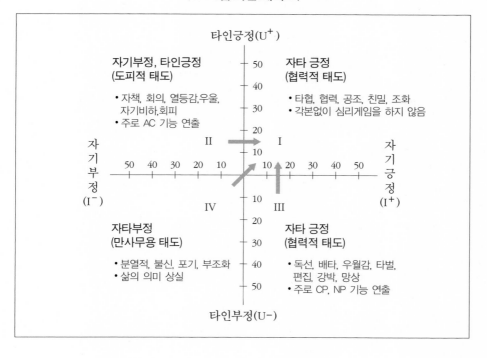

만학도

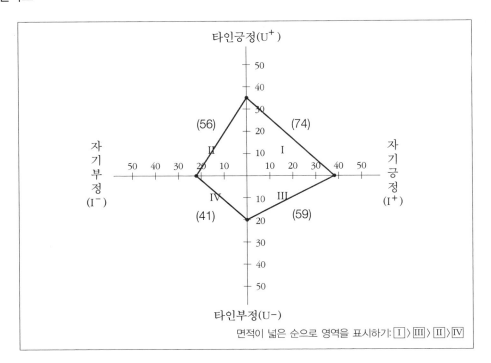

면적이 넓은 순으로 영역을 표시하기: I 〉 III 〉 II 〉 IV

〈OK그램 기본 해석표〉

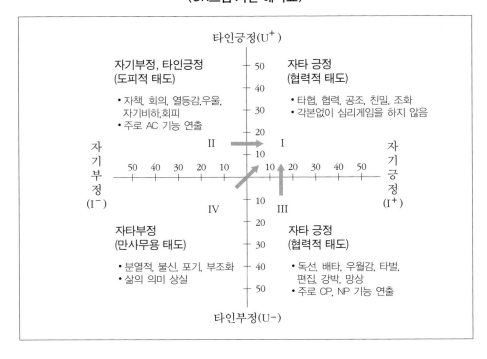

※ 사회적 수준(CK-EGO그램 자아상태 기능) 상호관계

은퇴자의 자아상태 기능은 원칙을 중시하여 비판, 통제하는 경향과 상대는 배려하지 않고 자기 마음대로 하려는 경향이 있고 만학도는 합리적이지 못한 원칙을 무시하고 자신의 일을 성취하기 위하여 기계적으로 독단적으로 대처하는 경향이 있다. 은퇴자는 자신이 은퇴하였음에도 불구하고 자신의 일만 고집하고 있는 만학도에게 상황이 바뀌었으니 하려던 일을 그만두는 것이 옳다고 생각하며 종용하고 만학도는 은퇴자와 상의하여 진행하던 일이었기 때문에 끝까지 이루려고 한다. 은퇴자는 자신의 요구를 무시하는 것에 대해 분노를 표출하게 되며, 만학도는 상황을 바꿔버린 행동에 대해 책임감 없는 행동으로 생각하며 부딪치는 것을 피하기 위해 대화를 하지 않으려고 한다.

※ 심리적 수준(CK-OK그램 인생태도) 상호관계

은퇴자와 만학도의 인생태도는 자타존중감이 높은 태도를 취하고 있다. 은퇴자는 자신과 만학도에 대해 존중감이 높은 편이지만 부정성도 높은 상태이며 만학도는 자타긍정성이 높은 편이다. 은퇴자는 심리적 에너지가 자신과 만학도에게 같은 수준을 보이지만 만학도는 자신에게 편향되어 있는 상태이다. 이는 건강과 학업문제로 인해 자신에게 집중되어 있는 것으로 나타난다.

3. CK-EGO그램 해석

1) 구조 편향형과 기능 주도형

은퇴자
- 구조 편향형: ⓟ
- 기능 주도형: CP

내적인 성향은 가치판단적이며, 외적 성향은 책임감이 강하며 사회적인 윤리와 질서를 존중하고 인간적인 도리를 잘 지키며 중시한다. 자신의 행동에 책임을 지며 자신이 해야 할 일은 당연한 의무감으로 수용하고 수행한다. 반면 상대의 장점보다는 단점을 지적하고 다른 사람의 생각이나 말을 가로막아 진실한 대화가 어렵다. 자신의 가치관이나 사고를 옳다고 보고 양보하지 않으며, 상대방의 권리나 자존심을 무시하거나 비현실적 고집을 내세우며, 쉽게 편견을 갖는다. 퇴직 후 생활의 변화와 경제적, 사회

적, 심리적 변화가 영향을 준 것으로 볼 수 있다.

만학도
- 구조 편향형: Ⓐ
- 기능 주도형: A

내적인 성향은 현실 판단적이며 외적 성향은 기계적, 합리적, 정확성을 추구한다. 현실적이며 철저한 합리주의자로서 객관적이고 정확하며 감정보다는 사실에 입각해 상황을 평가한다. 시간관념과 목표가 명확하고 계획적이므로 생활 전반에 질서가 잡혀 있다. 상대방과의 관계보다는 일에 몰두하여 마음이 차갑고 사실에 입각한 대화로 재미가 없는 사람으로 비춰질 수 있다. 건강상태를 조절하며 일과 학업을 우선으로 하는 생활이 반영된 것으로 볼 수 있다.

2) 심적 에너지 총량

은퇴자: 심적 에너지의 총량 190점(중)

만학도: 심적 에너지의 총량 195점(중)

두 부부의 심적 에너지의 총량을 살펴보면 같은 중(中)이지만 은퇴자의 심적 에너지보다 만학도의 심적 에너지가 5점 정도 높다. 은퇴자는 퇴직 후 심리의 변화, 만학도는 목표를 성취하고자 하는 제반 심리가 반영된 것으로 볼 수 있다.

3) 한국 연령 · 성별 CK-EGO그램 규준 등급

은퇴자

CP(37): 3-4등급, 원칙에 집중하고 융통성이 부족하며 완고한 경향이 있어 타인의 행동 등에 대해 잘 판단하고 비판한다.

NP(28): 8-9등급, 타인이나 상황에 대해 배려함이나 친절이 부족할 때가 많아 냉담하다. 무관심하고 따뜻함이 없어 인간관계에 갈등의 소지가 많다.

A (31): 6-7등급, 명확하고 계획적인 반면 현실을 무시함으로써 즉흥적이며 논리성이 부족하다.

FC(35): 5등급, 적극적이며 창조적이고 자유분방하여 호기심이 왕성하다. 매사에 활력과 신바람이 있어 감정표현을 잘하고 천진난만하다.

AC(28): 6-7등급, 비교적 협조적이지만 가끔 자신의 불만불평을 참지 못하여 인간관계에서 부딪칠 수 있다.

만학도

CP(29): 6-7등급, 원칙이나 책임감을 중시한 반면, 합리적이지 못한 원칙이라고 여겨질 때는 경시하는 경향이 있다.

NP(31): 6-7등급, 온정적이고 봉사정신이 있어 수용적이나 타인이나 상황에 대해 배려함이나 친절이 부족할 때가 있다.

A (41): 1-2등급, 일 중심의 객관적 태도를 취하며 공사구분이 철저하다. 이해 타산적이고 합리적인 컴퓨터 같은 인간으로 보일 수 있다.

FC(30): 6-7등급, 매사에 감정표현을 잘하는 반면, 갈등상황에서는 감정표현을 하지 않으려는 경향이 있다.

AC(23): 8-9등급, 고집이 세고 독단적이어서 타협할 줄 모르는 사람이다. 불평불만을 직설적으로 표현하여 인간관계에서 부딪힘이 있을 수 있다.

4) 역기능적 자아상태 구조

은퇴자는 60대 남성으로, 역기능적 자아상태 구조에 속하지 않는다.

ⓟ 자아상태 구조는 65점으로, 6-7등급, 57~67의 범위에 속한다.

Ⓐ 자아상태 구조는 62점으로, 6-7등급, 62~66의 범위에 속한다.

ⓒ 자아상태 구조는 63점으로, 5등급, 63~66의 범위에 속한다.

만학도는 50대 여성으로, 역기능적 자아상태 구조에 속하지 않는다.

ⓟ 자아상태 구조는 60점으로, 6-7등급, 58~66의 범위에 속한다.

Ⓐ 자아상태 구조는 82점으로, 1-2등급, 82~100의 범위에 속한다.

ⓒ 자아상태 구조는 53점으로, 6-7등급, 51~60의 범위에 속한다.

은퇴자와 만학도는 역기능적 자아상태 구조에 속하지 않는다.

5) 역기능적 자아상태 기능

은퇴자: NP의 자아상태 기능이 8-9등급으로 역기능적이다. 다른 사람에게 별로 관심이 없어 담백하게 보이나 냉정하고 인정이 없게 느낀다.

만학도: A의 자아상태 기능이 1-2등급으로 역기능적이다. 컴퓨터처럼 합리적이고 계산적이다. 사람의 감정을 경시하는 경향이 있고 대체로 마음의 여유가 없으며 세상일에 초월하는 것처럼 보인다. 타인에게 융통성이 부족하여 냉정한 느낌을 준다. AC의 자아상태 기능이 8-9등급으로 역기능적이다. 타인의 말을 잘 듣지 않고 주관적인 경향이 강하며 자신의 불평불만을 직설적으로 표현하기 때문에 타인과의 갈등을 가져올 수 있다.

4. CK-OK그램 해석

1) CK-OK그램의 순기능과 역기능

은퇴자
타인(아내)에 대한 태도는 'U+(37) 〉 U-(30)'으로 순기능을 보이고 있다. 자신에 대한 태도는 'I+(38) 〉 I-(29)'으로 자신에 대해 순기능을 보이고 있다. 자타 긍정으로 협력적 태도를 보인다.

만학도
타인(남편)에 대한 태도는 'U+(35)〉U-(20)'으로 타인(남편)에 대해서 순기능을 보이고 있다. 자신에 대한 태도는 'I+(39) 〉 I-(21)로, 자신에 대해 순기능을 보이고 있다. 자타긍정으로 협력적 태도를 보인다.

2) U와 I의 심적 에너지 편향성

은퇴자: 'U(67) = I(67)'이므로 심적 에너지가 자신과 타인(아내)에게 동등한 심적 에

너지를 사용하고 있다.

만학도: 'U(55) 〈 I(60)'이므로 타인(남편)보다는 자신에게 더 많은 심적 에너지를 사용하고 있다.

☞ 은퇴자와 만학도 모두 심적 에너지가 개별화되어 있으며 애착태도를 갖고 있다.

3) 한국 연령·성별 CK-OK그램 규준 등급

은퇴자: U- 30(5등급), U+ 37(5등급), I+ 38(3-4등급), I- 29(5등급)

한국규준등급이 5등급 이상이면서 U+와 I+의 절댓값이 U-와 I-값보다 높아 자아존중감과 타인존중감이 높은 수준이다.

만학도: U- 20(8-9등급), U+ 35(6-7등급), I+ 39(3-4등급), I- 21(8-9등급)

U+는 6-7등급으로써 비교적 낮은 수준에 있으며, I+는 3-4등급으로써 비교적 높은 상태를 보이고 있다. 타인긍정성은 비교적 낮은 수준이나 타인부정성은 매우 낮은 경향이 있으며, 자기부정성은 낮으며 자기긍정성은 높은 수준이다.

4) 자아존중감과 타인존중감

은퇴자: U+ 37(5등급) 〉 U- 30(5등급), I+ 38(3-4등급) 〉 I- 29(3-4등급)

U+, I+의 한국규준등급이 5등급 이상이면서 U+, I+의 절댓값이 U-, I-의 절댓값보다 높을 때 자아존중감 및 타인존중감이 높은 것으로 해석할 수 있다. 은퇴자는 U+, I+의 절댓값(75)이 U-, I-의 절댓값(59)보다 높기 때문에 자아존중감 및 타인존중감이 높은 수준이지만 자타부정성도 비교적 높은 수준이다.

만학도: U+ 35(5등급) 〉 U- 20(8-9등급), , I+ 39(3-4등급) 〉 I- 21(8-9등급)

만학도는 U+, I+의 절댓값(74)이 U-, I- 의 절댓값(41)보다 높기 때문에 타인존중감에 비해 자아존중감이 높은 편이며, 자타부정성은 매우 낮은 수준이다.

☞ 은퇴자와 만학도 모두 타인 존중감 및 자아 존중감이 높은 수준이다.

5) CK-OK그램(커렐로그램) 영역 커플관계

은퇴자: Ⅰ 75 〉 Ⅲ 68 〉 Ⅱ 66 〉 Ⅳ 59

Ⅰ영역: 늦은 나이에도 흔들림 없이 일을 추진하는 만학도의 모습이 대견하기도 하다. 힘든 줄은 알지만 함께하는 시간이 있으면 좋겠고, 마음 같아서는 전적으로 지원을 해주고 싶다. 아내가 힘들지 않게 집안일을 도와준다.

Ⅱ영역: 중도에 포기할 수 없어서 빠른 시일 내에 일을 마무리하려고 애쓰는 마음을 고집하는 만학도의 행동도 이해한다. 하지만 아무것도 할 수 없는 자신이 무능하게 느껴진다.

Ⅲ영역: 은퇴자는 만학도가 자신의 말을 들으려고 하지 않아 화가 난다. 화가 나면 끝이 없는 이런 생활이 싫어서 비판적, 공격적인 행동과 말로 표출을 하고 있다.

Ⅳ영역: 만학도가 공부를 그만두지 않는 한 의미가 없기 때문에 어떻게 해결해 볼 방법도 생각나지 않는다. 더 이상의 이러한 생활은 의미가 없고 포기하고 싶다는 생각이 자주 든다. 차라리 이혼을 하고 혼자서 자유롭게 살고 싶다는 생각을 하게 된다.

만학도: Ⅰ 74 〉 Ⅲ 59 〉 Ⅱ 56 〉 Ⅳ 41

Ⅰ영역: 은퇴자가 자신이 학업에 몰두할 수 있도록 집안일을 돕고 경제적인 지원을 해줄 때는 서운했던 마음이 풀어진다. 몸은 힘들지만 빨리 학업을 마치고 가치 있는 일을 하며, 은퇴자와 함께 예전처럼 여행 등 여유 있는 시간을 즐겨야겠다는 생각을 한다.

Ⅲ영역: 은퇴자의 무조건적, 과도한 비판은 불합리하다고 생각하고 있다. 계획하고 있는 일을 흔들림 없이 잘 진행하는 것만이 시간을 허비하지 않고 이후의 삶에 도움이 될 것이란 생각을 갖고 있으며 이후에는 은퇴자도 자신의 이러한 행동을 이해할 것이란 믿음으로 고집스러움을 내세운다.

Ⅱ영역: 가장 예민해져 있는 만학도의 형편은 고려하지 않고, 대책 없이 자기주장만 하는 남편과 부딪치지 않는 것이 최상이라고 생각한다. 은퇴자가 화가 나 있으면 회피해 버린다.

Ⅳ영역: 은퇴자의 언어폭력이 나오면 자괴감이 든다. 더 이상 이런 삶을 계속하기 싫다. 목표가 얼마 남지 않았는데 포기해야 하는 것에 대해 은퇴자의 인내심이 부족한 것이라고 생각하며 언제까지 스트레스를 받으며 살아야 하는지 불안하다. 차라리 혼자 사는 것이 낫다고 생각한다.

5. CK-EGO그램과 CK-OK그램 상관관계

1) CK-EGO그램과 CK-OK그램 상관관계에 따른 커플관계

은퇴자

CP 〉U-: 심리적 수준보다 역할상 일부러 엄격하게 행동을 나타내 보인다(7점 차).

가부장적 가장으로서 권위적인 모습을 보이고 싶다. 감정이 조절되지 않은 상태에서의 비판적, 공격적인 태도는 자신의 힘을 행사하려는 사고방식과 태도가 반영된 것으로 본다. 하지만 이러한 행동은 만학도에게는 객관적이지 못한 원칙과 비판적인 행동으로 인식되며 만학도와의 관계를 악화시키는 요인으로 작용할 수 있다.

NP 〈 U+: 심리적 수준보다 타인의 좋은 점을 행동으로 못 나타낸다(9점 차).

만학도에 대한 긍정적인 태도를 갖고 만학도의 형편을 고려하고 싶지만 경제적 지원을 해 줄 수 없는 것에 대한 미안함과 은퇴로 인한 환경의 변화에도 변함이 없는 이기적인 아내의 행동에 대한 부정적인 시각이 동시에 작용하기 때문에 행동으로 나타내지 못하게 되는 것으로 볼 수 있다.

만학도

CP 〉U-: 심리적 수준보다 역할상 일부러 엄격하게 행동을 나타내 보인다(9점 차).

은퇴자의 요구에 맞춰 주고 싶지만 노후대책을 위해 시작한 공부는 마쳐야 된다고 생각하기 때문에 엄격하게 행동한다. 학업을 마쳐야 한다는 부담감은 심리적 수준보다 엄격하게 행동하는 것에 영향을 준다.

NP 〈 U+: 심리적 수준보다 타인의 좋은 점을 행동으로 못 나타낸다(4점 차).

은퇴자의 좋은 점에 대해 행동으로 나타내 주고 싶지만 은퇴자의 과격한 말과 행동에 대한 부정적 시각이 동시에 작용하여 행동으로 나타내지 못하고 있는 것으로 볼 수 있다.

FC 〈 I+: 자신이 있지만 솔직하게 나타내지 않는다(9점 차).

해결할 방법은 있지만 은퇴자가 책임감을 갖게 하기 위하여 솔직하게 나타내지 않은 것으로 볼 수 있다.

6. CKEO그램 검사결과에 따른 커플관계 성장 방안

1) 자아상태 기능 커플관계 활성화 방안

은퇴자

기능	촉진방안	현재 상태	커플 대상에서 활성화 방안
NP	자타에게 더 관대하게 한다.	• 만학도가 하는 일은 만학도 자신의 자아실현을 위한 일이라고 생각한다.	• 만학도가 하는 일은 만학도뿐만 아니라 은퇴자를 위한 일이라고 생각하기
		• 퇴직한 자신의 입장을 우선적으로 생각하며 자신의 불편함을 토로하고 있다.	• 건강으로 인하여 경제적인 활동을 병행하는 일이 어려운 만학도의 입장에서 긍정적으로 생각하기
		• 만학도가 학업만 포기하면 모든 일이 해결될 거라고 생각한다.	• 경제적 지원은 어려워도 학업을 마칠 수 있도록 하는 것이 해결방법이라고 생각하며 정서적으로 지원하기
		• 자신의 의견을 수용하지 않는 만학도에게 수시로 분노를 표출한다.	• 분노 표출을 위한 운동 찾기
		• 대화보다는 공격적인 언어와 행동으로 표현한다.	• 칭찬과 격려가 되는 말 매일 하나씩 하기 • 대화를 할 때 '나 전달법' 사용하기

만학도

기능	촉진방안	현재 상태	커플 대상에서 활성화 방안
AC	타인의 감정에 더 맞춘다.	• 모든 일이 은퇴자와 상의하에 진행되었고 퇴직 후 상황이 바뀌었다고 해서 그동안의 노력을 포기하라는 것은 비합리적이라고 생각한다.	• 은퇴자의 의견을 경청하고 수용하기
		• 은퇴자의 감정을 고려치 않고 자신의 생각을 고집하고 있다.	• 은퇴자의 감정을 배려하기
		• 다양한 활동으로 인하여 수입보다 지출이 많다.	• 은퇴자가 요구하고 있는 경제적인 지출과 활동을 조절할 수 있도록 협의하기

2) 기본적인 인생태도 커플관계 개선 방안

은퇴자

태도 영역	현재 삶의 태도		커플 대상에게 개선해야 할 방안
II 영역	• 퇴직하기 전에는 적극적으로 지원을 해 줬지만 퇴직한 이후에는 지원을 해 줄 수 없기 때문에 자신의 학비 및 다양한 활동비 등 경제적인 문제는 자신이 해결했으면 좋겠다. • 은퇴자가 퇴직함으로써 환경이 바뀌었으면 만학도가 학업을 그만두는 것이 옳은 방법이라고 생각한다.	I영역	• 간염건강관리를 하며 경제적 활동을 최소화할 수밖에 없는 만학도의 형편을 고려하여 경제적, 정서적 지원에 대한 약속 지키기 • 일자리센터를 통해 구직활동 하기
III영역	• 은퇴자의 반대에도 불구하고 만학도가 학업을 계속하는 것은 이기적인 행동이라고 생각한다. • 자기 일만 고집하는 만학도에게 화가 난다. • 대화 중 감정조절을 하지 못하고 지나치게 과도한 언어표현을 한다.	I영역	• 만학도의 학업은 노후대책을 위한 계획이라는 생각을 하고 역지사지의 입장에서 이해하기 • 아내가 계획을 설명할 때 경청하고 아내의 생각을 존중해 주기 • 화가 났을 때는 감정을 조절한 후에 생각을 말하기(3초 심호흡하기)
IV영역	• 만학도가 자신의 계획을 따라 주지 않고 자기주장만 하고 있기 때문에 힘들어서 모든 것을 포기하고 싶다. • 평범한 부부생활을 하지 못하는 자신이 선의의 피해자라고 생각한다.	I영역	• 만학도의 장점을 찾아 칭찬하기 또는 편지 쓰기

만학도

태도 영역	현재 삶의 태도		커플 대상에게 개선해야 할 방안
II 영역	• 대화 도중 감정이 격해져 있으면 언쟁하는 것이 싫어서 그만두라고 하거나 피한다. • 스트레스를 받지 않으려고 건강에 해가 되는 일은 의도적으로 잊어버리려고 한다. • 불필요한 경제적 지출을 줄이기 위해 학업을 중단하고 일을 벌이지 말라는	I 영역	• 남편을 탓하기 전에 남편의 의견에 귀 기울이고 이를 반영하기 • 남편의 요구를 무시하지 않고 경청하기 • 지출 계획을 세워 소비하기 • 사전에 설명을 했어도 남편이 요구하면 다시 설명하기 • 문제가 발생하기 전에 상의하기

II 영역	학업을 중단하고 일을 벌이지 말라는 은퇴자의 요구를 이해하지만 이는 경제활동을 최소화하고 학업에 집중할 수밖에 없는 만학도의 형편을 전혀 고려하지 않은 요구라고 생각하며 무시한다.		
III 영역	• 경제적인 지원중단으로 인해 경제적인 활동과 학업을 병행하여야 하기 때문에 잠자는 시간을 포기하더라도 끝까지 학업을 마치려고 한다. • 다양한 활동들은 졸업 후 해야 할 일과 관련이 되기 때문에 포기할 수 없다.	I 영역	• 일의 우선순위를 정하고 실천하기 • 논문 쓰는 일에 집중하기 • 적당한 수면과 적합한 건강관리법으로 건강관리 하기 • 3개월마다 간염 활동성 검사하기
IV영역	• 대화 도중 감정조절을 하지 못하고 지나치게 화를 내며 다시는 안 볼 사람처럼 과도한 비판을 하는 은퇴자의 행동에 자괴감이 들어 모든 것을 포기하고 싶다. • 책임감 없는 은퇴자의 행동에 대한 불신으로 인해 미래가 걱정되고 하루하루가 불안하다. • 지금까지의 노력이 결실을 맺기 위해서는 현재로서는 은퇴자가 지원을 해 주는 것 외에는 다른 해결책이 없다고 생각한다.	I 영역	• 은퇴자의 과격한 언어표현에서는 직설적 표현으로 대응하지 않고 3초 심호흡하기 • 남편을 신뢰하고 위기를 극복하기 위해 노력하기

7. 커플상담자의 총평

은퇴자와 만학도의 주 호소문제는 은퇴자는 만학도가 과도한 일과 학업 중심에서 벗어나 건강을 챙기면서 평범하게 사는 것을 요구한 것과 만학도는 은퇴자가 학업을 마치고 새로운 일을 시작하기까지 은퇴자가 재취업을 할 것과 과격한 언어표현과 행동을 자제하는 것을 요구한 것이었다. 은퇴자와 만학도는 CKEO그램 검사와 상담을 통해 자아상태 분석과 활성화 및 개선 방안을 모색함으로써 현실 문제를 적극적으로 대처하게 되었다. 상담 초기 은퇴자는 CP 기능의 부정적인 측면이 작용함으로써 만학도가 학업을 그만두는 것만이 해결방법이라고 생각하였으며 이를 포기하지 않는 것에 대해 이기적인 행동으로 보고 있었다. 하지만 자신의 자아상태 구조와 기능을 분석하게 됨으로 NP 기능과 A 기능을 활성화시킬 수 있도록 하였고 재취업과 긍정적인 생각이 어려운 상황과 갈등상황을 적극적으로 해결할 수 있는 방법임을 인식하고 이를 극복하기 위해 노력하게 되었다. 이기적이라고 생각했던 아내의 학업과 일이 제2의 인생을 위한 설계이며, 가족을 위한 일이라는 생각을 하게 되었고, 감정을 조절하여 과격한 언어표현을 하지 않으려고 노력하였다. 만학도 또한 AC 기능의 부정적인 측면이 작용함으로써 자신의 형편을 이해하지 못하는 남편에게 모든 책임이 있다고 생각하고 은퇴자의 요구를 무시하였다. 하지만 AC 기능을 활성화하여 남편의 의견에 귀를 기울이고 일의 우선순위를 정하여 다양한 활동을 정리함으로써 갈등을 극복해 나갔다. 현재는 학업을 마치고 건강회복 중이다. 긍정적인 생각과 활성화 방안을 생각하며 이를 생활에 적용하고 있다. 앞으로도 이를 잘 활용해 건강하고 자유로운 생활을 하고, 하루하루를 소중하고 감사하게 보낼 수 있기를 바란다.

CKEO그램에 의한 커플(노인 부부) 사례분석
주제: 대화하고 싶은 『은퇴 후 노인 부부』
상담자: 손희란

1. 내담자 기본정보

성명: 땅(아내) / 성별: 여 / 연령: 65세 / 학력: 중퇴
성명: 하늘(남편) / 성별: 남 / 연령: 68세 / 학력: 중졸
관계: 노인 부부

1) 의뢰경위 및 주 호소문제

* 의뢰경위: 은퇴 후 귀농하여 농사를 짓는 노인 부부로 서로 다른 성격 차이로 갈등을 호소하고 있으며 부인이 직접 전화 상담을 통해 전문상담으로 의뢰되었다.

* 주 호소 문제
땅: "남편과 즐겁게 대화하며 의미 있게 살고 싶어요."
하늘(남편)과 이야기하고 싶은데 은퇴 후 들어 주지도 않고 냉담하여 사는 것이 재미없고 우울하다. 가정을 잘 지켰다는 칭찬이나 인정도 받고 싶고 사소한 감정을 표현하며 대화하고 싶은 심정이다.
하늘은 종종 밥도 먹지 않고 일만 하며 기념일이나 명절을 기억하지 않는다. 밖에서는 사람들에게 잘하고 친하게 지내는데 집에서는 말도 잘 하지 않고 책만 보고 있어 마음을 몰라주는 것 같아 섭섭하고 화가 난다. 최근 암 수술을 했으나 수술 이후에도 여전이 쉬지 않고 바깥일만 하는 남편이 야속하다. 땅은 혼자 중얼중얼 거리는 날들이 많아지고 잔소리가 심해지고 큰 목소리로 화를 내게 된다. 사는 게 무료하고 답답해 만사가 귀찮고 무시당하는 것 같아 속상하다.

하늘: "잔소리 듣지 않고 마음 편하게 살고 싶어요."

땅(아내)의 지나친 잔소리를 듣다 보면 귀를 막고 싶고 피하고 싶다. 말하기를 좋아하는 땅은 목소리가 커서 곁에 있으면 귀가 아플 정도이다. "씻어라, 냄새난다, 속옷 갈아 입어라, 먹어라." 등 편안하게 가만히 두지 않고 참견하고 조종하려고 한다. 아내 몰래 친구 빚보증을 서 준 적이 있어 이혼위기까지 가게 되었는데, 땅(아내)이 빚을 잘 청산 하여 고마운 마음으로 살고 있다. 손해를 보더라도 부탁을 거절하지 못하는 성격으로 말하는 것보다 사색을 좋아한다. 회사 다닐 때는 늘 주위에 사람들이 많이 따랐다. 최근 암 수술 이후에는 집에서 조용히 책을 읽거나 농사일을 하는 것이 마음 편하다. 습관처럼 집에 있지 못하고 밖에 나가 일을 하거나 봉사를 하고 있다. 이상형은 얌전하고 내 말을 잘 들어 주는 여자를 만나는 것이었는데, 아내는 남의 말을 들으려고 하지 않아 마음이 답답하다. 이제는 잔소리를 듣지 않고 마음 편하게 살고 싶다.

2) 행동관찰

땅: 주름진 얼굴이지만 단정한 머리 스타일과 가지런히 모은 손이 예의 있게 보인다. 어머니가 일찍 병환으로 돌아가셔서 중학교를 중퇴하고 동생들을 보살피느라 하고 싶은 공부도 하지 못해 비관하며 살아왔다고 하며 눈물을 보인다. 동생들 뒷바라지와 술을 좋아하는 아버지의 심부름을 도맡아 하였다고 말하는 얼굴에는 연륜과 책임감이 느껴진다. 대화를 주도하고 있고 청산유수처럼 말을 잘 하는 모습이 솔직해 보인다. 신혼 때부터 시어머니 편만 드는 하늘(남편) 때문에 마음이 상해서 화를 주체할 수 없었다고 말하는데, 감정이 북받쳐 오르는지 손이 심하게 떨린다. 말벗 친구가 없어서 외롭고 답답할 때도 많지만 사람이 많은 동네의 노인정은 가기 싫다. 자신이 하고 싶은 말은 가감 없이 이야기하며 상대 입장을 생각해서 말하지는 않는 것으로 보인다.

하늘: 깔끔한 외모와 단정하게 빗은 머리가 인상적이며 일을 많이 하여 손이 거칠고 마디가 굵어 보인다. 어린 시절 힘이 세고 머리도 좋아 한번 기억한 것은 잊어버리지 않았다고 한다. 거절을 잘 못해 손해를 자주 본다고 하며 한숨을 내쉰다. 마른 몸이지만 허리가 곧고 웃는 인상이 친절해 보인다. 삼 형제 중 둘째로서 어린 시절부터 부모님은 형님보다 자신을 더 칭찬했다고 한다. 동네 이장님이 "자네는

김치만 먹고도 어떻게 일을 잘하는가!"라고 칭찬을 하자 그날부터 고기반찬보다 김치를 더 좋아하게 되었다고 하는 것으로 보아 관계를 중요하게 생각하며 상대방의 반응에 영향을 받는 것으로 보인다. 정중하게 부탁을 하면 잘 들어주는 편인데 아내는 성격이 불같은 성격으로 화내듯이 말을 할 때면 하루 종일 눈길도 주지 않고 일만 하게 된다고 한다. 인상을 찌푸리고 있다.

3) 내담자의 자원

땅: 타인의 태도에 민감하고 자기주장을 말로 표현을 잘한다. 추진력이 있고 주도적이며 부지런하다. 깔끔하고 가족을 잘 챙기며 책임감이 강하다. 성품이 곧으며 돈 관계가 확실하다. 요리를 잘하고 요리한 음식을 나눠먹는 것을 좋아한다.

하늘: 계획한 일은 끝까지 마무리 하며 원칙을 중요시한다. 안정감이 있고 침착하다. 시간약속을 잘 지키고 시간개념이 확실하다. 배려심이 깊고 궂은일을 도맡아 하며 집중력이 좋다. 단정한 외모에 지식이 많고 주위사람들과 원만히 잘 지낸다.

4) 가계도

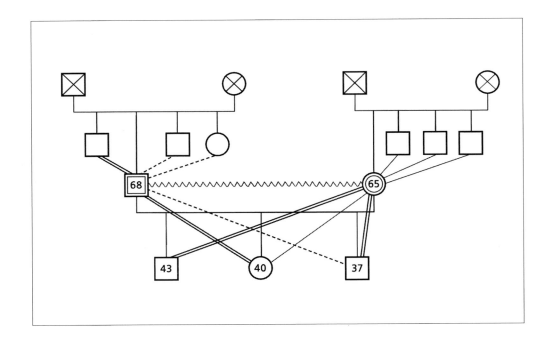

2. 내담자 검사 결과

〈CK-EGO그램〉

땅	CP	NP	A	FC	AC	
자아상태 기능점수	38	24	33	34	34	구조 편향형: ⓒ
자아상태 규준등급	1-2등급	8-9등급	6-7등급	5등급	3-4등급	기능주도형: CP
자아상태 구조점수	62		66		68	심적 에너지 총량: 196(중)
하늘	CP	NP	A	FC	AC	
자아상태 기능점수	31	36	26	31	33	구조 편향형: ⓟ
자아상태 규준등급	6-7등급	6-7등급	8-9등급	6-7등급	3-4등급	기능주도형: NP
자아상태 구조점수	67		52		64	심적 에너지 총량: 185(중)

〈CK-OK그램〉

땅	U-	U+	I+	I-
인생태도 점수	39	27	30	42
한국규준등급	1-2등급	8-9등급	8-9등급	1-2등급
심적 에너지의 편향	66		72	
기본적 인생태도	U- 〉 U+		I+ 〈 I-	
인생태도 영역 표시	IV 81 〉 II 69 = III 69 〉 I 57			
자타존중감	타인존중감 낮음		자아존중감 낮음	

하늘	U-	U+	I+	I-
인생태도 점수	31	33	36	26
한국규준등급	5등급	6-7등급	3-4등급	6-7등급
심적 에너지의 편향	64		62	
기본적 인생태도	U- 〈 U+		I+ 〉 I-	
인생태도 영역 표시	I 69 〉 III 67 〉 II 59 〉 IV 57			
자타존중감	타인존중감 다소 낮음		자아존중감 높음	

〈CKEO 체크리스트〉

땅(아내)

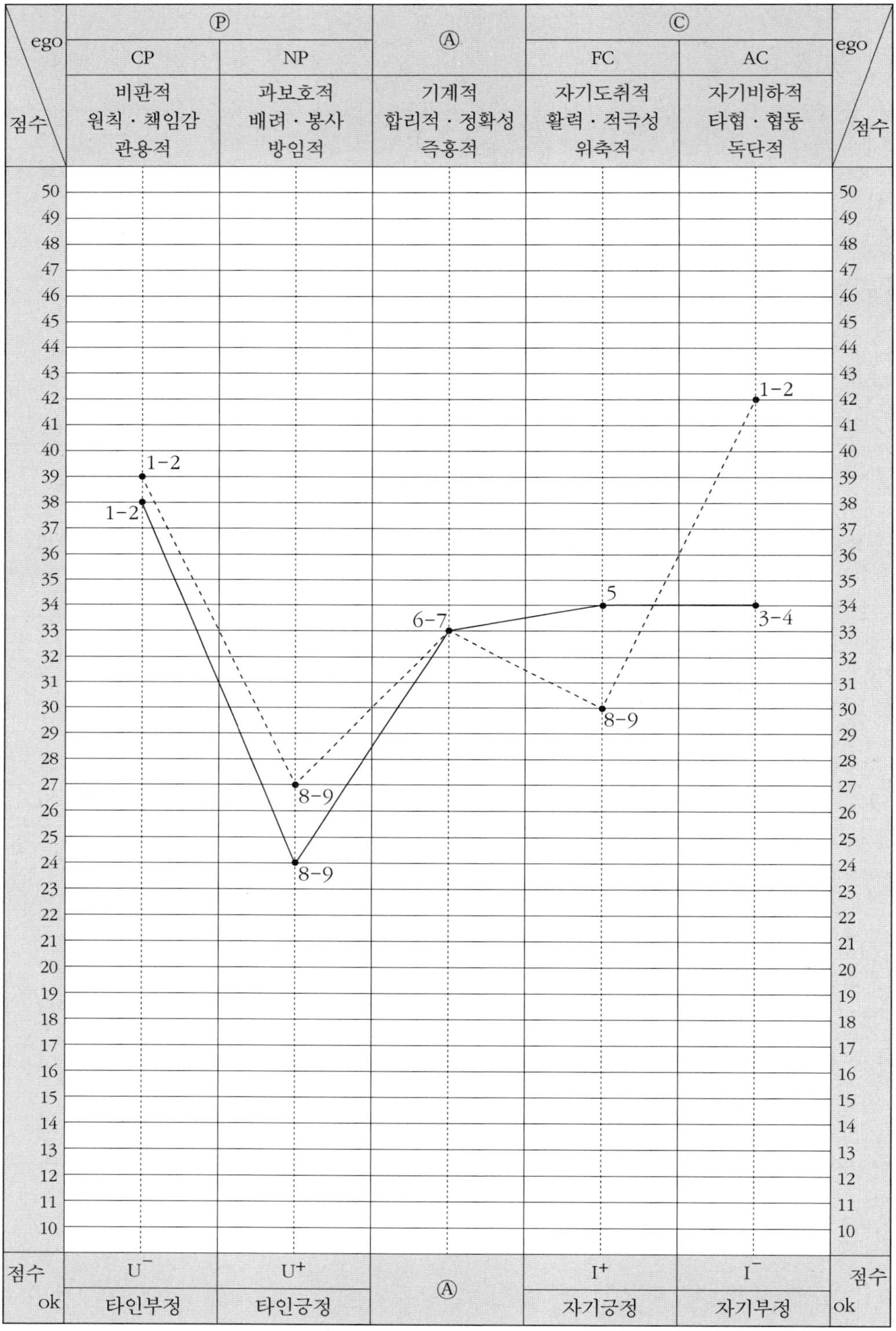
ego
점수
Ⓟ
CP
비판적
원칙 · 책임감
관용적
NP
과보호적
배려 · 봉사
방임적
Ⓐ
기계적
합리적 · 정확성
즉흥적
Ⓒ
FC
자기도취적
활력 · 적극성
위축적
AC
자기비하적
타협 · 협동
독단적
1-2
1-2
8-9
8-9
6-7
5
8-9
1-2
3-4
점수
ok
U⁻
타인부정
U⁺
타인긍정
Ⓐ
I⁺
자기긍정
I⁻
자기부정

하늘(남편)

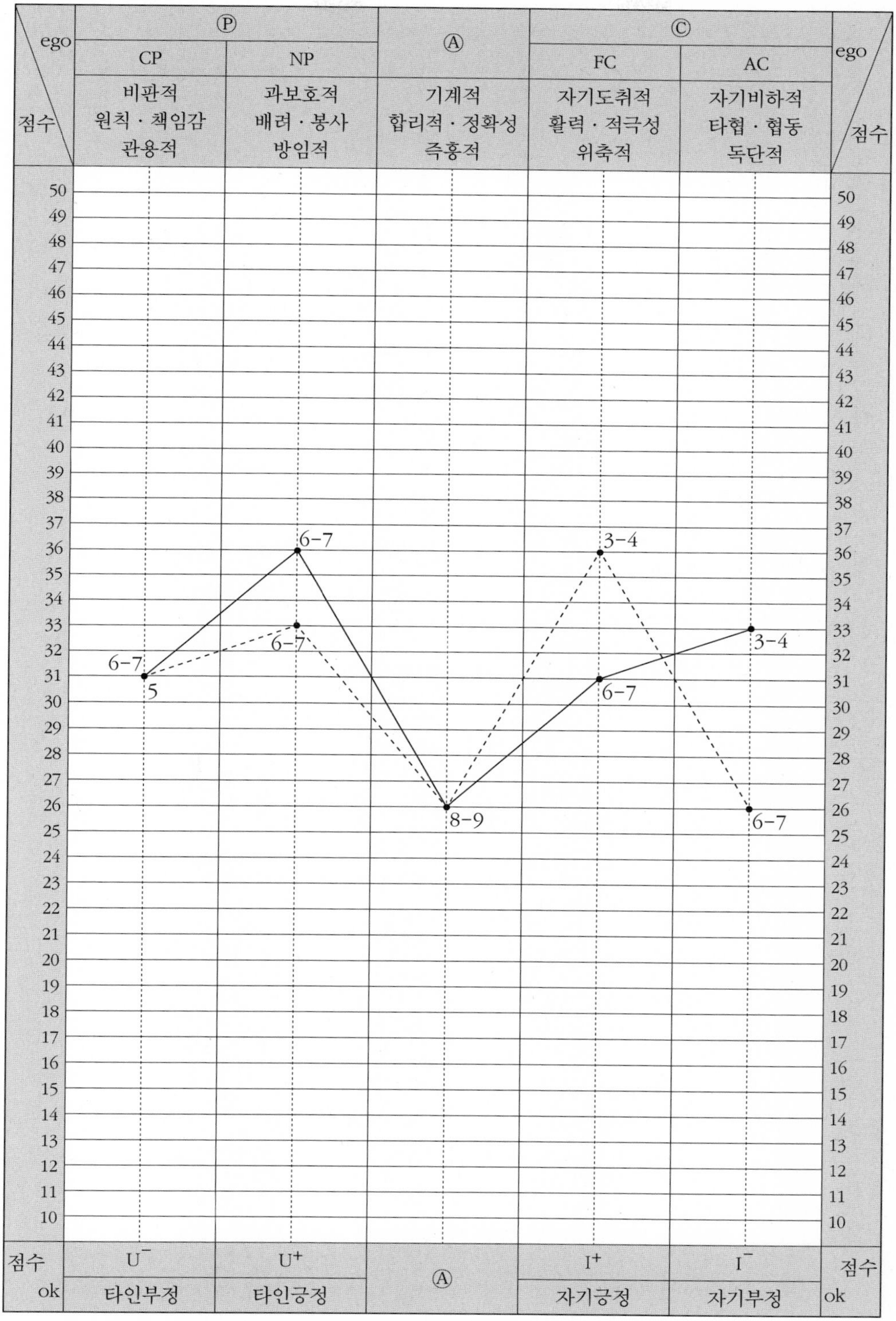
ego
점수
Ⓟ
CP
NP
Ⓐ
Ⓒ
FC
AC
비판적
원칙 · 책임감
관용적
과보호적
배려 · 봉사
방임적
기계적
합리적 · 정확성
즉흥적
자기도취적
활력 · 적극성
위축적
자기비하적
타협 · 협동
독단적
6-7
5
6-7
6-7
8-9
3-4
6-7
3-4
6-7
점수
ok
U⁻
타인부정
U⁺
타인긍정
Ⓐ
I⁺
자기긍정
I⁻
자기부정

〈OK그램(기본적인 인생태도 분석도) 체크리스트〉

땅

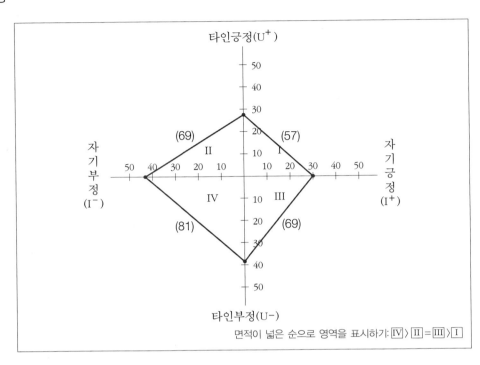

면적이 넓은 순으로 영역을 표시하기: Ⅳ〉Ⅱ =Ⅲ〉Ⅰ

〈OK그램 기본 해석표〉

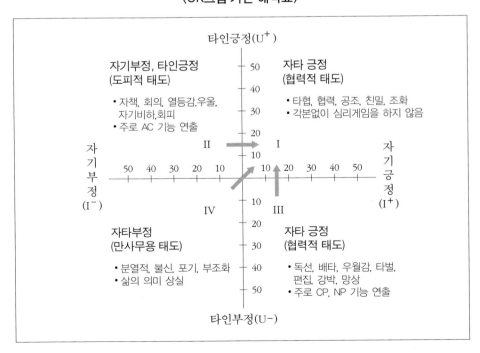

하늘

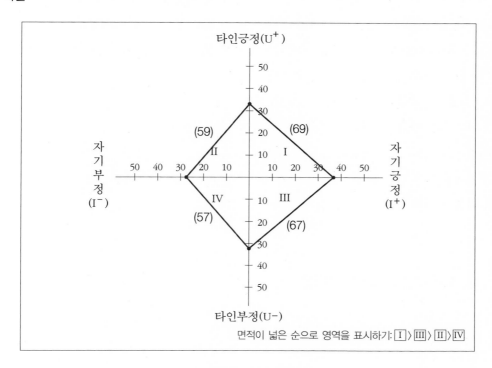

<OK그램 기본 해석표>

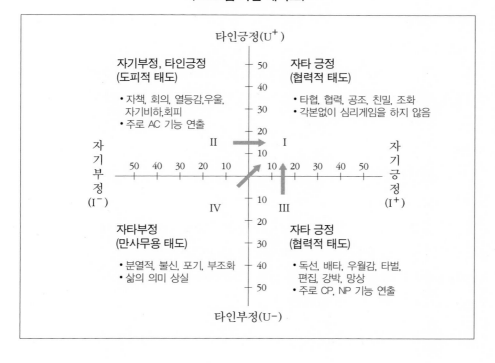

※ 사회적 수준(CK-EGO그램 자아상태 기능) 상호관계

땅과 하늘의 자아상태 기능은 땅은 A 자아가 높아 구체적이고 단호하여 자기가 원하는 대로 행동하는 것으로 보이며 하늘은 AC가 높아 참고 감정을 억압하며 땅이 요구하는 것에 대해서는 잘 들어주는 편이나 자신의 표현을 참고 억누르고 있어 솔직하고 진술한 대화가 되지 않고 있는 상태이다.

※ 심리적 수준(CK-OK그램 인생태도) 상호관계

땅은 비개별화와 비애착태도를 보이고 있으며 가족에게는 헌신적이지만 타인에 대해서는 애착이 없고 냉담하고 부정적인 인생태도를 보이고 있다. 하늘은 기본적으로 개별화와 애착태도를 보이고 있으나 대화의 부족으로 마음표현을 하지 못하고 있는 상태를 보인다.

3. CK-EGO그램 해석

1) 구조 편향형과 기능 주도형

땅
• 구조 편향형: ©
• 기능 주도형: CP

내적인 성향은 본능적이며 외적인 성향인 통제적이며 원칙적이고 책임감이 있으며 엄격함을 추구한다. 기능 주도형이 CP(38)로 전국규준 1-2등급에 해당한다.

하늘
• 구조 편향형: ℗
• 기능 주도형: NP

내적인 성향은 가치판단적이며 외적 성향은 과보호적이고 배려하며 봉사하는 것을 좋아하며 주변 사람의 말이나 태도에 영향을 많이 받는다.

CP와 NP와 FC가 6-7등급으로 동점수이고 AC가 3-4등급이지만 면접상담 결과 질적으로 NP 기능 주도적으로 판단되었다.

2) 심적 에너지 총량

땅: 심적 에너지의 총량 196점(중)

하늘: 심적 에너지의 총량 183점(중)

두 부부의 심적 에너지의 총량을 살펴보면 중이지만 하늘의 심적 에너지의 총량은 낮은 편이다.

3) 한국 연령 · 성별 CK-EGO그램 규준 등급

땅

CP(38): 1-2등급, 자신과 타인을 탓하는 경우가 많고, 자기중심적이며 고집이 세고 독단적이고 책임감이 강하다. 타협하지 않고 불평불만을 즉시 본능적으로 표현하며 타인의 행동을 통제하려 하고 판단하고 비판한다.

NP(24): 8-9등급, 타인의 입장을 배려하고 도움을 주며 보호하려는 친절이 부족할 때가 많아 냉담하다. 무관심하고 따뜻함이 없어 인간관계로 갈등의 소지가 많다.

A(33): 6-7등급, 공과 사를 구분하고 현실 판단을 잘 할 때도 있고 현실을 무시하며 즉흥적인 경향을 보이기도 한다. 자신과 타인에게 신뢰를 주고받는 일관성이 필요하다.

FC(34): 5등급, 자유분방하고 호기심이 있으며 자신의 감정 표현을 잘하고 밝은 편이다. 자신이 생각하고 있는 것이 모두 맞다고 생각하는 자기중심적인 성향으로 때로는 경솔한 결정을 내리기 쉽다.

AC(34): 3-4등급, 자기주장이 분명하고 타인에 대해서 작은 말 한마디에 과민하게 반응할 때가 있다. 타협과 협동보다는 직설적인 주장과 태도로 대인관계 갈등이 야기될 수 있다.

하늘

CP(31): 6-7등급, 기본적인 생활에서는 책임감이 있고 양심적이고 규범적이나 가족의 생일이나 명절을 경시하는 경향이 있다.

NP(36): 6-7등급, 타인 또는 약자에게는 입장을 배려해 주고 도움을 주거나 수용적이며 따뜻하게 대하나 아내에게는 내적, 외적으로 대화에 무관심하고 따뜻하지 않고 의무적으로 잘 대해 준다.

A(26): 8-9등급, 현실 상태보다는 자기 방식대로 가치 있다고 생각하는 일을 한다. 돈 관리를 잘 하지 못하고 타인의 말을 잘 믿는다. 친구의 보증을 서거나 미래 가능성을 믿고 투자하는 등 현실감이 부족하다. 현실적인 땅의 말을 무시하고 작은 아들에게 지나치게 도움을 준다.

FC(31): 6-7등급, 친한 사람에게는 신바람이 있어 감정표현을 잘하는 것처럼 보이나 가족에게는 자유롭게 자신의 감정을 표현하지 못하고 권위적이다. 혼자 방에서 책을 읽고 있으므로 가족과의 접촉을 회피하거나 의기소침해 보일 수 있다.

AC(33): 3-4등급, 타인의 관계에서 자기통제를 잘하며 협동적이고 적응적이다. 대인관계는 원만하고 수용적이나 자기비하에 빠질 때면 독단적으로 행동할 때가 있다.

4) 역기능적 자아상태 구조

땅은 아내이자 60대 여성으로, 역기능적 자아상태 구조는 없다.
- ⓟ 자아상태 구조는 62점으로 6-7등급, 59~67의 범위에 속한다.
- ⓐ 자아상태 구조는 66점으로 6-7등급, 60~66의 범위에 속한다.
- ⓟ 자아상태 구조는 68점으로 5등급, 64~75의 범위에 속한다.

하늘은 남편이자 60대 남성으로, 역기능적 자아상태 구조는 없다.
- ⓟ 자아상태 구조는 67점으로 6-7등급, 57~67의 범위에 속한다.
- ⓐ 자아상태 구조는 52점으로 8-9등급, 20~60의 범위에 속한다.
- ⓒ 자아상태 구조는 64점으로 5등급, 64~66의 범위에 속한다.

땅과 하늘 부부의 자아상태 역기능 구조는 없으나 건강한 자아구조라고 볼 수는 없는 상태이다.

5) 역기능적 자아상태 기능

땅: CP의 자아상태 기능이 1-2등급으로 역기능적이다. 신속한 상황 판단력이 있으며 권위적이고 강압적인 태도를 보인다. 사소한 실수를 용납하지 않고 간섭과 잔소리가 심한 편이며 자신에게 반대하거나 정도에서 벗어난다고 판단하면 비판적이 된다. 타인의 장점보다는 단점이 잘 보인다.

NP의 자아상태 기능이 8-9등급으로 역기능적이다. 다른 사람에게 별로 관심이 없어 담백하게 보이나 냉정하고 인정이 없다. 마음을 나누는 것이 손해라고 생각되는 계산적인 말을 해서 주위 사람과 지속적으로 잘 지내지 못하고 상처를 주고받는다.

하늘: A의 자아상태 기능이 8-9등급으로 역기능적으로 비현실적이고 계획성이 없다. 즉흥적이고 판단력이 부족하여 행동에 일관성이 없어 손해를 많이 본다. 현실 결핍으로 자신의 감정을 구체적으로 표현하지 못하여 내면적 갈등이 심하다.

4. CK-OK그램 해석

1) CK-OK그램의 순기능과 역기능

땅: 남편에 대한 태도는 'U-(39) > U+(27)'로 타인(남편)에 대해서 역기능을 보이고 있으며, 자신에 대한 태도도 'I+(30) < I-(42)'로 역기능을 보이고 있다. 자타부정으로 작은 일에 불신할 수 있고 부조화를 이룬다. 자기 탓과 남 탓을 하는 만사무용적인 기본태도를 보이고 있다.

하늘: 타인(아내)에 대한 태도는 'U-(31) < U+(33)'로 타인(아내)에 대해서 다소 순기능을 보인다. 자신에 대한 태도는 'I+(36) > I-(26)'로 자신에게 순기능을 보이며 자기긍정 점수가 높은 것으로 보아 친밀감 있고 협력적으로 살고자 하는 기본태도를 보일 수 있다.

2) U와 I의 심적 에너지 편향성

땅: 'U(66) < I(72)'이므로 심적 에너지가 I쪽으로 편향되어 있어, 타인(하늘)보다는 자신(땅)에게 더 많은 심적 에너지를 사용하고 있다.

하늘: 'U(64) < I(72)'이므로 심적 에너지가 I쪽으로 편향되어 있어, 타인(땅)보다는 자신(하늘)에게 더 많은 심적 에너지를 사용하고 있다.
☞ 땅과 하늘 모두 자신의 생각과 감정에는 충실한 것으로 보이며 심적 에너지가 외

부보다는 내부에 쏠려 있으므로 고집이 세고 교류나 대화를 하지 않는 등 통합되지 못한 교류패턴을 보인다.

3) 한국 연령 · 성별 CK-OK그램 규준 등급

땅: U- 39 (1-2등급), U+ 27(8-9등급), I+ 30(8-9등급), I- 42(1-2등급)

U-는 1-2등급으로 타인에 대한 부정성이 매우 높고, I-는 1-2등급으로 자신에 대한 부정성도 매우 높은 수준이다. U+는 8-9등급으로 타인에 대한 긍정성은 매우 낮은 편이고 I+는 8-9등급으로 자신에 대한 긍정성도 매우 낮은 수준이다. 타인존중감은 매우 낮고, 자아존중감은 매우 낮다.

하늘: U- 31(5등급), U+ 33(6-7등급), I+ 36(3-4등급), I- 26(6-7등급)

U+는 6-7등급으로 타인에 대한 긍정성은 다소 낮은 수준이다. I+가 3-4등급으로 자기긍정 점수가 넓은 면적(I영역)을 차지하며 자신에 대한 긍정성이 높은 편이다.

U-는 5등급, I-는 6-7등급으로 타인과 자신에 대한 부정성은 다소 높은 것으로 보인다.

4) 자아존중감과 타인존중감

땅: U- 39(1-2등급) 〉 U+ 27(8-9등급), I+ 30(8-9등급) 〈 I- 42(1-2등급)

U+, I+의 한국규준등급이 5등급 이상이면서 U+와 I+의 절댓값이 U-와 I-의 절댓값 보다 더 높을 때 자아존중감 및 타인존중감이 높은 것으로 해석할 수 있으나, 땅은 8-9등급으로 자아존중감이 매우 낮고 타인존중감도 낮은 상태를 보이고 있다

하늘: U- 31(5등급) 〉 U+ 33(6-7등급), I+ 36(3-4등급) 〉 I- 26(6-7등급)

하늘은 자아존중감은 3-4등급으로 비교적 높은 편이나 타인존중감은 6-7등급으로 비교적 낮은 상태를 보이고 있다.

☞ 땅은 자아존중감이 8-9등급으로 매우 낮다. 땅과 하늘 모두 타인존중감이 낮은 편으로 배려 없는 작은 말 한마디로 서로 상처를 받거나 갈등상황이 벌어질 때 겉마음과 속마음이 다른 불일치한 관계 패턴을 보일 수 있다.

5) CK-OK그램(커렐로그램) 영역 커플관계

땅: IV 81 〉 II 69 = III 69 〉 I 57

IV영역: 자신과 타인을 부정적으로 인식하며 감정을 화로 표현한다. 자녀가 자신이 원하는 대로 되지 않거나 남편이 암에 걸린 것을 자신의 잔소리 탓으로 여기며 만사 무용적인 태도를 보인다.

II영역: 가난해서 못 배웠다고 자책하며 자기비하를 한다. 세 자녀 모두 좋은 대학을 보내지 못했고 남편에게조차 인정받지 못하는 의미 없는 존재로 여겨질 때는 자신이 무가치하고 나 때문이라고 생각하고 열등감에 빠져 더 종교에 집중하거나 순응적이 된다.

III영역: 동네 노인정을 자주 가는 한가한 노인들을 무시하거나 배타적인 태도를 갖고 대한다. 다른 사람보다는 잘 살고 있다는 우월감을 가지고 있다. 맛있는 음식이나 물건으로 유인해서 가족이나 친척들을 자주 집으로 불러 따뜻한 NP 기능을 연출한다.

I영역: 조화롭고 친밀한 관계에서도 과거의 부정적이고 불편한 사건을 솔직하게 말하고 해결하려고 하는 자기 각본으로 심리게임을 한다. 나 때문에 다른 사람이 불편할 것이라고 오해를 하기도 한다.

하늘: I 69〉 III 67 〉 II 59 〉 IV 57

I영역: 까다로운 입맛의 나를 위해 아내가 말없이 요리를 하거나 다리미질을 할 때면 사랑받는다고 느껴지고 고마운 마음이 든다. 불평 많은 아내가 농사일을 때때로 같이 도와주고 틈틈이 책을 읽을 수 있는 시간적 여유도 있어 긍정적이다.

III영역: 이기적이고 생각 없이 말하는 사람을 보면 화가 난다. 잘 하고 있는데 참견하고 잔소리하면 더 말하기 싫고 상대방을 무시하게 된다. 자기 생각만 중요하다고 생각하는 사람들은 하늘의 깊은 속마음을 알려고 하지 않는다.

II영역: 지금 결혼생활이 아주 불행한 것은 아니지만 가끔 지금 삶이 후회되어 자책하기도 한다. 20대 초반에 부모님의 강요로 순종적인 여자가 아닌 지금의 강한 아내를 선택한 것에 대한 회의에 빠지거나 현실을 도피하려고 한다.

IV영역: 불신이 깊어져 화가 폭발하면 며칠씩 일을 핑계로 집에 들어오지 않는 적이 있었는데, 지금은 잔소리를 귓등으로 듣고 포기하고 산다. 다툼이 일어날 사항을 조용히 피하고 속으로만 삭이고 있다.

5. CK-EGO그램과 CK-OK그램 상관관계

1) CK-EGO그램과 CK-OK그램 상관관계에 따른 커플관계

땅

FC 〉 I+: 충동적이거나 자기중심적이어서 감정의 절제가 중요하다(4점 차).

감정표현이 적극적이고 자기중심적인 태도로 하고 싶은 말을 다 표현한다. 남을 배려하지 않는 솔직하고 충동적인 언어표현으로 갈등이 나타나곤 하는데 즉흥적인 말로 표현은 하지만 경솔할 수도 있음을 자각하는 것이 필요하다.

AC 〈 I-: 타협할 줄 모르고 불평불만을 참지 못하며, 직설적이다(8점 차).

수용력이 부족해 자기비하와 열등감을 보이며 자신에 대해 부정적이다. 가족이 모여서 함께 밥을 먹을 때도 같은 시간에 함께 오순도순 먹기보다는 늘 부엌에서 일을 하다가 모두 식사가 끝난 후에 마지막에 남은 음식을 먹으면서 자책하고 우울해하며 자신의 감정을 챙기지 않는 경향이 있다.

하늘

FC 〈 I+: 일을 할 때 신바람이 나고 즐거워한다(5점 차).

일을 하거나 책을 읽을 때 늘 칭찬과 격려를 듣는 편이다, 부정적인 감정이 생길 때 더 열심히 일을 하거나 책을 읽게 된다. 타인이 자신에게 부탁했을 때 거절한 적이 거의 없으며 대체적으로 희로애락의 감정 부분을 억압할 때가 많다.

AC 〉 I-: 타인의 의견을 존중하는 것이 중요하다(7점 차).

타인과 관계에서 타협과 협동으로 솔선수범하며 타인의 의견을 존중하고 수용한다.

실제 자신의 성격보다는 남에게 맞추려 하고 본래 가지고 있는 성격보다는 아내와 타협하고 맞추려고 하지만 인내하다가 자주 신체화 증상으로 나타나거나 말을 하지 않는다.

6. CKEO그램 검사결과에 따른 커플관계 성장 방안

1) 자아상태 기능 커플관계 활성화 방안

땅

기능 촉진방안	상태	현재 상태	커플 대상에서 활성화 방안
NP	타인의 감정을 존중한다.	• 자신의 생각이나 원칙에 어긋나면 다 듣지도 않고 화를 낸다. 남편의 감정에는 무관심하고 자신의 말만 하여 갈등이 생긴다. • 남편이 책을 보고 있는 것이 쓸데없는 일인 것 같고 하찮게 보여 무시하고 투덜댄다. • 가족이나 이웃과의 갈등관계에서 힘이나 돈으로 해결하며 하늘의 감정을 존중하지 않고 잔소리를 잘한다. • 자신의 생각을 솔직하게 얘기하지 않고 표현하지 않으면서 비난한다. (예: 치킨을 좋아하는데 남편이 사 주지 않는다고 불평하거나, 오목을 남편과 하고 싶은데 함께 놀아 주지 않는다고 불평한다.) • 완고한 성향이 있어 타인의 행동을 잘 비판하고 교류하지 않고 자기를 비하한다.	• 말을 있는 그대로 끝까지 들어 주고 맞게 들었는지 확인하기(일주일에 2일, 주말에는 비판하지 않고 하늘의 말을 들어 주기) • 우월감을 낮추고 상대방 입장에서 배려하고 친절하게 말하기(남편이 책을 보고 있을 때 아무 말 하지 않고 기다리기, 일주일 2회) • 갈등관계에서 감정을 존중하기 위해 단점을 이야기하지 않고 칭찬과 인정대화를 구체적으로 한 가지 실천하기 • 솔직하게 하고 싶은 것을 말하기(하늘과 함께 오목게임을 해서 진 사람이 치킨을 사 주기 내기를 하면서 불평하지 않고 FC를 높이기) • 일주일에 한 번 노인대학에 참석하고 교류하기

하늘

기능 촉진방안	상태	현재 상태	커플 대상에서 활성화 방안
A	합리적이고 정확하고 객관적으로 선택 한다.	• 친구나 이웃, 작은아들의 부탁을 거절하지 못해 아내와 상의하지 않고 보증을 서 주거나 자주 금전적으로 손해 보는 결정을 한다.	• 일의 우선순위를 정해서 합리적으로 결정하고 10만 원 이상 결정해야 할 때는 땅과 상의하기

A	합리적이고 정확하고 객관적으로 선택 한다.	• 자녀나 아내의 생일이나 기념일을 챙기지 않고 무관심하다. 가족이 요구하면 이해를 따지지 않고 모두 줄 수 있다고 생각한다. • 자신이 경작하고 있는 땅과 버려진 땅을 개간하여 힘들게 일을 하면서 식사도 거른다. 휴식을 취하지 않아 암 수술을 했지만 일하는 것이 마음 편하다고 한다. • 일하고 남은 시간은 새벽부터 책을 읽기 시작해서 저녁에 잘 때까지 책을 읽는다.	• 기념일에 땅이 어떤 선물을 받고 싶은지 물어보고 함께 물건을 선택하기 • 두 시간에 한 번씩 차나 물 한잔 마시기, 건강을 위해 식사시간을 한 시간 갖기 • 아내와 일주일에 2회 산책하기, 읽을 책을 선정해서 일주일 1회 1시간 함께 읽고 대화하기

2) 기본적인 인생태도 커플관계 개선 방안

땅

태도 영역	현재 삶의 태도		커플 대상에게 개선해야 할 방안
Ⅳ영역	• 자신과 타인을 부정적인 시각으로 보고 있다. 불만이 있을 때 부엌에서 일하면서도 큰 소리로 화를 내고 언성을 높인다.	Ⅰ영역	• 급하고 목소리가 큰 아내는 할 말이 있을때 감정을 이완하고 조절하여 7초 호흡을 하기 • 남편이 얘기할 때는 하던 일을 멈추고 눈을 보고 경청하기
Ⅱ영역	• 아침 식사준비를 하고 밥을 먹기 전에 남편에게 가르치려 하고 땅 자신의 단점이 보여 더 잔소리가 심해진다.	Ⅰ영역	• 남편과 아내의 장점을 매일 아침 밥 먹기 전 한 가지씩 긍정적인 마음을 담아 말로 표현하기
Ⅲ영역	• 남 탓으로 배타적이 되고 생산적인 일보다는 같은 일을 반복하면서 불평하고 정서적인 소통을 힘들어한다.	Ⅰ영역	• 노인복지관 프로그램 참여하기 일주일 1회 • 쉬고 있던 종교활동 참여하기 일주일 1회

하늘

태도 영역	현재 삶의 태도		커플 대상에게 개선해야 할 방안
II영역	• 자기부정, 타인긍정적인 태도이다. 나와 가족보다는 이웃이나 다른 사람에게 더 친절하고 자신이 위축되고 무기력할 때 더 일에 집중하거나 대화를 하지 않고 참는다.	I영역	• 지금 속으로 화가 나 있는 문제를 아내에게 솔직히 이야기해도 관계가 깨지지 않는다는 자신감을 갖기 • 일을 하다가도 상대방의 의견을 끝까지 듣기(일주일 3회)
III영역	• 자신은 긍정적으로 타인은 부정적으로 생각한다. 집에서 TV만 보는 아내를 무시하고 "당신은 내 이상형이 아니야."라고 말한 적이 있다. 땅이 잔소리를 할 때 무시하고 책을 읽고 있다.	I영역	• 아내와 산책하고 손 잡기(일주일 3회) • 부인이 좋아하는 TV 코미디 프로그램을 함께 보며 대화하고 공감하기(일주일 3회)
IV영역	• 자타부정적이고 비판적인 비언어적인 태도를 보인다. 아내의 잔소리를 들으면 기분이 나빠져서 식욕을 잃고 신체화 증상이 일어난다. 마음 편하게 살고 싶다.	I영역	• 기분이 상했을 때는 감정 표현을 하기 • 아내의 말에 눈을 보고 이야기하기(매일 1회) • 삼시 세끼 식사를 거르지 않고 과일이라도 매일 부부가 함께 먹기

7. 커플상담자의 총평

커플상담을 통해 서로 다른 교류패턴을 이해하게 되었고 성격의 차이를 인정하며 관계가 회복되었다. 은퇴한 노부부가 하늘과 땅만큼 서로 다른 기대로 힘들어하며 대화가 단절되었는데 CKEO그램 검사와 상담을 통해 서로를 이해하고 공감하는 계기가 되었다.

땅은 남편과 즐겁게 대화하며 의미 있게 살고 싶은 주 호소문제가 있었으며 모든 책임이 남편에게 있다고 일방적으로 판단했는데 본 검사를 통해 땅은 CP 기능 과잉으로 주도적이고 일방적인 자기표현을 하고 있다는 것을 깨달았다. 하늘이 자신의 방식을 따라 주지 않아서 불평만 했지 NP 기능결핍으로 배려와 온정보다는 하늘 혼자 병원에 가게 하는 등 냉담한 스스로의 인생태도를 자각하게 되었고 친밀감을 높이는 기회가 되었다.

하늘은 잔소리보다는 인정받으며 살고 싶은 주 호소문제가 있었다. 아내의 행동에 대해 이해할 수 없어 결혼한 것을 후회하고 자책하거나 회피하였다. 아내의 솔직하고 주도적인 태도와 행동을 이해하지 못해 힘들기만 했으나 CKEO그램 검사를 통해 하늘은 NP 기능 주도형이지만 땅에게 마음으로만 고마워했지 따뜻한 말 한마디 생일 한 번 챙겨 주지 못하였다. 타인에게는 과잉 친절하지만 가족에게는 냉담한 모습을 자각하고 서로의 원하는 삶의 방향성을 찾는 기회가 되었다. 하늘과 땅은 서로를 이해하고 촉진하는 교류분석 상담을 통해 자아상태 활성화 방안을 모색하였고 단절된 대화를 회복하는 기회가 되었다.

CKEO그램에 의한 커플(부-녀) 사례분석
주제: 진로갈등을 겪고 있는 아버지와 딸
상담자: 이인영

1. 내담자 기본정보

아버지 / 성별: 남 / 연령: 51세 / 학력: 대학원졸
딸 / 성별: 여 / 연령: 18세 / 학력: 고재
관계: 부-녀

1) 의뢰경위 및 주 호소문제

* 의뢰경위: 고등학교 2학년인 내담자는 진로에 대한 갈등문제로 성적에 대한 외부요인(내신)과 개인적인 내적 갈등(원하는 진로와 대입)으로 상담실을 직접 방문하여 진로검사와 해석상담을 하고 상담 의지가 있어 부모의 동의를 구하고 상담을 의뢰하였다.

* 주 호소문제
아버지: "딸의 공부 태도가 마음에 안 들어요."
예전에는 공부를 열심히 했고 딸의 꿈이 확실한 것 같아 좋았다. 고등학교 진학 후 더 열심히 해야 하는데 다른 것에 관심이 많아져서 성적이 걱정이 되고, 좋은 대학으로 진학한 자녀를 자랑하는 친구가 부럽다.
아내는 일과 가정을 양립하여 심신이 지쳐 있어 성적에 대해서는 전혀 신경을 쓰지 않아 더 걱정이 된다. 성적만이 아니고 친구들과의 만남이 잦고 무슨 말을 하면 울어서 어떻게 해야 할지 모르겠다.
딸: "성적에 대한 아버지의 일방적인 간섭이 힘들어요."
중학교까지는 공부하는 만큼 성적이 나오고 자신감이 있었는데, 고등학교에 올라와

서 성적이 안 나오자 아버지가 관심과 간섭이 지나치게 많아져서 힘들다. 나의 옛 모습을 되찾고 싶다.

2) 행동관찰

아버지: 170센티미터 정도 키에 보통 체구로서 다소 짧은 머리카락에 가볍고 단정한 옷차림이었다. 상담실에 들어올 때 딸보다 먼저 들어와서 팔짱을 끼고 의자를 약간 뒤로 하여 앉았다. 상담자의 이야기를 주의 깊게 경청하고 질문도 하면서 중립적인 내용으로 적극적 모습을 보였다.

딸: 163센티미터 정도의 키에 날씬한 체구로서 머리카락은 어깨 정도 내려왔으며 앞머리에 신경을 많이 썼다. 흰 피부에 화장은 틴트를 살짝 발랐고 반바지에 가벼운 옷차림으로 들어왔다. 자신의 현재 불편한 심리상태와 앞으로 계획에 대한 고민을 많이 하고 있다고 강조하였다. 아버지를 의식하는 말을 하면서 감정이 올라와 말투에 힘이 가기도 하였다. 자신이 엄마와는 이야기를 잘하면서도 짜증을 자주 낸다고 얼굴을 찡그리며 말한다.

3) 내담자의 자원

아버지: 딸에 대한 관심이 많고 가족을 잘 챙기고 돌보고, 계획성 있는 생활을 잘한다.

딸: 자신의 미래에 대해 관심이 많고 노력을 하려고 한다. 초등학교, 중학교 때에 성적에 대한 좋은 경험을 가지고 있다. 엄마와 남자친구와는 긍정적으로 소통을 잘 한다.

4) 가계도

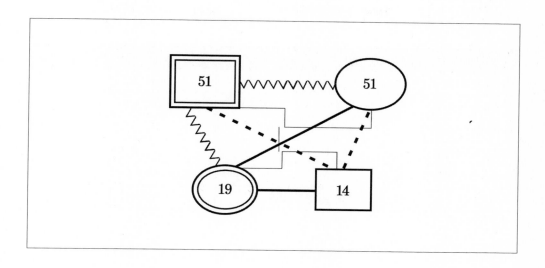

2. 내담자 검사 결과

〈CK-EGO그램〉

아버지	CP	NP	A	FC	AC	
자아상태 기능점수	38	33	37	33	30	구조 편향형: Ⓐ
자아상태 규준등급	3-4등급	6-7등급	5등급	5등급	6-7등급	기능 주도형: CP
자아상태 구조점수	71		74		63	심적 에너지 총량: 208(중)
딸	CP	NP	A	FC	AC	
자아상태 기능점수	37	31	24	34	45	구조 편향형: Ⓒ
자아상태 규준등급	1-2등급	6-7등급	8-9등급	5등급	1-2등급	기능 주도형: AC
자아상태 구조점수	68		48		79	심적 에너지 총량: 195(중)

〈CK-OK그램〉

아버지	U-	U+	I+	I-
인생태도 점수	34	35	38	28
한국규준등급	3-4등급	5등급	3-4등급	3-4등급
심적 에너지의 편향	69		66	
기본적 인생태도	U- 〈 U+		I- 〈 I+	

인생태도 영역 표시	I 73 〉 III 72 〉 II 63〉 IV 62	
자타존중감	타인존중감 높음	자아존중감 높음

딸	U-	U+	I+	I-
인생태도 점수	35	37	33	45
한국규준등급	1-2등급	5등급	5등급	1-2등급
심적 에너지의 편향	72		78	
기본적 인생태도	U- 〈 U+		I+ 〈 I-	
인생태도영역 표시	II 82 〉 IV 80〉 I 70 〉 III 68			
자타존중감	타인존중감 높음		자아존중감 낮음	

〈CKEO그램 체크리스트〉

아버지

ego 점수	ⓅP		Ⓐ A	ⒸC		ego 점수
	CP	NP		FC	AC	
	비판적	과보호적	기계적	자기도취적	자기비하적	
	원칙·책임감	배려·봉사	합리적·정확성	활력·적극성	타협·협동	
	관용적	방임적	즉흥적	위축적	독단적	
50						50
49						49
48						48
47						47
46						46
45						45
44						44
43						43
42						42
41						41
40						40
39						39
38	3-4			3-4		38
37			5			37
36						36
35		5				35
34	3-4					34
33		6-7		5		33
32						32
31						31
30					6-7	30
29						29
28					3-4	28
27						27
26						26
25						25
24						24
23						23
22						22
21						21
20						20
19						19
18						18
17						17
16						16
15						15
14						14
13						13
12						12
11						11
10						10
점수	U⁻	U⁺	Ⓐ A	I⁺	I⁻	점수
ok	타인부정	타인긍정		자기긍정	자기부정	ok

딸

	ⓟ		Ⓐ	ⓒ		
ego	CP	NP	Ⓐ	FC	AC	ego
점수	비판적 원칙·책임감 관용적	과보호적 배려·봉사 방임적	기계적 합리적·정확성 즉흥적	자기도취적 활력·적극성 위축적	자기비하적 타협·협동 독단적	점수

점수	U⁻	U⁺	Ⓐ	I⁺	I⁻	점수
ok	타인부정	타인긍정		자기긍정	자기부정	ok

〈OK그램(기본적인 인생태도 분석도) 체크리스트〉

아버지

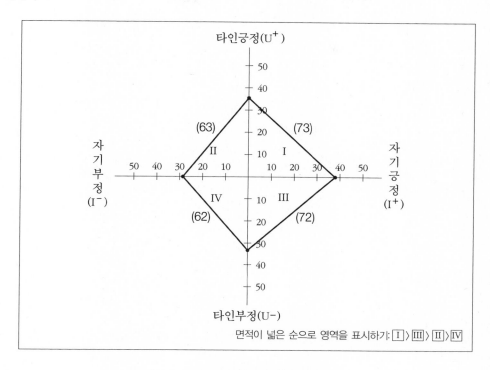

면적이 넓은 순으로 영역을 표시하기: $\boxed{I} > \boxed{III} > \boxed{II} > \boxed{IV}$

〈OK그램 기본 해석표〉

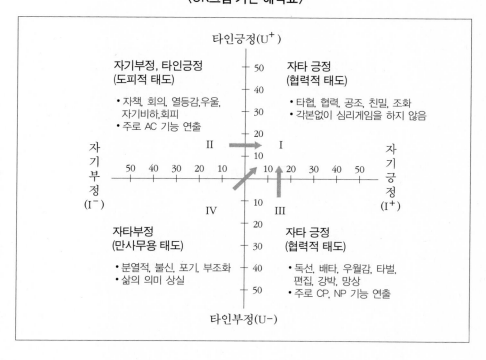

딸

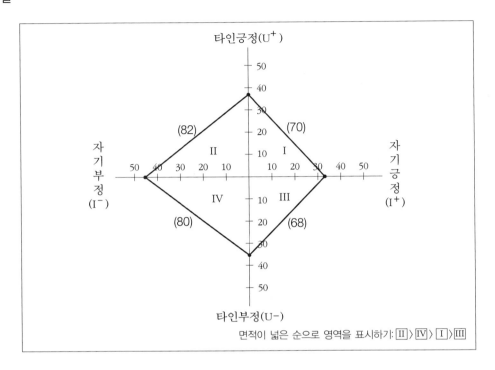

면적이 넓은 순으로 영역을 표시하기: Ⅱ > Ⅳ > Ⅰ > Ⅲ

〈OK그램 기본 해석표〉

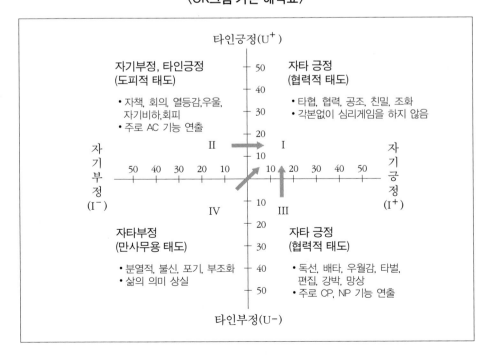

※ 사회적 수준(CK-EGO그램 자아상태 기능) 상호관계

아버지는 다른 사람과 타협하려는 것이 부족하고 냉정하고 독단적이다. 남에 대한 배려보다는 자신의 입장만 생각하기 때문에 인간관계에 갈등이 많다. 딸에 대한 배려가 부족하고 아버지 관점으로 이야기하며 강요한다.

딸은 냉담하고 둔감하며 즉흥적으로 행동하여 현실을 무시하는 경향이 있다. 아버지 탓, 내 탓으로 아버지에게 합리적 논리적으로 말하지 못하고 의존적이다.

※ 심리적 수준(CK-OK그램 인생태도) 상호관계

아버지는 인생태도 분석에 의하면 'I 73 〉III 72 〉II 63〉 IV 62' 순이다. 내담자가 주로 머무는 영역은 I영역(자기긍정, 타인긍정의 태도)으로 타협적인 태도를 가지려 한다.

딸은 인생태도 분석에 의하면 'II 82 〉IV 80 〉I 70 〉III 68' 순이다. 내담자가 주로 머무는 영역은 II영역(자기부정, 타인부정의 도피적 태도)으로 자책하거나 자기비하적인 태도를 취하는 경우가 많으며 열등감과 우울감을 가지게 된다.

3. CK-EGO그램 해석

1) 구조 편향형과 기능 주도형

아버지
- 구조 편향형: Ⓐ
- 기능 주도형: CP

현실판단적으로 자기 가치관대로 하려고 하는 모습과 타인에 대한 배려심이 없는 성향으로 엄격하다.

딸
- 구조 편향형: ⓒ
- 기능 주도형: AC

내 탓 남 탓을 하며 비합리적이고, 논리적으로 자기주장을 못하고 의존적이다.

2) 심적 에너지 총량

아버지: 심적 에너지의 총량 208점(중)

딸: 심적 에너지의 총량 195점(중)

3) 한국 연령·성별 CK-EGO그램 규준 등급

아버지

CP(38): 3-4등급, 이상적이고 양심적이며 정의감이 있다. 인간으로서 도리와 사회질서, 전통, 규범 등 원칙이나 책임감을 중요시한다.

NP(33): 6-7등급, 타인이나 상황에 대해 배려함이나 친절이 부족할 때가 많아 냉담하다. 무관심하고 따뜻함이 없어 인간관계에 갈등의 소지가 많다.

A(37): 5등급, 합리적이고 객관적인 정보에 의해 이성적으로 공과 사를 구분하고 현실판단을 한다. 명확하고 계획적이어서 신뢰감을 준다.

FC(33): 5등급, 자유분방하며 호기심이 많고, 감정표현을 잘하고 갈등이나 문제상황 속에서 자기표현을 잘한다.

AC(30): 6-7등급, 주관적인 경향이 강하며 불평불만을 직설적·직접적으로 표현하면서 타인과 타협에 어려움을 겪을 수 있다.

딸

CP(37): 1-2등급, 통제적이고 강압적이고 독단적이라는 말을 듣는다. 융통성이 부족하고 완고한 경향이 있어 타인의 행동 등에 대해 잘 판단하고 비판한다.

NP(31): 6-7등급, 타인의 입장을 배려하고 도움을 주려고 노력하는 편이며, 사회에는 온정적이고 수용적인 편이다.

A (24): 8-9등급, 현실을 무시하고 즉흥적이며 논리성이 부족하다. 합리적이거나 이성적이지 못하다. 즉흥적으로 행동하기 때문에 타인에게 신뢰받기 어렵다.

FC(34): 5등급, 적극적이며 창조적이고 자유분방하여 호기심이 왕성하다. 매사에 활력과 적극성이 있어 감정표현을 잘하고 천진난만하다.

AC(45): 1-2등급, 타인에 대해서 과민하게 반응하여 자기를 억제하는 경향이 있다. 잘 참고 감정을 억압하고 열등감과 자기비하, 자기혐오를 할 때도 있다.

4) 역기능적 자아상태 구조

아버지는 50대 남성으로, 역기능적 자아상태 구조는 없다.

- ⓟ 자아상태 구조는 71점으로 59~82의 범위에 속한다.
- ⓐ 자아상태 구조는 74점으로 61~83의 범위에 속한다.
- ⓒ 자아상태 구조는 63점으로 53~80의 범위에 속한다.

딸은 10대, 여자청소년으로, 역기능적 자아상태 구조는 없다.

- ⓟ 자아상태 구조는 68점으로 52~74의 범위에 속한다.
- ⓐ 자아상태 구조는 48점으로 49~73의 범위에 속한다.
- ⓒ 자아상태 구조는 79점으로 53~79의 범위에 속한다.

5) 역기능적 자아상태 기능

아버지: 역기능적 자아상태는 없다.

딸: CP, AC의 자아상태 기능이 1-2등급으로 역기능적이다. 자신이나 타인에게 완전함을 요구하며 내 탓, 남 탓을 하는 경우가 많다. 자기비하를 하거나 남을 자주 비판하여 갈등이 반복되고 후회를 많이 하는 타입이다. 자기통제를 잘하고 적응적이나 불평불만이나 스트레스가 계속 쌓이기 쉬운 유형이다. 또한 A의 자아상태 기능이 8-9등급으로 역기능적이다. 비현실적이고 계획성이 없다. 즉흥적이고 판단력이 부족하며 행동에 일관성이 없어 신뢰받기 어렵다.

4. CK-OK그램 해석

1) CK-OK그램의 순기능과 역기능

아버지

자신에 대한 태도는 'I+ (38) 〉 I- (28)'로 순기능이다.

타인(딸)에 대한 태도는 'U-(34) 〈 U+(35)'로 순기능이다.

딸

자신에 대한 태도는 'I+ (33) 〈 I- (45)'로 역기능이다.

타인(아버지)에 대한 태도는 'U-(35) 〈 U+(37)'로 순기능이다.

2) U와 I의 심적 에너지 편향성

아버지: 'U(69) 〉 I(66)'이므로 심적 에너지가 U쪽으로 편향되어 있어, 자신보다는 타인(딸)에게 더 많은 심적 에너지를 사용하고 있다.

딸: 'U(72) 〈 I(78)'이므로 심적 에너지가 I 쪽으로 편향되어 있어, 자신에게 더 많은 심적 에너지를 사용하고 있다.

3) 한국 연령 · 성별 CK-OK그램 규준 등급

아버지: U- 34(3-4등급), U+ 35(5등급), I+ 38(3-4등급), I- 28(3-4등급)

U- 34(3-4등급)와 I- 28(3-4등급)로 타인과 자신에 대한 부정성이 다소 높다.

U+ 35(5등급)로 타인에 대한 긍정성은 양호한 편이고, I+ 38(3-4등급)로 자신에 대한 긍정성은 높은 수준이다.

딸: U- 35(1-2등급), U+ 37(5등급), I+ 33(5등급), I- 45(1-2등급)

U- 35와 I- 45가 모두 1-2등급으로 타인과 자신에 대한 부정성은 매우 높은 수준이다.

U+ 37과 I+ 33이 모두 5등급으로 타인과 자신에 대한 긍정성은 양호한 편이다.

4) 자아존중감과 타인존중감

아버지: U- 34(3-4등급) 〉 U+ 35(5등급), I+ 38(3-4등급) 〉 I- 28(3-4등급)

U+와 I+의 한국규준등급이 5등급 이상이면서 U+와 I+의 절댓값이 U-와 I-의 절댓값보다 더 높을 때 자아존중감 및 타인존중감이 높은 것으로 해석할 수 있다.

아버지는 자아존중감 및 타인존중감이 높은 편이다.

딸:U- 35 (1-2등급) 〈 U+ 37 (5등급), I+ 33 (5등급) 〈 I- 45 (1-2등급)

U+와 I+의 한국규준등급이 5등급 이상이면서 U+와 I+의 절댓값이 U-와 I-의 절댓값보다 더 높을 때 자아존중감 및 타인존중감이 높은 것으로 해석할 수 있다.

딸은 타인존중감은 높은 편이나 자아존중감이 매우 낮은 상태를 보이고 있다.

5) CK-OK그램(커렐로그램) 영역 커플관계

아버지: Ⅰ 73 〉Ⅲ 72 〉Ⅱ 63〉 Ⅳ 62

Ⅰ영역: 부인이 시간이 없어 돌보지 못하는 부분을 딸을 위해 자신이 하면서 즐거운 마음으로 딸에게 다가가려고 밥상 차려 주기, 데려다 주기 등을 하며 노력한다. 그리고 상담에도 참여하여 호의적인 태도를 보인다.

Ⅲ영역: 경제적인 문제도 없고 부모가 잘해 주는데 뭐가 문제인지 의문이 들고 공부를 하는데 성적이 안 나오는 것이 다른 이유가 있다고 생각을 한다. 남자친구랑 사귀면서 공부가 되는지? 도서관에 가야 공부가 되는지? 이해가 안 되어 자꾸 딸의 공부태도를 지적한다.

Ⅱ영역: 그동안 신경을 안 써서 그런 건지? 엄마가 바빠서 관리를 안 해 주어 그런 건지? 이런 상태에서 대학을 갈 수 있을지 걱정을 한다.

Ⅳ영역: 자신의 과거와 비교하여 잔소리를 하면서 이런 신경까지 다 써야 하나? 이제 알아서 해야 하는 건 아닌가? 갈등이 될 때 갑자기 큰 소리를 내거나 혀 차는 소리를 하며 부정적인 이야기를 한다. 딸과 갈등상황의 대화를 하는 자신이 싫다고 한다.

딸: Ⅱ 82 〉 Ⅳ 80〉 Ⅰ 70 〉 Ⅲ68

Ⅱ영역: 성적표를 보고 기분이 안 좋은 아버지를 보며 죄송하기도 하고 왜 공부한 만큼 안 나오는 성적에 우울하고 안 되는 건가라는 생각에 힘들다.

Ⅳ영역: 공부는 포기하고 인간관계나 잘 할걸 하는 생각에 후회되고 죽는 것이 더 편하다라는 생각이 들고, 친구들이 자신의 성적이 기대 이하여서 실망하는 모습이 창피하고, 놀기나 할걸, 잠이나 자면 억울하지 않지 하는 생각에 혼란스러움을 느낀다. 카톡을 기다리며 위로를 받을 때 한심하다고 느낀다.

Ⅰ영역: 아버지가 넌 열심히 하는 애야라고 인정해 줄 때이다.

Ⅲ영역: 잘 할 수 있는데 믿어 주지 않고, 지나치게 간섭하는 아버지가 싫다.

5. CK-EGO]그램과 CK-OK그램 상관관계

1) CK-EGO그램과 CK-OK그램 상관관계

아버지

CP 〉U-: 자신의 역할상 엄격한 태도를 보이고 아버지의 기준으로 가르친다(4점 차).
FC 〈 I+: 자신의 솔직한 맘을 표현하지 않고 생각을 많이 한다(5점 차).

딸

NP 〈 U+: 아버지에게 공감하고 수용하는 태도를 못 드러낸다(6점 차).

6. CKEO그램 검사결과에 따른 커플관계 성장 방안

1) 자아상태 기능 커플관계 활성화 방안

아버지

기능 촉진방안 상태		현재 상태	커플 대상에서 활성화 방안
AC	딸의 감정을 수용하고 타협한다.	• 아버지 생각을 독선적으로 강요한다.	• 딸과의 대화시간 분량을 정하기(총 30분이면 5분을 넘지 않고 딸의 이야기를 들어 준다) • 딸이 집에 오면 안아 주고 격려하는 언어적 스트로크를 주기 • 딸이 공부하고 오면 1시간 휴식시간 주기 • 딸과 대화할 때 존중하는 말투로 교정하기

딸

기능 촉진방안 \ 상태		현재 상태	커플 대상에서 활성화 방안
A	현실지향적 태도를 갖는다.	• 아버지의 이야기를 들으려 하지 않는다. • 아버지의 말에 지나치게 민감하다. • 합리적이고 논리적인 부분이 부족하다.	• 아버지에게 자신의 일정을 알리고 이야기하기 • 역할 바꾸기 연습으로 대화분석을 하여 실천하기 • 갈등 되는 상황에서 비합리적 사고 찾아보기

2) 기본적인 인생태도 커플관계 개선 방안

아버지

태도 영역	현재 삶의 태도		커플 대상에게 개선해야 할 방안
II영역	자신이 그동안 딸에게 관심과 신경을 안 써서 딸의 상황이 생겼다고 본다.	I영역	• 앞으로 서로 대화의 시간을 갖고 딸의 감정을 읽어 주었는지 살피고 딸과 교감할 수 있는 상태를 기다려 주며 이해하도록 노력하기
III영역	• 딸의 의지가 부족하다. 공부는 노력이다라는 생각이 있고, 딸의 공부방법이 마음에 안 든다.	I영역	• 딸이 경험할 수 있는 허용의 시간과 계획을 존중하기
IV영역	• 딸의 공부태도도 마음에 안 들고, 딸에 대한 나의 태도도 힘들다.	I영역	• 성적만이 아니라 딸의 의견을 존중하고 딸과 대화시간 갖기 • 대화 시 딸의 이야기를 끝까지 듣기

딸

태도 영역	현재 삶의 태도		커플 대상에게 개선해야 할 방안
II영역	• 아버지의 성적에 대한 기대에 힘들고 가족으로부터 소외된 느낌으로 우울하다.	I영역	• 아버지를 회피하지 않고 자신의 생각과 감정을 이야기하기
III영역	• 아버지는 도움이 안 된다. • 나는 공부하는 기계가 아니다.	I영역	• 아버지와 대화를 하여 학업에 대한 의견 차이를 줄여 가기

IV영역	• 내 장래는 희망이 없다. • 아버지와는 타협이 안 된다. 차라리 죽는 게 편하다.	I영역	• 자신의 사고방식이나 느낌을 소중히 여기고 가족을 신뢰하고 인정하는 마음을 갖도록 노력하기 • 진로탐색을 위한 심리검사 하기

7. 커플상담자의 총평

아버지는 딸의 공부태도가 마음에 안 들고 성적에 대해 관심이 많다. 아버지의 간섭이 지나치게 많아져서 딸과 갈등을 겪는 문제를 다룬 사례이다. 아버지는 대입을 준비하기 위하여 더 세심한 학습을 해야 하는데 다른 것에 관심이 많아져 공부문제가 많다고 생각하고 있다.

CKEO그램 검사를 통해 아버지는 딸이 그동안 대입준비 학습에 스트레스가 많이 누적되어 있다는 것과 부모의 기대치에 대한 심리적 압박이 매우 컸다는 것을 이해하게 되었다.

진로에 대한 갈등문제로 성적에 대한 외부요인(내신)과 개인적인 내적 갈등으로 어려움에 대한 호소를 상담한 결과이다. 커플상담과 CKEO그램 검사를 통해 아버지와 딸의 갈등을 공감하고 회복하는 계기가 되었다.

아버지는 자신의 생각을 강요하는 모습에서 딸의 감정을 수용하고 타협하려는 노력을 하였다. 딸은 아버지의 말에 지나치게 민감하게 보였던 모습에서 현실지향적인 모습으로 활성화 방안을 찾아보았다. 부녀의 대화패턴에서 이면교류를 자각하여 서로 존중하고 노력하는 모습으로 서로 친밀감 있게 다가갈 수 있는 기회가 된 사례이다.

10회기 상담을 통해 갈등 호소 상담과 대화분석을 통해 아버지와 딸의 관계가 회복하게 되었고 학습에도 집중할 수 있는 좋은 기회가 되었다.

CKEO그램에 의한 커플(부부) 사례분석

주제: 관계개선을 원하는 도벽 있는 아내와 권위적인 남편

상담자: 조은숙

---

1. 내담자 기본정보

성명: 고달픈(아내) / 성별: 여 / 연령: 47세 / 학력: 고졸 / 직업: 주부
성명: 우쭐한(남편) / 성별: 남 / 연령: 49세 / 학력: 고졸 / 직업: 시장 관리직 중간간부
관계: 부부(23년차)

1) 의뢰경위 및 주 호소문제

* 의뢰경위: 스포츠 토토로 2,300만 원의 도박 빚을 지게 된 도박중독 내담자인 A씨를 상담하던 상담사가 내담자 A씨 부모를 대상으로 상담이 필요함을 인식하여 부모와 합의하에 본 상담자에게 의뢰되었다.

* 주 호소문제
고달픈: "떳떳하고 자랑스러운 엄마가 되고 싶어요."
폭력적인 언행과 매사에 모든 걸 의심하고 믿지 않는 남편으로 인해 사는 게 싫다. 통장관리도 전적으로 남편이 하고 돈에 인색하다. 서울에서 직장생활을 하는 남편은 매주 금요일이면 집에 온다. 나는 남편이 올 때면 긴장을 많이 하고 걱정이 된다. 매번 남편은 집에 오면 '살림을 제대로 못한다. 집이 왜 이 모양으로 더럽냐. 이왕 하는 거 깨끗이 하지 이렇게밖에 못하냐. 아이들을 왜 잘 못 키우냐. 네가 집에서 하는 게 뭐냐. 엄마(시어머니)에게 말대꾸하지 마라. 밖에 나가 돌아다니지 마라. 사람들 흉보지 마라. 너나 잘해라.'라는 말로 매번 자신을 무시하고 입에 담지 못할 욕을 하니 살고 싶지 않다. 모든 것을 다 내려놓고 떠나고 싶다. 남편과 시어머니의 잔소리에 대꾸하기 싫고 큰아들의 게임문제가 모두 내 탓인 양 말하는 남편으로 인해 죽고 싶다. 둘째가

태어나고 얼마 안 돼서 도벽이 생겼다. 그 후 일 년에 한 번이나 두 번 정도 마트나 백화점에서 과자나 생필품을 훔친다. 아이들과 함께 마트에 가서 훔치다 걸린 적도 있었다. 경찰서에서 조사도 받고 벌금을 낸 적도 여러 번 있다. 자신도 그러고 싶지 않은데 왜 자꾸 그러는지 모르겠다. 자신의 이런 모습에 남편의 비난은 심해지고 부정한 여자라고 무시하고 아이들에게 너무 미안하고 죄책감도 많이 든다. 떳떳하고 자랑스러운 엄마가 되고 싶은데 나는 그럴 수 없다.

우쭐한: "아내의 도벽 걱정 안하고 마음 편하게 살고 싶어요."

아내가 그동안 시어머니 모시고 아들 셋 키우고, 성질 급한 나와 살면서 힘들었을 것은 안다. 그렇지만 누군들 그 정도의 고생을 안 하는가, 아이들 엄마가 되어서 물건 훔치고 경찰관들이 집에 찾아오고, 경찰서에 불려 다니고 정말 창피하고 속상하다. 동네사람들과 친구들이 이런 사실을 알고 있어서 얼굴을 들고 다닐 수가 없다. 혼자 서울에서 조그마한 원룸에 생활하고 금요일 집에 내려오는 버스 안에서 집만 생각하면 화가 목까지 올라온다. 그럴 때면 가슴이 답답하고 숨 쉬기가 힘들다. 아내가 언제 어디서 또 그런 나쁜 짓을 할지 항상 두렵다. 서울에 있으면서도 어디 가서 무슨 짓을 할지 걱정되어 노심초사 불안하다. 그런 아내를 믿을 수 없다. 일이 터지면 다시는 안 하겠다고 하고선 또 한다. 아내를 믿고 싶고 욱한 감정을 조절할 필요가 있다. 그런데 조절하기가 어렵다.

2) 행동관찰

고달픈: 조금 긴 웨이브 머리에 서글서글한 인상, 목소리가 약간 크고 과장된 행동과 말투를 가졌고 부모님은 살아 계시고, 밑으로 결혼한 남동생이 있다. 지인의 소개로 남편을 만나 23세에 결혼을 했다. 연예 때 남편의 거친 성격을 알고 있었으나 어린 나이에 만나다 보니 아무 생각 없이 결혼했다. 결혼 초 남편이 사업을 해서 큰 평수의 아파트에 살았으나 몇 년 후 부도가 나면서 생활이 아주 어려워졌고 살던 아파트에서 나와 시골집 단칸방에 살게 되었다. 설상가상으로 홀로 된 어머니까지 모시고 살았다. 막내며느리인 나는 단칸방에서 어머니를 모시고 사는 것이 너무나 힘들었다. 입도 험하고 사사건건 잔소리하는 어머니를 모시면서 설움도 많이 당했다. 첫째 낳고 임신이 되지 않아 고생을 많이 했다. 여러 번의 유산이 있었고, 어렵게 둘째를 낳은 후 도벽이

생겼다. 이때는 경제적으로 최고로 어려운 때였다. 도벽으로 남편의 잔소리가 더 심해졌고, 꼼짝도 못하게 했다. 일정한 직업 없이 지내던 남편이 10년 전부터 서울에서 일을 시작했다. 조금씩 경제적으로 풀리면서 단칸방에서 벗어나 집을 짓고 살게 된 지 불과 4~5년이 되었다. 필요한 생필품은 카드로 사거나 남편이 통장으로 보내 주는 돈을 찾아 쓴다. 옷도 서울 시장에서 직접 사서 보내 주거나 서울에 올라가서 남편과 함께 산다. 늘 뭐 하는지 시간 체크하고 외출이 있는 날이면 전화로 나의 일거수일투족을 감시했다. 11년째 정신과 약을 먹는다. 신경안정제를 먹고 있다. 아들 셋을 키우면서 나도 폭력엄마가 됐다. 소리 지르고 화를 많이 낸다. 엄마가 우리를 혼낼 자격이 있느냐는 아이들의 말을 듣고는 아이들을 잘 키울 자신이 없다. 나는 아이들에게도 형편없는 엄마다. 아이들에게 미안하다.

　우쭐한: 1녀 3남 중 막내로 어릴 적부터 문제행동을 많이 하였다. 부모님에게 대들고 속을 썩이고 자기 멋대로 함부로 행동하면서 자랐다. 아버님은 호인이셨다. 그러나 경제적으로 무능해 엄마가 살림을 맡아서 하셨다. 어머님은 성격이 괴팍하다. 그렇지만 아내가 어머님께 대들면 화가 나서 아내에게 화를 낸다. 예전에는 허영심도 있고 돈에 대한 소중함도 몰라 되는 대로 살았고 가족에게는 궁색하게 굴어도 밖에 나가 친구들에게는 잘하는 편이었고 가오를 잡기 위해 돈도 막 썼다. 지금은 자식들을 키워야하고 아이들이 크면 뭐라도 해 줘야 한다는 생각에 전처럼 하지는 않는다. 이제는 살만하고 집도 새로 지어 내 집도 생겼고, 뭐가 문제 될 게 없는데 아내로 인해 괴롭다. 아내에게 도벽이 생긴 지 10년이 되었다. 잊어버릴 만하면 누구를 통해서라도 알게 된다. 며칠 전 아내가 또 물건을 훔쳐서 마트 직원이 경찰에 신고해 경찰관이 집으로 찾아왔다. 몇 백 만원의 벌금과 사회봉사도 했는데도 왜 그런지 모르겠다. 아내는 병원에서 상담도 받았는데 안 된다. 아내는 오히려 자신이 그렇게 된 게 다 나 때문이라며 큰 소리를 친다. 아내는 자신의 잘못은 인정하지 않고 내 탓만 하는데 아내의 모습이 자식들에게 나쁜 영향을 미칠까 두렵다. 일이 끝나고 저녁마다 복잡한 생각을 잊기 위해 후배들과 술을 마시고 잔다. 그렇지 않으면 너무 괴로워 잠을 잘 수가 없다. 몸도 마음도 망가지고 있다.

3) 내담자의 자원

　고달픈: 밝고 상냥한 성격의 소유자이다. 사람들과 어울리는 것을 좋아하고, 잘 베

풀고 나누어 주는 걸 좋아하나 경제관념이 부족하다. 교회 여전도회 회장이고 신
앙생활을 열심히 한다. 시골 교회라서 나이 드신 분들만 있어 자주 어울리지는 않
지만 과거에는 사람들과 잘 어울렸다.

우쭐한: 가정을 지키기 위해 무엇을 해야 하는지 고민하고 잘해 보려고 하는 마음이
있다. 그동안 자신이 가족에게 했던 불성실하고 과격하고 권위적이었던 모습을
인정하고 상담을 통해 가정이 회복되길 간절히 원하고, 노력하고자 한다.

4) 가계도

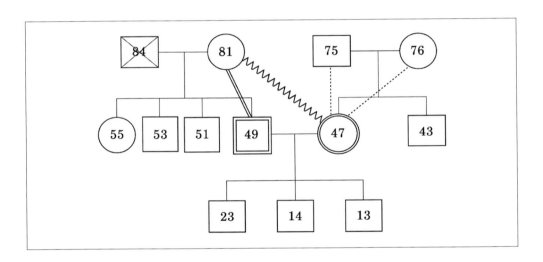

모(81세): 1녀 3남을 두었으며 막내아들인 내담자 부부와 살고 있다. 남편을 일찍 여
  의고 혼자서 자식을 키웠으며 현재는 류머티즘 관절염을 앓고 있다.
큰아들(23세): 대학교 휴학하고 공익으로 근무 중이며 사이버도박과 게임중독으로 상
  담받은 적이 있다.
둘째아들(14세): 중1, 게임과 야동 중독으로 상담받았다.
셋째아들(13세): 초6, 학교에서 야구부로 활동 중이다.

2. 내담자 검사 결과

〈CK-EGO그램〉

고달픈	CP	NP	A	FC	AC	
자아상태 기능점수	33	42	33	25	26	구조 편향형: ⓟ
자아상태 규준등급	3-4등급	1-2등급	6-7등급	8-9등급	6-7등급	기능주도형: NP
자아상태 구조점수	75		66		51	심적 에너지 총량: 192(중)
우쭐한	CP	NP	A	FC	AC	
자아상태 기능점수	37	30	30	35	34	구조 편향형: ⓒ
자아상태 규준등급	3-4등급	6-7등급	6-7등급	3-4등급	3-4등급	기능주도형: CP
자아상태 구조점수	67		60		69	심적 에너지 총량: 196(중)

〈CK-OK그램〉

고달픈	U-	U+	I+	I-
인생태도 점수	20	38	23	29
한국규준등급	8-9등급	3-4등급	8-9등급	5등급
심적 에너지의 편향	58		52	
기본적인 인생태도	U- 〉U+		I+ 〈 I-	
인생태도 영역 표시	II 67 〉 I 61 〉 IV 49〉 III 43			
자타존중감	타인존중감 높음		자아존중감 낮음	

우쭐한	U-	U+	I+	I-
인생태도 점수	36	31	26	34
한국규준등급	3-4등급	6-7등급	8-9등급	1-2등급
심적 에너지의 편향	67		60	
기본적인 인생태도	U- 〉U+		I+ 〈 I-	
인생태도 영역 표시	IV 70 〉 II 65 〉 III 62 〉 I 57			
자타존중감	타인존중감 낮음		자아존중감 낮음	

⟨CKEO그램 체크리스트⟩

고달픈

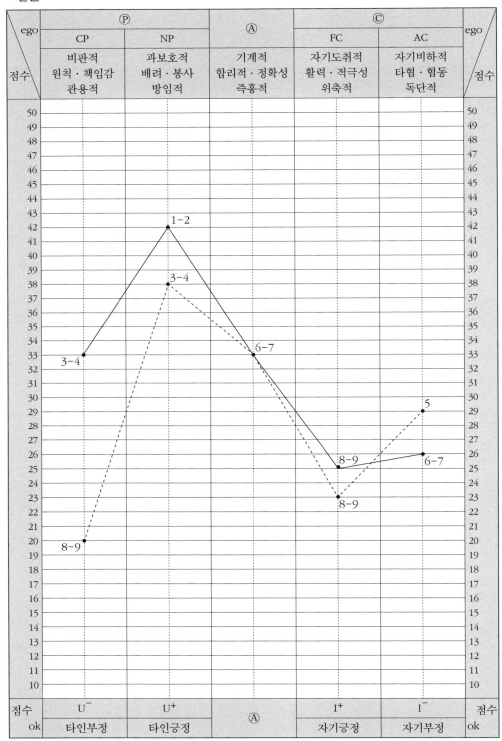

ego 점수	Ⓟ		Ⓐ	Ⓒ		ego 점수
	CP	NP		FC	AC	
	비판적 원칙·책임감 관용적	과보호적 배려·봉사 방임적	기계적 합리적·정확성 즉흥적	자기도취적 활력·적극성 위축적	자기비하적 타협·협동 독단적	

| 점수 ok | U⁻ 타인부정 | U⁺ 타인긍정 | Ⓐ | I⁺ 자기긍정 | I⁻ 자기부정 | 점수 ok |

우쭐한

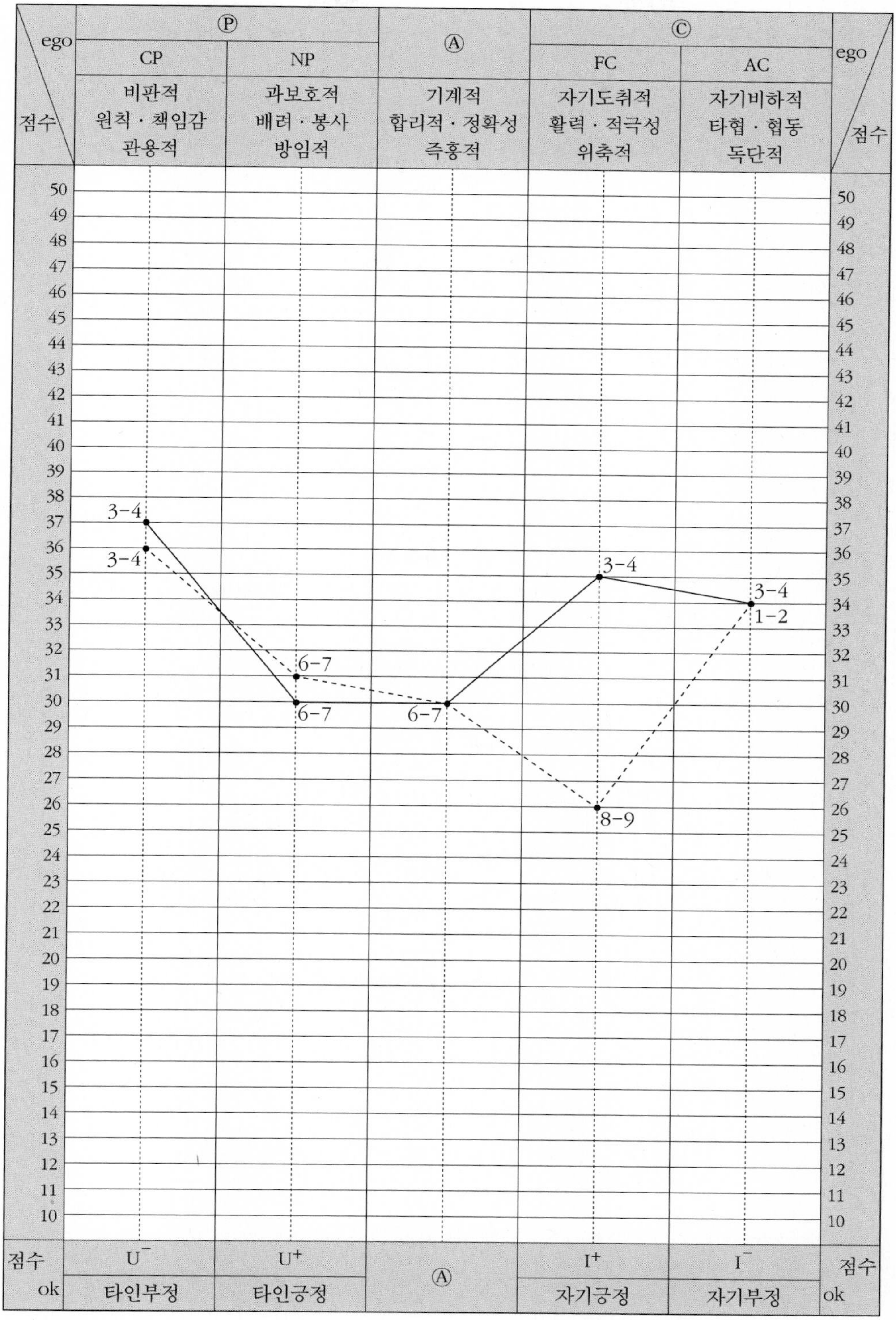
ego
점수
Ⓟ
CP
비판적
원칙 · 책임감
관용적
NP
과보호적
배려 · 봉사
방임적
Ⓐ
기계적
합리적 · 정확성
즉흥적
Ⓒ
FC
자기도취적
활력 · 적극성
위축적
AC
자기비하적
타협 · 협동
독단적
3-4
3-4
6-7
6-7
6-7
3-4
8-9
3-4
1-2
점수
ok
U⁻
타인부정
U⁺
타인긍정
Ⓐ
I⁺
자기긍정
I⁻
자기부정

〈OK그램(기본적인 인생태도 분석도) 체크리스트〉

고달픈

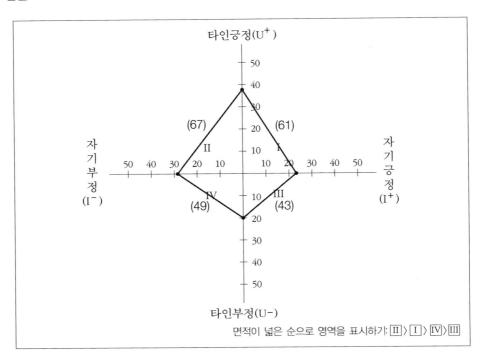

면적이 넓은 순으로 영역을 표시하기: Ⅱ > Ⅰ > Ⅳ > Ⅲ

〈OK그램 기본 해석표〉

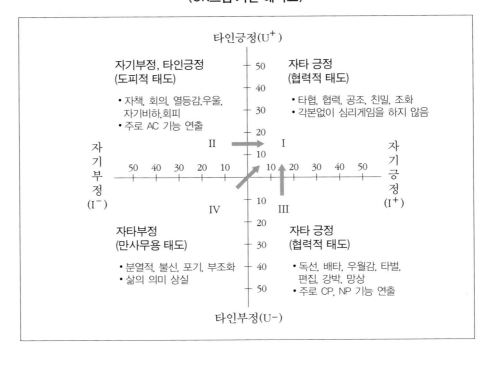

우쭐한

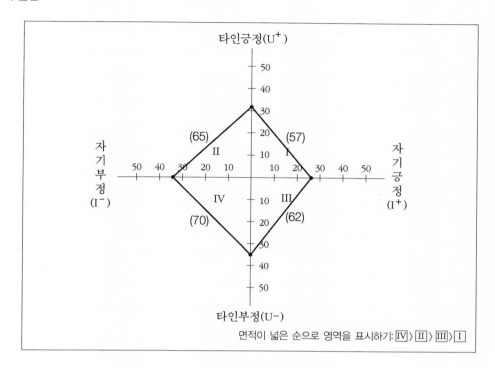

면적이 넓은 순으로 영역을 표시하기: Ⅳ 〉 Ⅱ 〉 Ⅲ 〉 Ⅰ

〈OK그램 기본 해석표〉

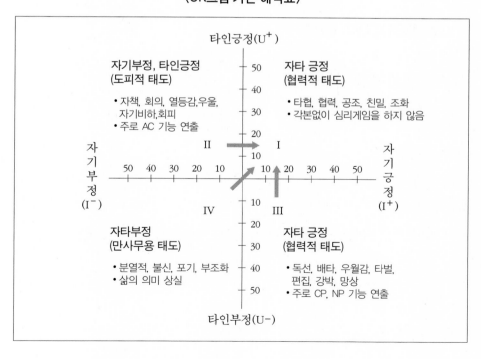

.※ 사회적 수준(CK-EGO그램 자아상태 기능) 상호관계

고달픈은 희로애락의 감정을 잘 드러내지 않고 생동감이 없으며 위축적이다. 간섭과 제재가 심한 남편의 요구에 자신의 의사를 표현하지 못하는 생활로 늘 우울하고 무기력한 상태이다. 우쭐한은 권위적이고 비판적인 경향으로 아내의 실수를 용납하지 못하며 본능적이고 자기중심적인 면이 있어 불평불만을 참지 못하고 직설적으로 표현하는 경우가 많다. 고달픈은 자신의 감정이나 입장을 무시하는 남편에게 사랑받지 못하고 수치감을 반복적으로 경험하면서 아내의 역할, 엄마의 역할을 포기하고자 하는 마음이 크다.

※ 심리적 수준(CK-OK그램 인생태도) 상호관계

고달픈은 결혼생활을 힘들게 유지해 오면서 도벽이 생겼고, 이로 인해 남편과 자녀들에게 면목 없다며 자신을 심하게 자책하고 열등감과 자기비하로 자기부정, 타인긍정의 도피적 인생태도를 취하는 경향이 크다. 우쭐한은 아내의 도벽으로 행복한 가정생활이 어렵다고 느끼고 아내를 때리고 모욕적인 언행을 하고 나서 후회를 반복하는 자기부정, 타인부정의 만사무용 태도를 취한다. 그렇지만 결혼생활을 유지하고 싶은 마음은 크다.

3. CK-EGO그램 해석

1) 구조 편향형과 기능 주도형

고달픈
• 구조 편향형: ⓟ
• 기능 주도형: NP

내적인 성향은 가치판단적이다. 외적 성향은 과보호적 · 배려 · 봉사이다. 타인에게 지나치게 호의적이고 자녀에게 지나치게 간섭하여 자립을 해치는 모습을 보인다.

우쭐한
• 구조 편향형: ⓒ
• 기능 주도형: CP

내적인 성향은 본능적이다. 외적 성향은 일에 있어서 통제적 · 원칙 · 책임감 · 엄격한 모습을 보이어 다른 사람의 실수를 용납하지 못하고 자신의 가치관을 내세워 무조건 복종하기를 요구한다.

2) 심적 에너지 총량

고달픈: 심적 에너지의 총량 192점(중)
우쭐한: 심적 에너지의 총량 196점(중)
두 부부의 심적 에너지의 총량을 살펴보면 중간 정도이지만 고달픈이 조금 높다.

3) 한국 연령 · 성별 CK-EGO 규준 등급

고달픈

CP(33): 3-4등급, 융통성이 부족하고 완고한 경향이 있어 타인의 행동 등에 대해 잘 판단하고 비판한다. 어릴 적 부모의 통제적, 권위적 모습을 보고 자라서 자신도 모르게 자녀들에게 그대로 답습하고 있고, 일방적으로 지시하고 통제하며 남편의 행동에 대해서도 심리적으로 비판하고 판단하는 경향이 있다.

NP(42): 1-2등급, 타인을 지나치게 보호하고 간섭하여 자립을 해친다. 타인의 입장을 늘 생각하고 행동하기 때문에 거절을 못하고 타인 중심의 삶을 산다. 고달픈은 남편과 시어머니와의 갈등으로 어린 아이들을 잘 보살피지 못하였다는 미안한 마음에 자녀들을 과잉보호하고 때론 자신의 방식대로 강요하는 모습이다.

A(33): 6-7등급, 현실을 무시하고 즉흥적이며 논리성이 부족하다. 남편이 타지에서 힘들게 일하는 상황에서 자신이 무엇을 해야 하는지 인식하지 못하고, 어려운 상황이 닥쳤을 때 도피하거나 의지하려는 경향이 많다.

FC(25): 8-9등급, 자유로이 자신의 감정을 표현하지 못하여 위축되어 있으며 자신감이 부족하다. 권위적이고 비판적인 남편과 함께 있을 때 자신의 감정을 드러내지 못하고 회피하거나 모르는 척하는 경향이 있다. 남편과의 접촉을 피하고 외면한다.

AC(26): 6-7등급, 남편과의 관계에서 오는 갈등과 어려움으로부터 자기를 보호하고 위험을 방어하기 위해 자신의 AC 기능을 표면에 제대로 드러나지 못한다. 왜곡된 AC 가 세워져 남편의 이야기를 있는 그대로 받아들이지 못하고 주관적으로 해석한다. 고집이 세고 독단적인 모습이 돌출된다.

우쭐한

CP(37): 3-4등급, 이상적이고 양심적이며 정의감이 있다. 인간으로서 도리와 사회질서 · 전통 · 규범 등 원칙이나 책임감을 중요시한다. 형제 중 막내이나 일찍 부가 사망하여 가정의 경제를 책임져야 했고, 이른 사회생활을 하면서 가장의 역할을 담당하며 성실하게 살아왔다. 강한 사명감과 책임감은 아내의 사소한 실수도 용납하지 못하고 자신의 가치관을 강요하고 간섭과 제재로 판단하고 비판하는 경향이 있다.

NP(30): 6-7등급, 타인이나 상황에 대해 배려나 친절이 부족하고 냉담하다. 타인과 자신을 탓하는 경우가 많아 인생 전반에 갈등을 많이 느낀다. 가족이나 회사 직원들과 관계에서 무관심하고 따뜻함이 없어 인간관계에 어려움이 있다.

A(30): 6-7등급, 합리적이고 객관적인 정보에 의해 이성적으로 공과 사를 구분하지 못하고 즉흥적이고 감정적으로 판단한다. 아내와 모의 사이에서 자신의 위치와 역할 속 중립을 지켜야 함에도 불구하고 아내를 지나치게 판단하고 평가한다.

FC(35): 3-4등급, 적극적이고 자유분방하나 분위기에 따라 충동적이고 감정적으로 행동하여 자기절제가 안 되는 경향이 있다.

AC(34): 3-4등급, 열등감이 있고 주위사람의 언동에 과민하게 반응한다. 의존적이고 자기를 통제하여 억압적이고 자기비하의 모습이 있다.

4) 역기능적 자아상태 구조

고달픈은 40대 후반의 여성으로, 역기능적 자아상태 구조에 속하지 않는다.
- ⓟ 자아상태 구조는 75점으로 3-4등급, 75~87의 범위에 속한다.
- ⓐ 자아상태 구조는 66점으로 6-7등급, 58~66의 범위에 속한다.
- ⓒ 자아상태 구조는 51점으로 6-7등급, 36~55의 범위에 속한다.

우쭐한은 40대 후반의 남성으로, 역기능적, 자아상태 구조에 속하지 않는다.
- ⓟ 자아상태 구조는 67점으로 5등급, 64~70의 범위에 속한다.
- ⓐ 자아상태 구조는 60점으로 6-7등급, 60~64의 범위에 속한다.
- ⓒ 자아상태 구조는 69점으로 3-4등급, 65~71의 범위에 속한다.

5) 역기능적 자아상태 기능

고달픈: NP의 자아상태 기능은 1-2등급, FC의 자아상태 기능은 8-9등급으로 역기
능이다. 인정이 많고 타인에게 호의적이나 위축되어 있고 자신의 감정을 표현하
는 게 부족하다. 자신의 진짜 감정을 드러내지 않는다.

우쭐한: 역기능적 자아상태 기능은 없지만 CP, FC, AC가 모두 3-4등급이다. CP 37은
1-2등급과 1점 차이로 융통성이 부족하고 완고한 경향이 있어 타인의 행동에 대해
잘 판단하고 비판하는 강한 CP의 모습이 많이 나타난다.

4. CK-OK그램 해석

1) CK-OK그램의 순기능과 역기능

고달픈: 타인(남편)에 대한 태도는 'U+(38) 〉 U-(20)'로 순기능을 보이고 있다.
자신에 대한 태도는 'I+(23) 〈 I-(29)'로 역기능을 보이고 있다.
자기부정 타인긍정으로 도피적 태도를 보인다.

우쭐한: 타인(아내)에 대한 태도는 'U+(31) 〈 U-(36)'로 역기능을 보이고 있다.
자신에 대한 태도는 'I+(26) 〈 I-(34)'로 역기능을 보이고 있다.
자타부정으로 만사무용태도를 보인다.

2) U와 I의 심적 에너지 편향성

고달픈: 'U(58) 〉 I(52)'이므로 심적 에너지가 U쪽으로 편향되어 있어, 자신보다는
타인(남편)에게 더 많은 심적 에너지를 쓴다. 남편의 태도나 행동에 따라 기분이
좌우된다.

우쭐한: 'U(67) 〉 I(60)'이므로 심적 에너지가 U쪽으로 편향되어 있어, 자신보다는

타인(아내)에게 더 많은 심적 에너지를 쓴다.

3) 한국 연령·성별 CK-OK그램 규준 등급

고달픈: U+ 38(3-4등급), U- 20(8-9등급), I+ 23(8-9등급), I- 29(5등급)

U+, I+의 경우 한국규준등급이 5등급 이상이면 건강한 상태이므로 내담자는 한국규준등급에서 타인긍정은 높은 수준, 타인부정은 매우 낮은 수준이며, 자기긍정은 매우 낮은 수준, 자기부정은 양호한 수준이다. 결과적으로 타인존중감은 높고, 자아존중감은 매우 낮다고 할 수 있다.

우쭐한: U+ 31(6-7등급), U- 36(3-4등급), I+ 26(8-9등급), I- 34(3-4등급)

U+, I+의 경우 한국규준등급이 5등급 이상이면 건강한 상태이나 내담자는 한국규준등급에서 타인긍정은 낮은 수준, 타인부정은 높은 수준이며, 자기긍정은 매우 낮은 수준, 자기부정은 높은 수준으로 보이고 있어 불건강한 상태로 해석할 수 있다. 결과적으로 타인존중감도 낮고, 자아존중감도 낮다고 볼 수 있다.

4) 자아존중감과 타인존중감

고달픈: U+ 38(3-4등급) 〈 U- 20(8-9등급) , I+ 23(8-9등급) 〈 I- 29(5등급)

U+, I+의 한국규준등급이 5등급 이상이면서 U+와 I+의 절댓값이 U-와 I-의 절댓값보다 더 높을 때 자아존중감 및 타인존중감이 높은 것으로 해석할 수 있다. 내담자는 자아존중감은 적당하고 타인존중감은 높다.

우쭐한: U+ 31(6-7등급) 〉 U- 36(3-4등급), I+ 26(8-9등급) 〈 I- 34(3-4등급)

내담자는 타인존중감이 낮은 상태이고 자아존중감은 매우 낮은 상태를 보이고 있다.

5) CK-OK그램(커렐로그램) 영역 커플관계

고달픈: II 67 〉 I 61 〉 IV 49〉 III 43

기본적인 태도의 경향성에 머무는 영역은 II영역이 가장 크게 나타났다. 이는 주로 내담자가 II영역에 주로 머무르고 있음을 나타낸다. 이것은 내담자가 자기부정, 타인 긍정의 태도를 보이며, 스스로를 자책하고 회의, 열등감, 우울, 자기비하의 모습으로 도피적 인생태도를 나타내고 있다고 볼 수 있다.

II영역: 아들이 사이버도박에 빠진 것도, 남편이 심하게 자신에게 욕하고 타박하는 것도 모두 나의 도벽 때문에 생긴 것 같아 속상하다. 나는 혼자 멀리 떠나고 싶은 마음이 크고 가족을 잘 이끄는 게 힘들어 도망가고 싶다. 나는 못난 엄마, 못난 아내이다 보니 자식에게 잘해 주지도 못하겠고 떳떳하지 못하여 아이들에게 혼내지도 못하겠다. 엄마자격도 없다고 할까봐 겁난다.

I영역: 젊은 나이에 어머니를 모시는 것은 나만이 할 수 있는 일이다. 시누이, 아들, 형님들이 있어도 아무도 어머니를 못 모신다. 지금은 그들에게 어머니를 맡길 생각도 없다. 나만큼 어머니를 잘 아는 사람은 없다. 어머니도 그걸 안다. 남편이 어머니에게 화를 낼 때면 어머니가 안쓰럽긴 하다. 그럴 때 내가 중간에서 잘 해결하고자 한다.

IV영역: 사사건건 남편이 통제하고 간섭하고 의심스런 마음으로 몰아세우면 '이 집에서 나는 가정부이지 엄마도 아내도 아니다.'라는 생각이 들어 버티기 힘들다. 사는 게 싫고 이제 모든 걸 포기하고 싶다.

III영역: 아무것도 모르고 시집와서 아들 셋 키우고 시어머니 모시느라 죽어라 고생만 했다. 힘들게 아들 셋을 낳아 키웠지만 아무도 내 편은 아니다. 남편 잘못 만나 내가 이렇게 변했다. 나를 믿지 못하고 의심하는 남편 때문에 나는 이럴 수밖에 없다. 다른 남자들은 각시에게 잘해 주고 위해 주고 시어머니도 안 모시고 사는 사람 많은데 나만 이렇게 억울하게 살았다.

우쭐한: IV 70 〉 II 65 〉 III 62 〉 I 57

기본적인 태도의 경향성에 머무는 영역은 IV영역이 가장 크게 나타났다. 이는 주로 내담자가 IV영역에 주로 머무르고 있음을 나타낸다. 이것은 내담자가 자기부정, 타인부정의 태도를 보이며, 삶의 의미를 상실한 삶의 포기와 현실의 부조화에 의한 분열적인 인생태도를 나타내고 있다 볼 수 있다.

IV영역: 더 이상 아내가 하는 말이나 행동을 믿을 수가 없고 순전히 나에게 보여 주기 위해 노력하는 척한다. 이제는 친구를 만나거나 아는 사람을 만나지 못하겠다. 그 사람들은 나를 보면서 집사람 하나 간수 못한다고 욕하는 것 같고 그런 나를 등신취급하고 불쌍해할 것 같다. 우리 가정의 앞날이 무너질까 두려워 매일 밤 술을 마신다. 그렇게 안 하면 못 살겠다.

II영역: 아내를 때리고 욕하고 나면 나는 나를 심하게 자책한다. 나의 욱하는 성격을 조절하지 못하고 아내와 가족에게 함부로 한 나 자신이 싫다.

III영역: 아내는 자신이 어차피 해야 하는 일 실수 없이 하면 좋겠다. 새 컵에서 냄새 나고 수건에서 냄새나는 건 제대로 깨끗이 하지 않았기 때문에 잘하라고 말한다. 내가 내려오면 음식하고 청소한다고 호들갑을 떤다. 내가 있을 때나 없을 때나 잘하라고 한다.

I영역: 아이들을 위해 열심히 일하고 연로한 어머니도 살아 계시는 동안 잘 모시고 싶다. 아이들에게 어려운 삶을 꾸려 준 아내가 고맙다. 행복해지기 위해 무엇을 해야 하는지 깨닫고 있다.

5. CK-EGO그램과 CK-OK그램 상관관계

1) CK-EGO그램과 CK-OK그램 상관관계

고달픈

CP 〉 U-: 심리적 수준보다 역할 상 일부러 엄격하게 행동을 나타낸다(13점 차).

역할상 엄격하게 보여 엄마로서의 권위와 위엄을 갖고 싶어 하나 규칙을 세워 아이들을 이끄는 것에 어려움이 많고 책임감이 적어 남편과 아이들에게 무시받는다. 엄마로서 떨어진 위신을 세우고 싶은 마음이 있다.

NP 〉 U+: 역할상 정답고 친절한 행동 취한다(4점 차).

결혼해 살면서 자신에게 주어진 일들과 엄마이고 아내이고 며느리로 살면서 자신이 할 수 있는 것보다 요구되는 게 많다. 어쩔 수 없이 감당하고 있다. 그러나 이제는 벗어나고 싶다.

AC 〈 I-: 기본적인 태도보다 자신의 주장을 더 내세운다(3점 차).

나에게 따뜻한 말 한마디 해 주지 않고 아내로 인정해 주지 않는 남편과 시어머니에게 화가 난다. 어머니의 잔소리에 조금만 대꾸해도 남편은 화를 낸다. 원망스럽다. 눈치 없는 어머니는 아들이 부추기면 더 크게 난리를 핀다. 오랫동안 겪어 온 나를 이해해 주지 않고 어머니 말만 믿고 화를 내고 집안을 시끄럽게 하고 잘못한 것만 지적하고, 폭언, 폭행하는 남편 때문에 나는 더 이상 아무것도 하고 싶지 않다. 이제는 어머니의 잔소리에 대꾸하기 싫다. 한 귀로 듣고 한 귀로 흘린다. 그래야 내가 살 것 같다. 나는 이혼해도 좋다. 이 집에 나만 없으면 된다. 이게 내 탓은 아니다.

우쭐한

FC 〉I+: 허세를 잘 부리고 생각보다 표현을 잘한다(9점 차).

친구나 지인들과 어울리는 걸 좋아한다. 남에게는 잘해주는 편이고, 자신의 생각을 타인에게 잘 표현한다. 가족이 아닌 다른 사람들과 있을 때는 표현도 잘하고 놀기도 잘한다.

6. CKEO그램 검사결과에 따른 커플관계 성장 방안

1) 자아상태 기능 커플관계 활성화 방안

고달픈

기능 / 촉진방안	상태	현재 상태	커플 대상에서 활성화 방안
FC	자신의 감정을 솔직하게 표현하고 즐거운 활동을 한다.	• 자신도 모르게 도벽이 생겼고, 그런 자신의 모습을 보면 싫고 슬프고 우울하여 현실에서 벗어나고 싶어 한다. 삶에 낙이 없고 자신을 무가치한 존재로 여겨 우울해한다.	• 자신을 돌볼 수 있는 시간을 갖고 수다를 떨 수 있는 친구 만나기 • 자신에게 스릴과 쾌감을 줄 수 있는 취미나 운동을 찾아 자신만의 공간을 확보하기 • 그동안 애쓰고 살아온 자신에게 하루에 한 번 칭찬하기 • 아이들의 감정을 이해하고 아이들이 좋아하는 보드게임을 함께 하는 유쾌한 엄마가 되기 • 직장일로 혼자 타지에 있는 남편의 외로운 마음을 친절하고 사랑스러운 언행으로 위로하고 안아 주기

우쭐한

기능 \ 상태촉진방안		현재 상태	커플 대상에서 활성화 방안
NP	아내의 감정을 이해하고 배려와 공감으로 대한다.	• 자신의 생각에 무조건 따라야 한다는 생각에 사로잡혀 강압적으로 가족을 대한다. 아내의 감정을 무시하고 모든 것을 자기중심적으로 생각하고 판단하였다. • 어머니와 아내 사이에 매번 끼어들어 두 사람의 사이를 더 멀어지게 하여 갈등이 생긴다.	• 아내가 한 말에 바로 응답하지 말고 충분히 들어 주고 아내의 의견에 귀 기울여 주기 • 아내가 남편을 위해 준비한 음식을 타박하지 않고 칭찬하기 • '야' 대신 아내가 듣고 싶어 한 '마누라'라는 호칭을 사용하고 따뜻하게 말하기 • 아내의 감정을 공감해주고 잘 챙겨주며 작은 변화에 격려와 지지 하기 • 아내의 장점을 찾아 하루에 한 번 칭찬하기 • 어머니와 아내 사이에서 일어난 일은 두 사람이 해결할 수 있도록 여지를 두고 아내를 믿고 맡기기

2) 기본적인 인생태도 커플관계 개선 방안

고달픈

태도 \ 영역	현재 삶의 태도		커플 대상에게 개선해야 할 방안
II영역	• 도벽으로 인해 자식들에게 창피하고 남편에게 못된 짓을 하게 되어 나는 죄인이다. 그래서 밖으로 나가기 무섭고 남편은 나를 꼼짝 못하게 한다.	I영역	• 자신의 도벽 있는 모습을 받아들이고 병원에서 꾸준히 치료 받기 • 도벽이 생긴 원인을 이해하고 그럴 수밖에 없었던 자신을 위로하고 자신을 더욱 사랑하고 감싸고 안아 주기 • 남편과 마트나 백화점에 함께 쇼핑하며 필요한 것이 무엇인지 의견을 말하고 원하는 것을 선택하는 시간을 갖기 • 긍정적인 생각을 하고 어려운 상황이 오면 남편의 협조를 얻기 위해 회피나 체념이 아닌 대화로 의사소통하기
III영역	• 자신은 '희생양이다'라는 각본으로 가족에게 책임을 전가하고 소극적인 자세로 생활하였다. 남편이 아무리 가족을 위해 애쓰고 서울에서 혼자 생활해도 남편은 불쌍하지 않다	I영역	• 남편의 노력하는 모습을 인정하고 과거의 모습으로 불평하지 않기 • 남편의 어려움을 이해하고 노력하는 남편 모습에 칭찬하기 • 남편은 가해자, 자신은 피해자라는 생

			각 버리기 • 우울하고 힘들었던 지나온 삶에서 벗어나 경제적으로 여유 있고 풍요로운 현재의 생활에 적응하기
IV영역	• 이집은 내가 있어야 할 곳이 아니다. 나만 없으면 문제 될 게 없다. 나는 언제든지 이혼할 각오가 되어 있다.	I 영역	• 이 가정의 주인은 자기 자신임을 인정하기 • 집을 떠난다는 말이나 이혼이라는 말로 가족에게 상처 주지 않기 • 아내와 엄마의 자리를 회피하거나 두려워하지 않고 자신감과 책임감 갖기

우쭐한

태도 영역	현재 삶의 태도		커플 대상에게 개선해야 할 방안
II영역	• 가정을 잘못 이끄는 것은 내 탓이라 여긴다. 욱하는 성격으로 가족과 거리가 점점 멀어진다. 일이 터지면 무조건 소리 지르고 폭력으로 모든 상황을 해결하려고 한다. 욱하는 성격으로 매사 손해 보는 게 많다.	I 영역	• 생각이 자신을 힘들게 할 때 감정이완 훈련을 통해 마음을 비우고 감정 다스리기 • 집으로 들어가는 마을 입구에서 심호흡을 하고 산에 가서 소리 지르기 • 술 대신 매일 운동하기 • 몸에서 반응하는 이상증상을 병원에 가서 체크하고 건강에 주의하기 • 아내가 좋아하는 것이 무엇인지, 싫어하는 것이 무엇인지 파악하여 아내가 원하는 것에 관심 갖기
III영역	• 회사에서나 집에서나 자기 할 일을 제대로 못하는 것을 보면 답답해 호통을 치면서도 내가 다 해 준다. 해 주고도 욕을 먹는다. 아들의 중독문제도 마찬가지이다.	I 영역	• 행동을 지적하기 전에 상대방의 감정 먼저 보기 • 중독의 원인을 알고 방법을 함께 찾아보기 • 그동안 위축되고 외로웠을 아들에게 용기와 믿음을 주고 지지하기 • 가족과 시간을 가지면서 가족의 이야기를 들으려 노력하기 • 한 달에 두 번 정도 아내와 데이트하기 • 아내를 구속하기보다 아내를 존중하고 아내의 요구에 적절하게 타협하기 • 노후의 모습을 상상하며 지금 가정에서 무엇이 중요한지 이야기를 나누기

IV영역	• 서울에서 집만 생각하면 불안하고 아내가 또 무슨 사고 치지 않나 걱정이다. 집으로 가는 버스 안에서 화가 올라오면 가슴이 조여 오고 숨이 막힌다. 주체	I영역	• 이해되지 않는 아내의 행동을 대화를 통해 속 마음 들어 보기 • 아내가 원하는 것이 무엇인지, 힘든 상처가 무엇인지 충분히 들어 주고 공감해 주기, 평가나 판단하지 않기 • 아내에게 생긴 도벽을 이해하고 수용하여 받아
IV영역	할 수 없는 분노가 목까지 올라온다. 왜 이러고 살아야 하나라는 마음이 든다. 이 모든 힘든 상황을 잊기 위해 매일 밤마다 술을 마시고 잠든다.	I영역	들이고 적극적인 태도로 아내와 대화하기 • 맡은 바 책임을 다하려는 자신에게 위로와 격려하기 • 가족에 대한 기대 낮추기 • 아내에게 미안한 마음과 고마운 마음을 터놓고 이야기하는 시간 갖기 • 아내의 도벽은 병이라고 생각하고 장기적으로 치료와 상담을 계속 받을 수 있도록 설득하고 함께 병원진료 받기

7. 커플상담자의 총평

이 부부 상담은 8회기를 진행하였다.

아들의 사이버도박을 통해 부부간의 갈등문제가 표면으로 드러났고 부부상담을 통해 가족이라는 이름하에 서로가 서로에게 얼마나 많은 상처와 고통을 주었는지 알게 되었다.

고달픈은 궁핍한 가정살림을 하면서 강한 NP 심적 에너지로 남편과 어머니의 잔소리와 구박에 자신을 억압하고 FC 심적 에너지의 결핍으로 자신의 감정을 표현하지 못하고 살면서 도벽이라는 이상증상이 나타났고, 현재는 희생양이라는 각본으로 살면서 자신의 삶을 스스로 책임지기보다 문제 상황이 생기면 숨기거나 회피하는 자신의 모습을 CKEO그램을 통해 들여다볼 수 있었다.

우쭐한은 과잉된 CP 심적 에너지의 비판적 사고로 아내와 자녀에게 심한 간섭과 제재를 하였고 자신의 지배적 언행으로 가족이 얼마나 불안하고 두려운 생활을 하고 있는지 알게 되었다. 또한 아내에게 생긴 도벽과 큰아들의 도박중독이 아내와 아들의 잘못만이 아니라 자신으로 인해 생겨난 것이고 그것이 자신의 삶에도 악영향을 미치고 있다는 것을 알게 되었다. 가정의 행복을 위해 긍정적으로 포용할 수 있는 NP 심적 에너지의 변화가 무엇보다 중요하다는 것을 깨닫는 시간이었다.

상담을 통해 과거의 힘들었던 일들에 대해 서로에게 진정한 사과를 하였고 고마운 마음도 나누었다. 오랫동안 억눌렀던 감정을 서로 털어 버린 후 부부는 신뢰를 회복하고 자신의 심리게임에서 벗어날 수 있었다. 부부는 자신의 역기능적인 자아상태 구조를 탐색하면서 자신의 대화패턴을 알게 되었고, 자아상태 기능 활성화 방안을 함께 찾아 생활 속에 실천하였다. 이로 인해 서로를 존중해 주는 소통능력을 키울 수 있었다. 또한 인생태도 관계 개선 방안을 찾아 과거에 좋지 않았던 모습이 아닌 지금 이 순간 서로의 모습 그대로를 인정하고 아끼고 사랑하는 시간을 보냈다. 상담이 종결된 후에도 가족을 사랑하는 책임 있는 행동을 위해 서로 노력과 실천하는 것이 필요하다는 것을 알게 되었다.

CKEO그램에 의한 커플(모-자녀) 사례분석
주제: 엄마와 딸의 사랑표현의 차이

상담자: 홍은영

1. 내담자 기본정보

어머니 / 성별: 여 / 연령: 48세 / 학력: 고졸

청소년 / 성별: 여 / 연령: 15세 / 학력: 중재

관계: 모-녀

1) 의뢰경위 및 주 호소문제

* 의뢰경위: 지체장애를 가진 부모에 의해 양육된 내담자는 최근 또래관계의 어려움
으로 인해 위클래스에 내방하여 전문상담사와 상담하던 중 우울과 자살사고 경향이
높아 부모에게 알리고 본 청소년상담복지센터로 의뢰되었다.

* 주 호소문제

어머니: " 스마트폰이나 인터넷보다는 딸과 대화를 나누고 싶어요."

사고로 20대 초반부터 지체장애로 휠체어 생활을 하면서 삶의 의욕을 잃었으나 현
재의 남편을 만나고 아이를 낳아 기르면서 삶의 희망을 가지게 되었다. 아이 출산에
대해 주변의 친지들이 모두 반대하였으나 남편이 아이를 원했고, 자신도 아이 갖기를
원했다. 임신부터 출산에 이르기까지 늘 곁에서 든든한 지지자가 되어 준 남편에게 고
맙고, 그 선택을 후회한 적이 없다.아이가 어릴 때는 명랑하고 밝아서 주변사람들의
기대가 컸다. 그러나 건강하지 못한 엄마로서 아이에게 좋은 부모역할을 하지 못할 것
같은 염려가 컸고, 아이가 걷기 시작할 즈음은 더 많이 불안하였다. 아이가 소녀로 성
장하면서부터 온라인 채팅을 통해 나쁜 사람을 만나서 혹시 '조건만남'이나 나쁜 남자

친구를 사귀게 될까 봐 걱정이 되었다. 아이가 자라면서 자꾸만 비밀이 생기는 것이 두렵고, 가끔은 거짓말을 한다고 생각한다. 이미 거짓말이라는 것을 알고 있으면서도 내색하진 않지만 늦은 귀가와 과다한 스마트폰 사용과 집에서 인터넷 사용에 너무나 많은 시간을 쏟고 있는 것이 걱정이 된다.

청소년: "엄마가 내가 좋아하는 인터넷을 할 수 있게 두면 좋겠어요, 자유롭고 싶어요." 사는 것이 재미가 없다. 그냥저냥 지낸다. 일러스트나 홈페이지 디자인에 관심이 많다. 그런 걸 하고 있으면 즐겁다. 학교에서 지내는 것도 답답하다. 엄마의 마음도 알지만 이해 못하는 엄마가 답답하다. 자유롭고 싶다.

2) 행동관찰

어머니: 단아한 자태와 군더더기 없는 깔끔한 말투, 분명하고 단호해 보이나 얼굴 표정은 환하게 미소를 짓고 있다. 주변에 혹시 민폐를 끼치게 될까 봐 조심스럽게 행동한다. 첫 면접상담 시 생활보조인과 함께 내방하였고, 생활보조인에게 조금 길게 기다리게 될지도 모른다는 배려를 요청하였다. 상담이 몇 회기 진행되었을 무렵 직접 만든 김초밥과 샐러드를 준비해 와서 센터에 대한 고마운 마음을 전하였다.

청소년: 유순하고 편안해 보이는 표정과 약간은 통통한 몸집, 말하는 속도가 늦은 편이며 모든 것을 초월한 것 같은 표현을 자주 사용한다. 경계심은 없어 보이나 속 깊은 자기표현을 자제하는 듯이 보인다. 바람직한 대답을 하고 당위적인 대답을 한다.

3) 내담자의 자원

어머니: 삶에 대한 긍정적인 태도를 보이며, 가계빚이 있음에도 불구하고 내 힘으로 갚고자 노력하며 주도적이고 적극적이다. 가족에 대해 감사하는 마음과 딸에 대한 신뢰, 자기불안으로 인해 아이를 힘들게 할지도 모른다는 현실적인 통찰력을 가지고 있다.

청소년: 어머니에 대한 이해가 있고, 지체장애우인 어머니에 대해 부끄러워하거나 거부적이지 않고 누구나 장애가 있다고 생각하며, 다만 부모님은 몸의 장애를 가졌으나 보이지 않는 성격적 장애나 심리적인 장애를 가진 사람이 많다고 생각한다. 자신의 의사표현을 분명히 할 수 있고, 유연성 있는 사고를 할 수 있다.

4) 가계도

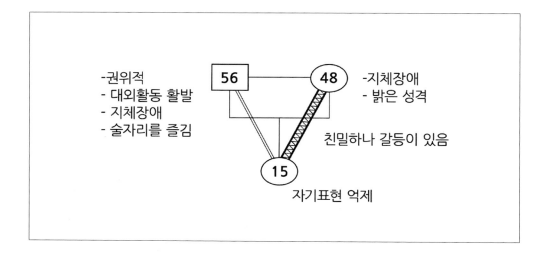

부(56세): 지체장애우이며, 사회복지 관련 석사학위를 취득하였다. 권위적 성격으로 인해 부부간 의견 차이가 있을 때 원활한 의사소통의 어려움이 있어 내담자의 모가 수용하는 편이라고 한다.

모(48세): 지체장애우로 좋은 어머니의 역할에 대한 남다른 고민을 하는 편이다. 딸과 친밀하지만 잦은 갈등이 있는 상태이고, 성격이 밝고 의사표현이 섬세하다.

2. 내담자 검사 결과

〈CK-EGO그램〉

어머니	CP	NP	A	FC	AC	
자아상태 기능점수	33	36	43	40	30	구조 편향형 Ⓐ
자아상태 규준등급	3-4등급	5등급	1-2등급	1-2등급	6-7등급	기능 주도형: A
자아상태 구조점수	69		86		70	심적 에너지 총량: 225(대)

청소년	CP	NP	A	FC	AC	
자아상태 기능점수	27	21	27	25	25	구조 편향형 Ⓐ
자아상태 규준등급	6-7등급	8-9등급	6-7등급	8-9등급	8-9등급	기능 주도형: CP
자아상태 구조점수	48		54		50	심적 에너지 총량: 152(소)

〈CK-OK그램〉

어머니	U-	U+	I+	I-
인생태도 점수	33	33	28	28
한국규준등급	3-4등급	6-7등급	8-9등급	5등급
심적 에너지의 편향	66		56	
기본적 인생태도	U- = U+		I- = I+	
인생태도 영역 표시	I 61= II 61 = III 61 = IV 61			
자타존중감	타인존중감 낮음		자아존중감 낮음	

청소년	U-	U+	I+	I-
인생태도 점수	42	23	25	27
한국규준등급	1-2등급	8-9등급	8-9등급	6-7등급
심적 에너지의 편향	65		52	
기본적 인생태도	U- 〉U+		I+ 〈 I-	
인생태도 영역 표시	IV 69 〉III 67 〉II 50 〉I 48			
자타존중감	타인존중감 낮음		자아존중감 낮음	

〈CKEO그램 체크리스트〉

어머니

ego 점수	⑫		ⓐ	ⓒ		ego 점수
	CP	NP	Ⓐ	FC	AC	
	비판적 원칙·책임감 관용적	과보호적 배려·봉사 방임적	기계적 합리적·정확성 즉흥적	자기도취적 활력·적극성 위축적	자기비하적 타협·협동 독단적	

점수 ok	U⁻ 타인부정	U⁺ 타인긍정	Ⓐ	I⁺ 자기긍정	I⁻ 자기부정	점수 ok

청소년

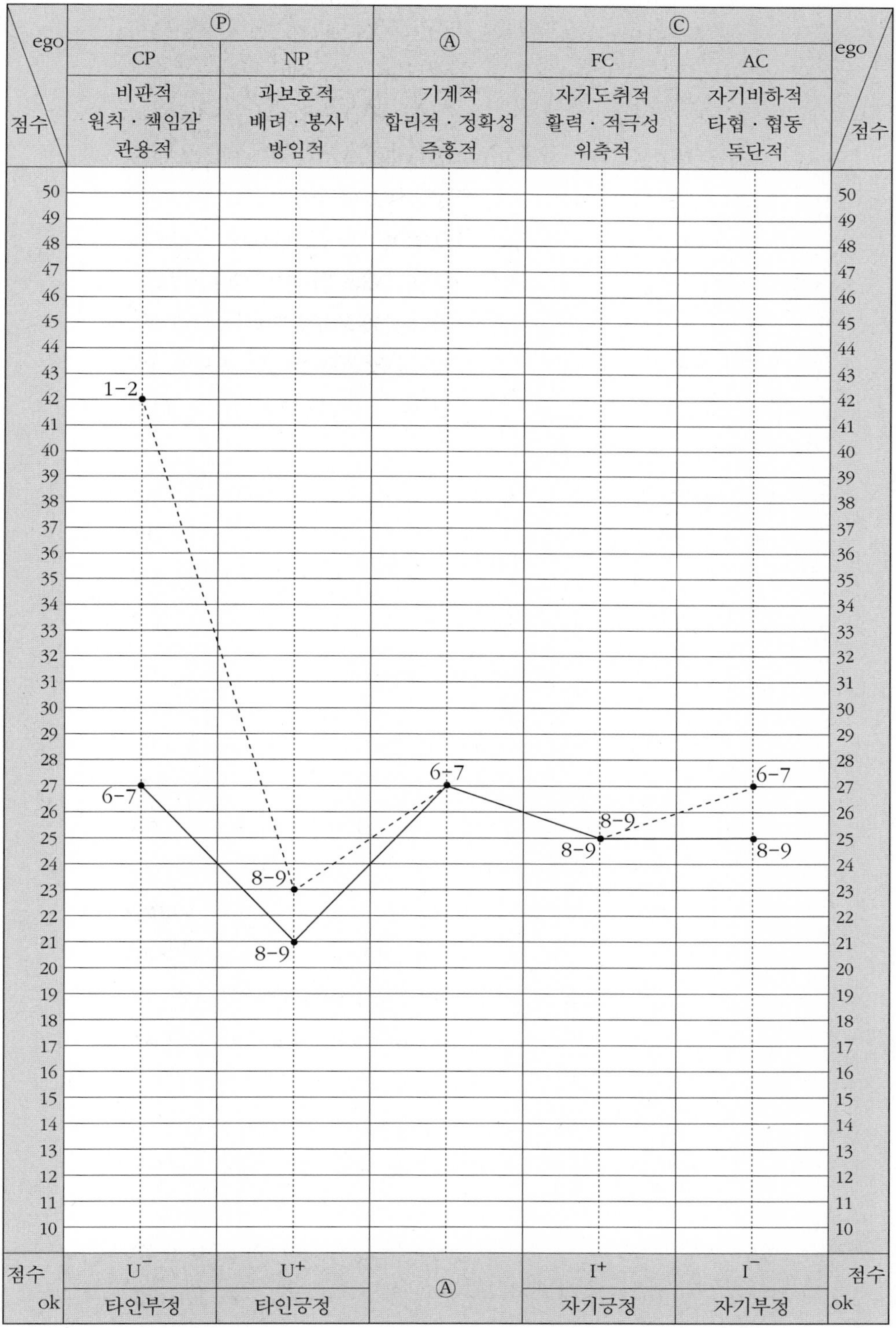
ego
점수
Ⓟ
CP
NP
Ⓐ
Ⓒ
FC
AC
ego
점수
비판적
원칙 · 책임감
관용적
과보호적
배려 · 봉사
방임적
기계적
합리적 · 정확성
즉흥적
자기도취적
활력 · 적극성
위축적
자기비하적
타협 · 협동
독단적
50
49
48
47
46
45
44
43
42
41
40
39
38
37
36
35
34
33
32
31
30
29
28
27
26
25
24
23
22
21
20
19
18
17
16
15
14
13
12
11
10
1-2
6-7
8-9
8-9
6-7
8-9
8-9
6-7
8-9
점수
ok
U⁻
타인부정
U⁺
타인긍정
Ⓐ
I⁺
자기긍정
I⁻
자기부정
점수
ok

〈OK그램(기본적인 인생태도 분석도) 체크리스트〉

어머니

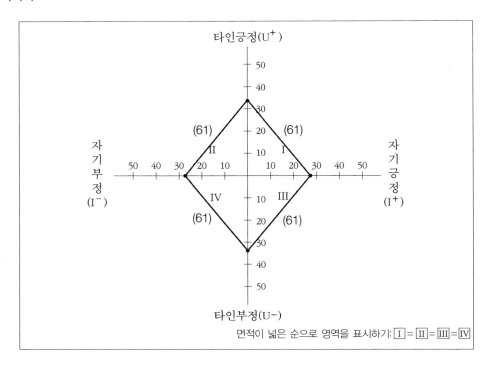

면적이 넓은 순으로 영역을 표시하기: Ⅰ = Ⅱ = Ⅲ = Ⅳ

〈OK그램 기본 해석표〉

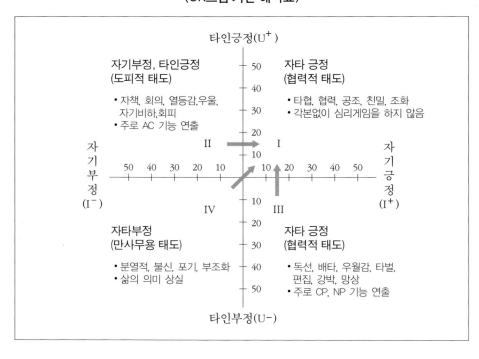

청소년

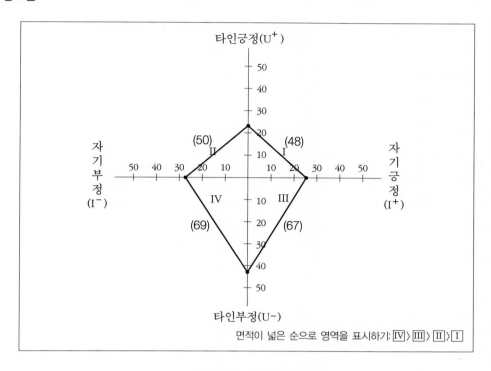

면적이 넓은 순으로 영역을 표시하기: Ⅳ〉Ⅲ〉Ⅱ〉Ⅰ

〈OK그램 기본 해석표〉

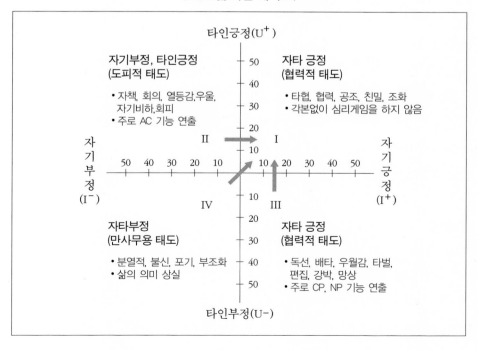

※ 사회적 수준(CK-EGO그램 자아상태 기능) 상호관계

어머니의 자아상태 기능은 논리적이고 자기과시적인 반면, 자녀의 자아상태 기능은 즉흥적이고 무절제하여 청소년은 답답함을 느낀다. 어머니는 자신과 가치관이 맞을 경우는 대화가 잘 통하나 그렇지 않은 경우 상대의 의견을 수용하기 어려워한다. 이런 어머니에 대해 자녀는 자신의 표현을 억제하고 진솔한 대화를 하지 않음에 따라 어머니는 자녀와 거리감을 느끼고 있다. 반복되는 패턴으로 인해 모-녀 관계에서 갈등이 심화된 상태이다.

※ 심리적 수준(CK-OK그램 인생태도) 상호관계

어머니와 청소년 자녀의 인생태도는 자타 모두에 대해 낮은 존중의 태도를 취하고 있다. 초월한 듯한 태도를 보이나 내면적 갈등이 많은 어머니와 만사무용의 태도를 지닌 자녀는 진정한 접촉을 하지 못하고 표면적 관계를 맺고 있다. 서로의 솔직한 마음을 확인하고 이해할 필요가 있다.

3. CK-EGO그램 해석

1) 구조 편향형과 기능 주도형

어머니
- 구조 편향형: Ⓐ
- 기능 주도형: A

내적인 성향은 현실판단적이며, 외적 성향은 일에 있어서 기계적이며, 합리적이고 정확성을 중시한다.

기능 주도형이 A(43)으로 한국규준 1-2등급에 해당한다.

청소년
- 구조 편향형: Ⓐ
- 기능 주도형: CP

내적인 성향은 현실판단적이며, 외적 성향은 일에 있어서는 현실적 판단은 할 수 있으나 실천력이 부족하여 사고와 행동의 차이를 보이며 타인에게는 정확하고 합리적인

행동을 요구한다.

기능 주도형이 A(27), CP(27)는 동점수이지만 면접상담 결과 질적으로 CP 기능 주도적으로 판단된다.

2) 심적 에너지 총량

어머니: 심적 에너지의 총량 225점(대)
청소년: 심적 에너지의 총량 152점(소)

어머니의 심적 에너지의 총량은 높은 편이나, 청소년의 심적 에너지의 총량은 낮은 편이다.

3) 한국 연령 · 성별 CK-EGO그램 규준 등급

어머니

CP(33): 3-4등급, 책임감 있고, 원칙을 중요하게 여기며 때로 완고한 경향이 있어 감정교류에 유연하지 않을 수 있다. 자녀와의 관계에서도 과정보다는 원칙을 우선시 할 수 있다.

NP(36): 5등급, 타인의 입장을 배려하고 도움을 주며 보호하려는 따뜻한 마음이 크다. 사회에는 온정적이고 봉사정신이 있고 수용적이다.

A(43): 1-2등급, 분명하고 객관적인 태도를 보이며 합리성을 중요시한다. 일 중심적 태도로 인해 타인과의 관계에서 무미건조한 느낌을 줄 수 있다.

FC(40): 1-2등급, 자유분방하고 호기심이 있으며 자신을 있는 그대로 드러낼 수 있어 신뢰를 주나 자아도취적이고 자기중심적인 성향으로 때로 경솔한 결정을 내릴 수도 있다.

AC(30): 6-7등급, 자기주장이 분명하고 자기조절을 할 수 있으나 갈등상황에서 불평불만을 참지 못하고 직설적인 표현으로 관계적 부딪힘이 있을 수 있다.

청소년

CP(27): 6-7등급, 기본적인 생활에서는 나름의 원칙을 가지고 생활하고 있으나 선호하지 않는 활동에 대해서는 지구력이 부족할 수 있고 미리 정해진 규칙을 답답해할 수 있다.

NP(21): 8-9등급, 타인이나 상황에 대해 배려함이나 친절이 부족할 때가 많아 냉담하다. 무관심하고 따뜻함이 없어 인간관계에 갈등의 소지가 있다.

A (27): 6-7등급, 합리적이고 이성적인 판단을 할 수 있으나 때로는 현실을 무시하고 즉흥적 행동으로 타인과 갈등의 소지가 있다.

FC(25): 8-9등급, 자유롭게 자신의 감정을 표현하지 못하며 위축되어 있고 자신감이 부족하다. 타인과의 접촉을 회피하는 경향이 있으며 차분하지만 생기가 없어 보인다.

AC(25): 8-9등급, 고집이 세고 독단적이어서 타협하려 하지 않으며, 불평불만을 참지 못하고 직설적으로 표현하여 인간관계에서 갈등이 잦을 수 있다.

4) 역기능적 자아상태 구조

어머니는 40대 여성으로, 자아상태 역기능 구조는 없다.
- ⓟ 자아상태 구조는 69점으로 5등급, 67~69의 범위에 속한다.
- ⓐ 자아상태 구조는 86점으로 1-2등급, 80~100의 범위에 속한다.
- ⓒ 자아상태 구조는 70점으로 3-4등급, 67~75의 범위에 속한다.

청소년은 10대, 여자청소년으로, 역기능은 아니나 건강한 자아상태 구조라고 볼 수는 없다.
- ⓟ 자아상태 구조는 48점으로 8-9등급, 20~51의 범위에 속한다.
- ⓐ 자아상태 구조는 54점으로 6-7등급, 50~56의 범위에 속한다.
- ⓒ 자아상태 구조는 50점으로 8-9등급, 20~52의 범위에 속한다.

어머니는 자아상태 역기능 구조는 없으나, 청소년은 A 자아상태 구조가 1-2등급이 아니므로 역기능적 편향은 아니나 건강한 자아구조라고 볼 수는 없는 상태이다.

5) 역기능적 자아상태 기능

어머니: A, FC의 자아상태 기능이 1-2등급으로 역기능적이다. 모-자녀관계에서 자녀가 더 이상 말을 할 수 없을 정도의 분명하고 명확한 대화는 오히려 자녀에게 자신의 감정을 드러내고 진술하게 소통하고자 하는 욕구를 좌절시킨다. 맞는 말이지만 감정적으로 동의되지 않는 자녀는 더 이상 어머니와 대화를 지속하고 싶

지 않게 되어 관계단절로 이어진다. 자녀와 소통하고 친밀감을 갖고자 하지만 관계패턴의 차이로 인해 어려움을 호소하고 있다. 심리내적 에너지보다 사회적 에너지에서 FC 기능을 더 많이 사용하여 의도되고, 과잉된 행동이 표출될 수 있으므로 판단이나 결정에서 신중할 필요가 있으며, 결정 후 끊임없이 반추하여 내면의 갈등을 겪게 된다.

청소년: NP, FC, AC의 자아상태 기능이 8-9등급으로 역기능적이다. 모-자녀관계에서 어머니에 대한 배려가 부족하며, 친밀감을 원하는 어머니의 욕구와 달리 냉정하고 고집이 세고 자기주장을 강하게 할 때는 어머니와 부딪히며, 단호하고 분석적인 어머니와의 대화를 답답하게 여겨 관계가 단절된다. 막상 이해하는 듯 어른스러운 표현을 하지만 진솔한 자신의 감정을 표현하지 못하여 내면적 갈등이 심하다.

4. CK-OK그램 해석

1) CK-OK그램의 순기능과 역기능

어머니: 타인(자녀)에 대한 태도는 'U−(33) = U+(33)'로 타인(자녀)에 대해서 역기능을 보이지 않고 있다
  자신에 대한 태도는 'I+(28)= I−(28)'로 자신도 역기능을 나타내지 않고 있다.

청소년: 타인(어머니)에 대한 태도는 'U−(42) 〉 U+(23)'로 타인(어머니)에 대해서 다소 역기능을 보이고 있다
  자신에 대한 태도는 'I+(25) 〈 I−(27)'로 다소 역기능을 보이고 있으며, 자타부정으로 만사무용적 기본태도를 보일 수 있다.

2) U와 I의 심적 에너지 편향성

어머니: 'U(66) 〉 I(56)'이므로 심적 에너지가 U쪽으로 편향되어 있어, 자신보다는

타인(자녀)에게 더 많은 심적 에너지를 사용하고 있다.

청소년: 'U(65) 〉 I(52)'이므로 심적 에너지가 U쪽으로 편향되어 있어, 자신보다는
　　타인(어머니)에게 더 많은 심적 에너지를 사용하고 있다.
　☞ 어머니, 청소년 모두 자신의 생각과 감정에 머무르지 못하고, 심적 에너지가 외부
에 쏠려 있으므로 비개별화되어 솔직하고 진솔한 감정을 표현하지 못하며, 통합되지
못하여 비효율적 교류패턴을 보인다.

3) 한국 연령 · 성별 CK-OK그램 규준 등급

어머니: U- 33(3-4등급), U+ 33(6-7등급), I+ 28(8-9등급), I- 28(5등급)
　U-는 3-4등급으로 다소 타인에 대한 부정성은 높으나 I-는 5등급으로 자신에 대한
부정성은 양호한 수준이다. U+는 6-7등급으로 타인에 대한 긍정성은 다소 낮은 편이
나 I+는 8-9등급으로 자신에 대한 긍정성은 매우 낮은 수준이다.

청소년: U- 42(1-2등급), U+ 23(8-9등급), I+ 25(8-9등급), I- 27(6-7등급)
　U+와 I+가 모두 8-9등급으로 타인과 자신에 대한 긍정성은 매우 낮은 수준이다.
　U-는 1-2등급과 I-는 6-7등급으로 타인에 대한 부정성은 매우 높으며, 자신에 대
한 부정성은 다소 낮은 편이다.
　타인존중감은 매우 낮고, 자아존중감은 다소 낮은 상태를 보이고 있다.

4) 자아존중감과 타인존중감

어머니: U- 33(3-4등급) = U+ 33(6-7등급), I+ 28(8-9등급) = I- 28(5등급)
　U+, I+의 한국규준등급이 5등급 이상이면서 U+와 I+의 절댓값이 U-와 I-의 절댓값
보다 더 높을 때 자아존중감 및 타인존중감이 높은 것으로 해석할 수 있으나 내담자는
자아존중감이 낮을 뿐만 아니라 타인존중감도 낮은 상태를 보이고 있다.

청소년: U- 42(1-2등급) 〉 U+ 23(8-9등급), I+ 25(8-9등급) 〈 I- 27(6-7등급)
　내담자는 자아존중감이 낮을 뿐만 아니라 타인존중감도 낮은 상태를 보이고 있다.

☞ 어머니와 자녀 모두 타인존중감 및 자아존중감이 낮은 상태로 인해 쉽게 갈등상황이 벌어지고 심리적인 바람과 불일치하는 관계패턴을 보일 수 있다.

5) CK-OK그램(커렐로그램) 영역 커플관계

어머니: Ⅰ 61= Ⅱ 61 = Ⅲ 61 = Ⅳ 61

영역별로 같은 점수를 나타내고 있으며 상황에 대해 초긍정으로 회피적 태도를 나타낼 수 있다.

Ⅰ영역: 자녀를 낳고 함께 지내는 순간이 보람되고, 다른 사람에게 아이를 맡기지 않고 직접 키운 것이 뿌듯하고 자랑스럽다. 이만큼 별다른 탈없이 자라 준 아이에게 고마운 마음이다.

Ⅱ영역: 장애로 인해 어렵게 요리를 하는데 막상 아무 일도 아닌 것처럼 여기고 심지어 자녀가 맛이 없다고 할 때, 엄마로서 제대로 역할을 하지 못하는 것처럼 느껴진다. 아이에게 의미 없는 존재로 여겨질 때는 존재감이 느껴지지 않고 내가 쓸모없다고 느껴진다.

Ⅲ영역: 아이가 공부는 하지 않고, 컴퓨터나 스마트폰 게임을 오래 하면 수면장애가 오게 되고 제대로 자신의 할 일을 하지 않는 것 같아 속상하다. 왠지 거짓말을 하는 것 같이 느껴질 때는 답답하고 속이 상한다. 잘 지내던 친구와 최근 절교하는 모습을 보면서 두부 자르듯이 관계를 단절하는 모습이 이해심이 없어 보이고 사회성이 부족한 것 같아서 뭐가 될려고 저러나 싶다.

Ⅳ영역: 아이가 속상하게 해서 심하게 화가 날 때 '너 죽고, 나 죽자.'라는 심한 표현을 하게 되고 그 순간을 참지 못하는 경우가 있다. 경제적인 위기상황으로 인해 아이가 원하는 삶을 지원하지 못하게 될까 봐 걱정이 되고 무기력해진다. 그래서 아이에게 공부하라고 얘기하게 된다. 부모로서 재산도, 능력도 없고 아이의 미래를 생각하면 무기력해진다. '내가 이 아이를 왜 낳았을까……'라고 생각하게 되고, 공연히 낳아 아이를 고생시키는 것은 아닌가 싶어 부모로서 무능감을 느낀다.

청소년: Ⅳ 69 〉 Ⅲ 67〉 Ⅱ 50 〉 Ⅰ 48

Ⅳ영역: 만사가 귀찮고, 하고 싶은 게 별로 없다. 그냥저냥 지낸다. 엄마가 성적이 나빠 창피하다고 할 때는 정말 아무것도 하기가 싫어진다. 모든 것을 포기하고 죽고 싶

은 마음이 든다. 때로 공들여 작업했던 작품이 컴퓨터에 저장하기 전에 작업했던 것이 갑자기 사라질 때는 다시 하고 싶은 생각이 들지 않는다.

Ⅲ영역: 남들이 겉과 속이 다른 것처럼 느껴져서 화가 난다. 엄마는 나에 대해 기다려 주지 못하고 늘 조급하다. 엄마 생각만 말하고, 다른 사람의 의견은 들으려 하지 않는 것 같아서 이야기하는 것이 무의미해진다. 말해도 들어 주지 않을 것을 알기 때문에 별로 이야기하지 않는다. 사람은 자기 이야기도 중요하지만 다른 사람의 말도 들어야 하지 않나 생각한다.

Ⅱ영역: 엄마가 다른 아이들은 잘했다고 하면서 나에게는 못했다고 말할 때 내가 늘 못하는 것 같아서 속상하다. 약간 과체중이라 다른 아이들 만나거나 밖에 나가는 것이 싫고, 혼자 있는 것이 더 편하다. 엄마와 대화가 통하지 않아서 집에 오면 혼자 인터넷을 하게 된다.

Ⅰ영역: 그림 그릴 때, 내가 다른 애들보다 잘할 때 행복하다. 다른 사람들보다 뭔가를 잘할 때는 기분이 좋고 내가 살아 있는 느낌이다. 엄마가 잔소리 하지 않고, 내가 하고 싶은 일을 하도록 가만히 둘 때가 편안하다. 엄마와 다투었다가도 화해를 했을 때는 기분이 좋아진다.

5. CK-EGO그램과 CK-OK그램 상관관계

1) CK-EGO그램과 CK-OK그램 상관관계에 따른 커플관계

어머니
FC 〉I+: 허세를 잘 부리거나 생각보다 표현을 잘한다(12점 차).

지체장애와 경제적인 어려움으로 인한 내적인 고민과 위축감을 가지고 있으나 자신의 삶에 대한 긍정적인 태도와 주도적인 삶의 태도로 인해 외현적으로 밝고 친절하며 예의 바르다. 타인에게 민폐를 끼치고 싶지 않아 어려움에 대한 솔직한 도움요청보다는 좋은 모습을 보이고자 하는 경향이 있다.

청소년
CP 〈 U-: 심리적 수준보다 비판을 의식적으로 억제한다(27점 차).

　　가정상황과 학교에서의 심리적인 불만이나 불편감에 대해 도덕적 가치관이나 당위
성을 앞세워 의식적으로 억제함으로 심리적 에너지의 순환이 원활하지 못함에 따른
무기력, 우울한 모습을 드러내고 있다. 장애를 가진 어머니의 불안이 투사됨에 따라
자신의 의도대로 행동하지 못하고 부정적인 감정을 억제함으로 긍정의 감정도 억제되
어 무절제한 태도가 나타나고 있다.

6. CKEO그램 검사결과에 따른 커플관계 성장 방안

1) 자아상태 기능 커플관계 활성화 방안

어머니

기능 촉진방안 \ 상태	현재 상태	커플 대상에서 활성화 방안
AC / 타인의 감정 (타협, 협동) 에 더 맞춘다.	• 자신의 불안과 직면하지 못하고 자녀에게 훈육적 태도로 지나치게 A 주도적 태도를 취하고 있어 자녀가 자신의 솔직한 마음을 표현하지 않고 자녀는 자신의 문제를 스스로 해결하려고 하고 있다. • 도덕적이고 종교적이며 당위적인 말로 자녀에게 장래에 대한 부담을 주고 있다. • 일방적으로 부모가 아무런 도움도 될 수 없다고 자주 말하여 오히려 자녀가 무력감을 느끼게 하고 삶에 대한 부담감으로 인해 포기하도록 만들고 있다. • 자신의 생각이 옳다고 생각한다. • 부모로서 제대로 양육하지 못하고 있는 것은 아닌가 자책하고, 비하하며 감정적인 교류가 부족하여 자녀에게 죄책감을 갖게 한다.	• 청소년기 자녀의 정체성의 혼란, 감정의 혼란스러움을 이해하고 훈육적이고 당위성적인 대화보다 감정을 나누는 대화하기 • 아이의 불평에 "그렇구나."로 경청하기 • 가족이 함께 어려움을 나누고 자녀를 가족의 한 구성원으로 인정하고 역할을 부여하여 수동적인 입장이 아닌 보다 가족구성원으로서 주도적인 입장에 서게 하기 • 자녀에 대해 못마땅한 부분이 있더라도 즉각 표현하지 않고 자녀의 의견이나 이유에 대해 귀를 기울이기 • 자녀의 취미활동(일러스트, 홈페이지 관리)에 대해 수용하고 즐거운 일을 할 수 있도록 시간을 허용하기 • '하룻밤 생각' 편지 보드를 만들어 자녀에게 글로 긍정적인 스트로크 하기

청소년

기능 촉진방안 \ 상태	현재 상태	커플 대상에서 활성화 방안
NP	자타에게 더 관대(보호, 배려, 봉사, 따뜻함) 하게 한다	• 어머니의 입장보다는 자신의 입장을 우선적으로 생각하여 자신의 불편함에 몰입되어 있다. • 어머니의 지체장애로 인한 불안과 불편함에 대한 구체적인 관심보다는 이성적인 판단과 도덕적 측면의 반응을 한다. • 솔직한 감정대화에 대해 시도하지 않고 있으며 보여 주고 싶은 모습만 보여 주려고 한다. • 짧은 단어의 대답으로 일축함으로 어머니의 궁금증을 부추기고 있으며 어머니로부터 오해의 소지가 되고 있다. • 모-녀관계에서 어머니가 이해하려 노력하기보다 겉과 속이 다르다고 여기고 상대방의 입장을 돌아보지 않는다.	• 어머니의 어려움이나 감정에 대해 구체적인 관심과 배려행동을 실천하기(설거지, 청소, 정리정돈, 시간 관리) • 온정적이고 따뜻한 말투로 어머니에 대한 관심을 표현하고 안심할 수 있도록 자신의 사소한 생활을 어머니께 알리기(하루 한 가지 이상 생활 이야기 들려 주기) • 진로탐색을 통해 일러스트나 웹디자인 등에 대한 구체적인 계획을 세우기 • 어려운 일이 있을 때 솔직하게 이야기하고 어머니에게 도움을 요청하기 • 모-녀관계에서 돌봄과 배려행동을 늘리고 상대방의 입장도 이해하기

2) 기본적인 인생태도 커플관계 개선 방안

어머니

영역 \ 태도	현재 삶의 태도		커플 대상에게 개선해야 할 방안
II영역	• 지체장애로 인한 부모역할 수행에 대해 자책하고 아이가 속상하게 할 때는 감당하지 못할 일을 한 것이 아닌가에 대한 후회를 한다.	I영역	• 자녀를 신뢰하고 스스로의 삶을 책임질 수 있는 독립체로 인정하기
III영역	• 학생이라면 앞날을 위해 당연히 공부를 해야 한다는 당위성적인 태도로 훈육하고 교훈한다.	I영역	• 자녀가 즐거워하는 활동을 통해 동기를 강화하여 학습과 연결되도록 돕기(애니메이션 작가로서의 활동 허락하기)
IV영역	• 쓸모없는 존재이고 아이의 장래에 도움이 안 되는 능력도 재산도 없는 부모지만 부모로서 노력하는 동안 자녀	I영역	• 생애에서 가장 보람된 일이 자녀를 낳고 부부가 함께 선택했던 것처럼 그동안의 힘겨움도 잘 극복하였듯이 가족

| IV영역 | 는 장래를 위해 자녀가 해야할 일을 해야한다고 여긴다. | I영역 | 이 함께 서로를 기대고 의지하는 가족 공동체의 힘을 믿기 |

청소년

태도 영역	현재 삶의 태도		커플 대상에게 개선해야 할 방안
II영역	• 과체중으로 집 밖에 나가는 것을 좋아 하지 않고 홈페이지 관리나 스마트폰 게임을 한다.	I영역	• 진로탐색 및 진로목표를 세우고 필요한 어머니의 도움을 요청하기 • 체중관리를 위해 운동계획을 세우고 실천하기
III영역	• 어머니의 비난의 말에 아예 대꾸도 하지 않고 한 귀로 듣고 한 귀로 흘린다.	I영역	• 솔직한 감정을 구체적으로 표현하고 가족회의를 통해 개선방안을 모색하기
IV영역	• 만사가 귀찮아 집에만 있게 되고, 겉 다르고 속다른 사람들에 대해 마음을 주고 싶지 않다. • 좋아하는 활동(홈페이지 관리)에 대해 이해하지 못하는 엄마의 잔소리에 무기력해 한다.	I영역	• 구체적인 목표와 전략으로 어머니의 동의를 얻고 시간관리와 사소한 행동에 대해서도 알리고 어머니를 안심시켜 드리기

7. 커플상담자의 총평

지체장애인 엄마를 둔 아이가 혹시라도 위축되고 자신의 삶을 펼치는 데 도움이 되지 못할까 봐 염려하고 걱정하는 어머니와 삶의 동력을 상실한 듯 보이는 청소년 자녀의 커플검사를 통해 모-녀 모두 자신을 이해하는 계기가 되었고, 향후 개선 방안을 찾기 위한 상담의 방향성을 제시하는 계기가 되었다. 검사 결과를 함께 나누면서 더욱 자신의 자아상태와 상대의 자아상태에 대해 이해하고 자율성을 회복하는 삶이 될 수 있도록 구체적인 도움을 줄 수 있는 첫 발돋움을 시작했다. 추후 상담을 통해 생활 속에서 모-녀 간 관계개선을 돕고 스스로 성장할 수 있도록 돕는 데 초점을 둘 것이다. 모-녀 개인별 자아상태를 통한 자각과 서로의 자아상태에 대한 이해의 폭을 넓힘으로써 친밀성과 자각성을 높여 진정한 변화를 통해 성장하는 가정을 이루어 가는 초석이 될 것을 기대한다.

CKEO그램을 통해 모호한 바람과 관계적 좌절이 반복되었던 어머니와 청소년 자녀는 서로를 이해하는 촉진적 기회를 가졌으며 자아상태 활성화 방안을 모색하는 시간을 통해 서로의 공통의 주제를 통해 친밀감이 향상되고 돕는 행동이 늘어났다.

 참고문헌

김규수, 류태보(2001). 교류분석치료. 서울: 형설출판사.

김병훈(2003). 교류분석 집단상담 프로그램이 성인의 자아상태 변화에 미치는 영향. 국민
　　　대학교 교육대학원 석사학위 논문.

박명래(1997). TA Instructor Course를 위한 교류분석 가이드북. 서울: 을지문화사.

박원모(2008). 교류분석 이론에 의한 중고등학생 자아상태 검사 개발 및 타당화. 경성대학
　　　교 대학원 박사학위 논문.

박의순 외(2008). 기법을 중심으로 한 TA상담과 심리치료. 서울: 시그마프레스.

박현주(2009). 에릭 번. 서울: 학지사.

오영준(1997). TA 스트로크 상담기법이 아동의 자기 충족감과 인간관계 개선에 미치는 효
　　　과. 한국교원대학교 대학원 석사학위 논문.

우재현(1997). 이고그램. 서울: 정암서원.

우재현(2006). 심성개발을 위한 교류분석(TA)프로그램. 서울: 정암서원.

우재현(2007). 임상 교류분석(TA)Ernst, F. (1973).프로그램. 서울: 정암서원.

우재현(2007). 교류분석 개인상담. 서울: 정암서원.

이성태(1991). 이해중심 TA와 재 경험 중심 TA 프로그램이 자율성과 생활 자세에 미치는
　　　효과. 박사학위 논문.

조은주(2005). 교류분석 프로그램이 중학생의 대인불안과 열등감 감소에 미치는 영향. 충
　　　북대학교 교육대학원 석사학위논문.

조혜정(2010). 심리게임. 서울: 교양인.

주진익(1999). 의사교류분석 집단상담이 사회성발달에 미치는 영향. 순천향대학교 지역사회개발대학원 석사학위논문.

최영일(2011). TA이론의 실제와 자기분석. 서울: 꿈꾸는씨앗.

최영일(2012). 교류분석 강의지침서 I, II. 서울: 꿈꾸는씨앗.

최영일(2013). CKEO그램. 서울: 한국교류분석상담연구소.

최영일(2015). CKDP심리검사. 서울: 한국교류분석상담연구소.

최영일(2017). CKFR심리검사. 서울: 한국교류분석상담연구소.

최영일, 노정자, 박영혜, 배정연, 백은숙, 서경원, 손희란, 이인영, 우준택, 정미선, 정성순, 조윤정, 주민경, 한윤옥 (2015). 교류분석을 활용한 집단상담 프로그램. 서울: 학지사.

황경연(2000). 교류분석 집단상담이 아동의 자아개념과 성취동기에 미치는 효과. 충남대학교 교육대학원. 석사학위 논문.

Berne (1964). *Games People Play*. NY : Grove Press.

Berne (1976). *Transactional analysis in psychotherapy*. NY : Grove Press.

Birnbaum, J. (1987) A Replacement Therapy For The Histrionic Personality Disorder. *Transactional Analysis Journal, 17*, 24-28.

Capers, H. & Goodman, L. (1983). The survival process: clarification of the miniscript. *TAJ, 13*, 1, 142-8.

Dusay, J. (1972). Ego grams and the constancy hypothesis. *TAJ, 2*, 3, 32-42.

Emmel, R. J. (1976). The use of transactional analysis techniques to change the self-concept of students in a selected sixth-grade classroom. Dissertation, University of Mississippi.

English, F. (1971). Strokes in the credit bank for David Kupfer. TAJ, 1, 3, 27-9.

Ernst, F. (1973). Psychological rackets in the OK corral. *TAJ, 3*, 2.

Ernst, K. (1972). *Games students play*. Millbrae: Celestial Arts.

Goulding, R. & Goulding, M(1979). Injunctions, decisions and redecisions. *TAJ, 6*, 1, 41-8.

James, J. (1973). The game plan. *TAJ, 3*, 4, 14-7.

James, M. & Jongeward, D. (1971). Born to Win. Transactional analysis with Gestalt Experiments.

Joines, V. (1982). Similariting and differences in rackets and games. *TAJ, 12*, 4, 280-3.

Kahler, T. with Capers, H. (1974). The miniscript. *TAJ, 4*, 1, 26-42.

Mellor, K. & Sigmund, E. (1975). *TAJ, 5,* 3, 295-302.

Schiff, S. (1977). Personality development and symbiosis. *TAJ, 7,* 4, 310-6.

Steiner, C. (1966). Script and counterscript. *TAJ, 5,* 18, 133-35.

Stewart, I. & Joines, V.(1987) TA today. Nottingham and Chapel Hill: Life Space publishing.

Woollams, S. & Huige, K. (1977). Normal dependency and symbiosis. *TAJ, 7,* 3, 217-20.

Zalcman, M. (1987). Game analysis and racket analysis. Keynote speeches delivered at the EATA conference July 1986. Geneva: EATA, 1987, speech 4.

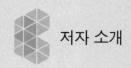 저자 소개

최영일(Choe YeongIl)

교육심리학 박사
전남심리상담센터 소장
한국교류분석상담연구소 소장
한국교류분석상담협회 회장

노정자(Rho JungJa)

사회복지학 박사
한국교류분석상담협회 교류분석 1급 전문상담사
(사)가족성장상담소 남성의 소리 소장
백석문화대학교 사회복지학부 겸임교수

백은숙(Baek EunSook)

교육학 박사
한국교류분석상담협회 교류분석 1급 전문상담사
비전인성개발연구소 소장
대원대학교 사회복지과 겸임교수

서경원(Seo GyeongWon)

가족상담학 석사
한국교류분석상담협회 교류분석 1급 전문상담사
(사)함께하는아버지들 사무국장
한국보육교사교육원 교수

손희란(Son HiRan)

복지상담학 박사
한국교류분석상담협회 교류분석 1급 전문상담사
경북가족상담연구소 소장
중원대학교 외래교수

이인영(Lee InYoung)

예술치료 석사
한국교류분석상담협회 교류분석 1급 전문상담사
GEM 심리상담연구소 소장
홍익대학교 미술심리지도사 외래교수

조은숙(Jo EunSook)

상담심리학 박사 수료
한국교류분석상담협회 교류분석 1급 전문상담사
전주대학교 상담심리학과 외래교수
한국열린사이버대학교 통합예술치료학과 외래교수

주민경(Joo MinGyeong)

노인복지상담학 박사
한국교류분석상담협회 교류분석 1급 전문상담사
호서대학교 평생교육원 주임교수

한윤옥(Han YunOk)

복지행정학 박사
한국교류분석상담협회 교류분석 1급 전문상담사
신구대학교 아동보육전공 겸임교수
남서울대학교 교양과정부 외래교수

현은희(Hyeon EunHee)

간호학 박사과정 수료
한국교류분석상담협회 교류분석 1급 전문상담사
목포과학대학교 간호학과 조교수

홍은영(Hong EunYoung)

교육학 박사수료(상담심리 전공)
한국교류분석상담협회 교류분석 1급 전문상담사
청소년상담사 1급
사회복지사 1급
천안시 청소년상담복지센터 팀장

교류분석 성격이론에 의한
CKEO그램 사례분석
Transactional Analysis through Theory of Personality
CKEOgram Case Study Data Analysis

2017년 9월 15일 1판 1쇄 인쇄
2017년 9월 20일 1판 1쇄 발행

지은이 • 최영일 · 노정자 · 백은숙 · 서경원 · 손희란 · 이인영
조은숙 · 주민경 · 한윤옥 · 현은희 · 홍은영
펴낸이 • 김진환
펴낸곳 • (주) **학 지사**
04031 서울특별시 마포구 양화로 15길 20 마인드월드빌딩
대표전화 • 02)330-5114   팩스 • 02)324-2345
등록번호 • 제313-2006-000265호

홈페이지 • http://www.hakjisa.co.kr
페이스북 • https://www.facebook.com/hakjisabook

ISBN 978-89-997-1365-1 93180

정가 20,000원

이 도서의 국립중앙도서관 출판시도서목록(CIP)은 서지정보유통지
원시스템 홈페이지(http://seoji.nl.go.kr)와 국가자료공동목록시스템
(http://www.nl.go.kr/kolisnet)에서 이용하실 수 있습니다.
(CIP 제어번호: CIP2017021473)

교육문화출판미디어그룹 **학 지사**

심리검사연구소 **인싸이트** www.inpsyt.co.kr
원격교육연수원 **카운피아** www.counpia.com
학술논문서비스 **뉴논문** www.newnonmun.com